T0349502

System statt Chaos

Fritz Söllner

System statt Chaos

Ein Plädoyer für eine rationale
Migrationspolitik

 Springer

Fritz Söllner
Fachgebiet Finanzwissenschaft
TU Ilmenau
Ilmenau, Deutschland

ISBN 978-3-658-25377-6   ISBN 978-3-658-25378-3   (eBook)
https://doi.org/10.1007/978-3-658-25378-3

Die Deutsche Nationalbibliothek verzeichnet diese Publikation in der Deutschen Nationalbibliografie; detaillierte bibliografische Daten sind im Internet über http://dnb.d-nb.de abrufbar.

Umschlagbild: Migrants Cross Into Slovenia, Fotograf Jeff J Mitchell © Getty Images

Springer ist ein Imprint der eingetragenen Gesellschaft Springer Fachmedien Wiesbaden GmbH und ist ein Teil von Springer Nature
Die Anschrift der Gesellschaft ist: Abraham-Lincoln-Str. 46, 65189 Wiesbaden, Germany

Für Viktoria und ihre Generation

INHALT

EINFÜHRUNG

Die Mutter aller Probleme?

»Lässt es sich in der Schweiz eigentlich gut leben, Papa?«

»Ja, sicher, die Schweiz ist ein sehr schönes Land. Aber warum fragst Du das, Viktoria?«

»Naja, ich überlege mir gerade, wo ich später einmal hingehen soll, wenn hier nach Deutschland immer mehr Araber und Syrer kommen.«

Dieses Gespräch führte ich am Frühstückstisch mit meiner damals 13jährigen Tochter Viktoria im Frühjahr 2016 – auf dem Höhepunkt der Flüchtlingskrise. Die Ängste und Sorgen meiner Tochter mögen übertrieben erscheinen – und höchstwahrscheinlich sind sie das auch (inzwischen sieht sie diese Dinge glücklicherweise etwas entspannter!). Aber ähnliche Ängste und Sorgen hatten und haben viele Bürger, was zumindest nachvollziehbar ist, wenn man an die Fernsehbilder aus der Zeit zwischen dem Herbst 2015 und dem Winter 2016 denkt, die auch heute noch jedem gegenwärtig sind – jene Bilder von Tausenden und Abertausenden von Flüchtlingen, die die deutsche Grenze überschreiten, von ratlosen Bundespolizisten und von überfüllten Aufnahmelagern.

Aber ist diese Besorgnis begründet? Oder handelt es sich lediglich um irrationale Ängste, die durch eine einseitige Berichterstattung in den Medien begünstigt und durch fremdenfeindliche Gruppierungen befördert werden? Nicht zu-

1

© Springer Fachmedien Wiesbaden GmbH, ein Teil von Springer Nature 2019
F. Söllner, *System statt Chaos*, https://doi.org/10.1007/978-3-658-25378-3_1

letzt diese Frage ist es, die im Folgenden beantwortet werden soll. Ohne unserer Diskussion hier vorgreifen zu wollen, soll zumindest so viel gesagt sein: Bestimmte Teile unserer Bevölkerung haben durchaus guten Grund, sich Sorgen zu machen. Und die Tatsache, dass diese Sorgen von der deutschen Politik bislang nicht ernst genommen, ja sogar bewusst ignoriert worden sind, trägt nicht gerade dazu bei, das Vertrauen in eben diese Politik zu stärken.

Leider gibt die Politik in Deutschland bei der Bewältigung der Flüchtlingskrise auch sonst kein allzu gutes Bild ab. Dies fing schon im Vorfeld der Krise an: Es gab seit Jahren Anzeichen für die Verschärfung des Migrationsproblems und Vorboten der sich abzeichnenden Krise, sodass eigentlich genug Zeit gewesen wäre, sich mit entsprechenden Maßnahmen auf diese Entwicklung einzustellen und vorzubereiten – Zeit, die von Seiten der Politik leider nicht genutzt wurde. So kam es, dass Deutschland auf die Ereignisse des Jahres 2015 und der Folgejahre nur sehr unzureichend vorbereitet war. Als in diesem Jahr, mit dem Ausbruch der Flüchtlingskrise, Hunderttausende von Migranten, vor allem aus Syrien, dem Irak und Afghanistan nach Europa und insbesondere nach Deutschland drängten, wurde Deutschland vor neue und große Herausforderungen gestellt – Herausforderungen, denen die bisherigen migrations- und flüchtlingspolitischen Ansätze offensichtlich nicht gewachsen waren. Seither beherrschen Fragen des Asyls, der Einwanderung und der Integration mit nie gekannter Intensität die öffentliche und die politische Debatte – und zwar nicht nur in Deutschland, sondern auch in den meisten anderen europäischen Ländern. Welchen Stellenwert die Flüchtlingskrise heute in der Politik hat, verdeutlicht nicht zuletzt das bekannte Zitat von Horst Seehofer, der diese als »die Mutter aller Probleme« bezeichnete. Dass sich daran auf absehbare Zeit etwas ändern wird, ist nicht zu erwarten: Zum einen hält der Zustrom von Migranten, wenn auch auf niedrigerem Niveau, weiter an und zum anderen werden die mit dem Zuzug von Migranten einhergehenden Probleme unser Land und unsere Gesellschaft noch auf Jahre und Jahrzehnte hinaus in Anspruch nehmen.

Es ist deshalb alles andere als verwunderlich, dass die Flüchtlingspolitik einen so hohen Stellenwert in der öffentlichen Debatte genießt. Problematisch dabei ist aber, auf welche Art und Weise diese Debatte häufig geführt wird. Während die Frage eines Einwanderungsgesetzes früher zwar kontrovers, aber im Großen und Ganzen nicht unsachlich diskutiert wurde, ist die aktuelle Debatte weniger durch den Austausch sachlicher Argumente als durch gegenseitige Angriffe und Beschuldigungen, weniger durch Vernunft als durch Leidenschaft und Gefühle gekennzeichnet: Kritiker einer liberalen Flüchtlingspolitik werden all zu oft und all zu leicht als Fremdenfeinde oder Rassisten beschimpft, während sich die Befürworter einer »Willkommenskultur« häufig als naive »Gutmenschen« oder gar als Vaterlandsverräter verunglimpfen lassen müssen. Von dieser Debatte, wenn man denn die gegenseitigen Angriffe als solche bezeichnen will, ist nicht zu erwarten, dass eine wie auch immer gearteter gesellschaftlicher Konsens erreicht und auf dieser Grundlage eine Lösung der Migrations- und Flüchtlingsproblematik gefunden wird. Im Gegenteil ist zu befürchten, dass die politischen und gesellschaftlichen Gräben, die im Laufe der Flüchtlingskrise aufgebrochen sind, noch tiefer und noch breiter werden – mit gefährlichen Konsequenzen für das politische Klima und den gesellschaftlichen Zusammenhalt.

Dieser Charakter der öffentlichen Debatte wird in gewisser Weise von der aktuellen Migrations- und Flüchtlingspolitik widergespiegelt: Die Unsachlichkeit und die schroffen Gegensätze, die die Auseinandersetzung prägen, schlagen sich in einer Politik nieder, die sich – nicht zuletzt in dem Bestreben, es beiden Lagern recht zu machen – in einem vollkommen ziellosen und unsystematischen »Durchwursteln« erschöpft. Mangels eines systematischen Ansatzes wird auf neu auftretende oder gerade im Zentrum der öffentlichen Aufmerksamkeit stehende Teilprobleme mit einzelnen, mehr oder minder durchdachten Maßnahmen reagiert, die wenig bis überhaupt nicht aufeinander abgestimmt sind. Gestern ging es um die Verfahrensweise bei Abschiebungen, heute beschäftigt man sich mit dem Für und Wider von Sachleistungen für Asylbewerber, morgen werden Deutsch- und »Werte«-Kurse oder andere Integrationsmaßnahmen diskutiert und übermorgen wird man über den Schutz der deutschen und europäischen Grenzen nachdenken ... Es kann deshalb nicht wirklich verwundern, dass sich Widersprüche und Inkonsistenzen zu Hauf finden: So werden Maßnahmen zur Integration von Flüchtlingen auf den Weg gebracht, ohne dass zuvor entschieden worden wäre, wie viele und welche Flüchtlingen überhaupt integriert werden sollen. Und dieselben Politiker, die heute die Anstrengungen zur Integration der Flüchtlinge preisen, fordern schon morgen, dass eben diese Flüchtlinge so schnell als möglich wieder in ihre Heimatländer zurückkehren müssen. Schließlich ist es nicht nur widersprüchlich, sondern zutiefst scheinheilig, wenn Politiker einerseits das Asylrecht des Grundgesetzes und die Rechte der Genfer Flüchtlingskonvention hochhalten und verteidigen, aber andererseits alles dafür tun, damit Flüchtlinge erst gar nicht nach Deutschland kommen und eben diese Rechte in Anspruch nehmen.

Eine solch planlose Vorgehensweise ist zwar immer problematisch, aber bei einem Politikbereich wie der Migrations- und Flüchtlingspolitik besonders misslich – einem Politikbereich, der von zentraler Bedeutung für die weitere Entwicklung Deutschlands ist, da er eng mit Fragen der nationalen und kulturellen Identität, der humanitären Verantwortung, der internationalen Kooperation, der sozialen und politischen Stabilität und nicht zuletzt des wirtschaftlichen Wachstums und der Verteilungsgerechtigkeit zusammenhängt. Von daher ist die Bezeichnung »Mutter aller Probleme« vielleicht etwas übertrieben, aber sicher nicht ganz unberechtigt. Und aus diesem Grund ist es höchste Zeit, die Migrations- und Flüchtlingspolitik zielgeleitet, planvoll und systematisch – mit einem Wort: rational – zu gestalten. Mit diesem Ziel vor Augen will ich im Folgenden die Migrations- und Flüchtlingspolitik vom

Standpunkt der Ökonomie aus untersuchen und analysieren. Das bedeutet aber *nicht*, dass ich lediglich die finanziellen Aspekte dieses Problems betrachten werde: Die Sicht- und Herangehensweise der Ökonomie ist eine wesentlich umfassendere und allgemeinere und erlaubt auch die Berücksichtigung von nicht auf den ersten Blick wirtschaftlichen Aspekten. Vorausgesetzt wird lediglich die Annahme des rationalen Verhaltens – und zwar sowohl auf Ebene individueller als auch auf Ebene kollektiver Entscheidungen. Rationalität wird dabei *im ökonomischen Sinn* verstanden – also als eine bestimmte Art von *Zweckrationalität,* die nicht mit dem allgemeinen Verständnis bzw. der umgangssprachlichen Verwendung des Begriffs »rational« als »nachvollziehbar«, »angemessen« oder »verantwortbar« gleichgesetzt werden darf (dazu gleich ausführlicher in Kapitel 1).

Ich möchte die Frage beantworten, wie eine rationale Migrations- und Flüchtlingspolitik aussehen muss – und zwar unabhängig davon, ob diese eher restriktiv oder eher liberal ausgerichtet ist. Mit anderen Worten: Welche grundlegenden Anforderungen muss *jede* Migrations- und Flüchtlingspolitik erfüllen, damit man sie als rational bezeichnen kann? Es wird sich zeigen, dass hierzu zweierlei notwendig ist: erstens, die Formulierung konsistenter Ziele und, zweitens, die Auswahl der am besten zur Realisierung dieser Ziele geeigneten Maßnahmen. Dies scheint eine Selbstverständlichkeit darzustellen; und eigentlich sollte eine solche Vorgehensweise tatsächlich selbstverständlich sein. Leider ist dies aber gegenwärtig nicht der Fall und wir werden sehen, woran das liegt und welche besonderen Probleme einer rationalen Migrationspolitik im Wege stehen. Ich werde zeigen, dass es die Zielformulierung ist, die den kritischen Punkt darstellt: In einer Demokratie bedarf es hierzu einer politischen bzw. gesellschaftlichen Verständigung, die deswegen nicht leichtfällt, weil es gerade auf dem Gebiet der Migrationspolitik große Interessengegensätze gibt – und zwar nicht nur, aber vor allem in ökonomischer Hinsicht. Dies wird am Beispiel der aktuellen

Flüchtlingskrise besonders deutlich: Während einige Bevölkerungsgruppen erheblich unter ihr leiden, sind andere nicht betroffen oder profitieren sogar von ihr. Von zentraler Bedeutung ist deshalb eine vorurteilsfreie und tabulose Analyse der Konsequenzen verschiedener möglicher migrationspolitischer Zielsetzungen und der Eignung der zur Verfügung stehenden migrationspolitischen Instrumente; dabei müssen vor allem die Interessen *aller* gesellschaftlicher Gruppen offen angesprochen und berücksichtigt werden.

Auf diese Weise, mit dieser »Ökonomisierung« und »Rationalisierung« der Migrationsfrage kann, so steht zu hoffen, vielleicht auch eine Versachlichung der öffentlichen Debatte erreicht werden – was die Voraussetzung dafür darstellt, schließlich doch noch einen gesellschaftlichen Konsens herbeiführen zu können. Denn es ist einfacher und leichter, sich über Kosten und Nutzen zu verständigen, als über Gut und Böse oder Recht und Unrecht.

Zu dieser Versachlichung soll das vorliegende Buch zumindest etwas beitragen. Es ist wie folgt gegliedert: Im *ersten Teil* (Kapitel 1 bis Kapitel 3) werden wir die theoretischen Grundlagen für unsere Analyse legen. Zunächst muss die Sichtweise der Ökonomie erläutert werden (Kapitel 1). In diesem Zusammenhang wird vor allem auf die zentrale Bedeutung des Konzepts der Rationalität eingegangen; außerdem werden bestimmte Begrifflichkeiten eingeführt und es wird die für diese Arbeit grundlegende Entscheidung für eine Migrationspolitik im nationalen Interesse begründet. In Kapitel 2 werden wir die ökonomischen Konsequenzen der Migration theoretisch analysieren – und zwar einerseits bezogen auf die Weltwirtschaft und andererseits bezogen auf ein einzelnes Migrationszielland. Kapitel 3 behandelt die nicht unmittelbar ökonomischen Folgen der Zuwanderung und thematisiert die Vor- und Nachteile einer zunehmenden Diversität. Der *zweite Teil* (Kapitel 4 bis Kapitel 6) ist dem konkreten Fall der Flüchtlingskrise in Deutschland gewidmet, auf den wir die im ersten Teil gewonnenen Erkenntnisse anwenden werden. Dabei wird in Kapitel 4 zunächst dargelegt, warum sich die Situation in Deutschland und Europa so entwickeln konnte, wie sie sich entwickelt hat. In Kapitel 5 werden die Konsequenzen der aktuellen Flüchtlingskrise für Deutschland geschildert. Dabei wird sich zeigen, dass ein »Dilemma der Integration« dergestalt besteht, dass die negativen Verteilungswirkungen der Flüchtlingskrise für die einheimische Bevölkerung umso gravierender sind, je *besser* die Integration der Flüchtlinge gelingt. Das folgende Kapitel 6 versucht die Frage zu beantworten, warum Probleme wie dieses Dilemma in der öffentlichen Diskussion bisher so gut wie überhaupt nicht thematisiert werden. Im *dritten Teil* dieses Buches (Kapitel 7 bis Kapitel 9) wird aufgezeigt, welche Wege aus der gegenwärtigen Krise der Migrations- und Flüchtlingspolitik führen. Dazu werden wir in Kapitel 7 die Folgerungen aus der bisherigen Analyse ziehen und darlegen, wie eine rationale Migrationspolitik aussehen könnte und müsste. Welche Konsequenzen ergeben sich daraus für die deutsche Politik? Was müsste wie geändert werden? Diese Fragen werden in Kapitel 8 beantwortet, in dem auch die deutsche Einwanderungspolitik und deren gerade anstehende Reform diskutiert werden. Ich schließe mit Kapitel 9, in dem ein Ausblick auf die Zukunft der Nationalstaaten gewagt wird – eine Zukunft, in der Globalisierung und internationale Migration das Konzept des Nationalstaates zunehmend in Frage stellen. Nicht zuletzt deshalb ist es unabdingbar, nicht nur die deutsche, sondern auch die europäische, ja sogar die globale Dimension unseres Themas zu berücksichtigen. Dennoch steht die deutsche Migrations- und Flüchtlingspolitik im Zentrum dieses Buches: Sie ist es, mit der wir uns vor allem beschäftigen werden und sie ist es, anhand derer die Probleme und Konsequenzen der verschiedenen migrationspolitischen Ansätze diskutiert werden.

ᴧ

ERSTER TEIL:
DAS KLEINE EINMALEINS
DER MIGRATIONSÖKONOMIE

KAPITEL 1

Wie Ökonomen denken

»Heutzutage kennen die Leute den Preis von allem und von nichts den Wert.«

Man könnte meinen, dass Oscar Wilde hier von Ökonomen sprechen würde.[1] Denn diese sehen doch die Welt ausschließlich durch die Brille der Preise, sodass alles, was keinen Preis hat, auch keinen Wert hat? Nun, dem ist mitnichten so. Die Sichtweise der Ökonomen ist weitaus umfassender und beschränkt sich nicht auf Preisgrößen. Im Folgenden soll diese Sichtweise näher erläutert werden. Schließlich beruht jede Analyse, so auch die ökonomische, auf gewissen Prämissen und Grundannahmen und diese müssen klar herausgestellt und begründet werden, um unnötige Missverständnisse und Fehlinterpretationen zu vermeiden. Vor allem ist zu klären, was unter Rationalität zu verstehen ist und welche Rolle die Rationalitätsannahme in der Ökonomie spielt. Während die Rationalitätsannahme plausibel und – zumindest unter Ökonomen – selbstverständlich ist, gilt dies für zwei weitere Prämissen, die von weniger grundlegender Bedeutung sind, aber in der Ökonomie sehr häufig verwendet werden, nur eingeschränkt: Beide, die Voraussetzung eines nationalen Standpunkts und die der grundsätzlich möglichen Änderung der bestehenden Rechtsnormen, sollen deshalb ausführlich begründet werden. Schließlich müssen an dieser Stelle

11

© Springer Fachmedien Wiesbaden GmbH, ein Teil von Springer Nature 2019
F. Söllner, *System statt Chaos*, https://doi.org/10.1007/978-3-658-25378-3_2

auch einige wichtige Begriffe, die wir immer wieder verwenden werden, definiert werden.

RATIONALITÄT UND NUTZENMAXIMIERUNG

Die Ökonomie wird heute, im Gegensatz zum Verständnis der meisten Nichtökonomen, nicht durch ihren Objektbereich, sondern durch ihre zentrale Analysemethode definiert und von anderen Sozialwissenschaften abgegrenzt. Bei dieser Methode handelt es sich um die Annahme der Rationalität bzw. der Optimierung unter Nebenbedingungen. Auf diese Weise wird die Ökonomie als Entscheidungskalkül interpretiert, was bedeutet, dass sie *nicht* auf die im engeren Sinn wirtschaftlichen Fragen, etwa der Güterproduktion oder der Besteuerung, beschränkt ist, sondern auf *alle* Entscheidungen und damit auf *alle* Bereiche des menschlichen Handelns angewandt werden kann. Als einer der ersten hat dies Lionel Robbins deutlich zum Ausdruck gebracht: »Die Ökonomie ist eine Wissenschaft, die das menschliche Verhalten als Beziehung zwischen Zielen und knappen Mitteln mit alternativen Verwendungen untersucht.«[2]

Folglich ist es wenig überraschend, dass sich Ökonomen auch mit solch nichtwirtschaftlichen Problemen wie Kindererziehung und Eheschließung (Ökonomie der Familie), Glauben und Religion (Ökonomie der Religion), Politik (Neue Politische Ökonomie) oder eben Migration und Einwanderung beschäftigen. In der Tat kann man auch im letztgenannten Fall von einer eigenen Unterdisziplin sprechen – der Ökonomie der Migration –, die alles aufweist, was für die wissenschaftliche Reputation eines Faches notwendig ist: Konferenzen und Tagungen, Ausschüsse und Arbeitsgruppen, wissenschaftliche Zeitschriften, Sammelbände und Monographien sowie – zumindest an Universitäten mit großen volkswirtschaftlichen Fakultäten – ein entsprechendes Lehrangebot.[3] Unglücklicherweise spielen aber die bislang von den Ökonomen gewonnenen Erkenntnisse in der öffentlichen Diskussion kaum eine Rolle – ein Zustand, den vielleicht das vorliegende Buch zu ändern vermag.

Was genau ist nun unter der Rationalitätsannahme zu verstehen? Wenn Ökonomen davon ausgehen, dass sich Menschen rational verhalten, dann nehmen sie an, dass sie versuchen, ihre Ziele mit gegebenen, knappen Mitteln bestmöglich zu erreichen bzw. ihre Präferenzen bestmöglich zu erfüllen. Beispielsweise wird ein Arbeitnehmer versuchen, bei gegebener Arbeitszeit sein Arbeitseinkommen zu maximieren. Oder ein Asylsuchender wird bemüht sein, möglichst hohe Sozialleistungen zu erhalten. Rationale Individuen passen ihr Verhalten an sich ändernde Rahmenbedingungen an und reagieren folglich auf bestimmte Anreize in vorhersehbarer Weise. So würde etwa der erwähnte Arbeitnehmer seinen Arbeitsplatz wechseln, wenn er dadurch ein höheres Einkommen erzielen könnte. Und der Asylsuchende würde, insoweit er sich zwischen verschiedenen Ländern frei bewegen kann, seinen Asylantrag in dem Land stellen, in dem er die höchsten Leistungen erhält. Rationalität im ökonomischen Sinn bedeutet also *Zweckrationalität* – und ist deshalb von anderen Rationalitätsbegriffen, wie etwa dem der Wertrationalität, zu unterscheiden.

Verkörpert wird die Rationalitätsannahme durch die Kunstfigur des *homo oeconomicus*. Sein Ziel ist die Maximierung seines Nutzens, wobei er bestimmte Nebenbedingungen beachten muss. Wenn etwa der erwähnte Arbeitnehmer seine Tätigkeit ausschließlich als Verdienstquelle ansieht, dann besteht bei ihm die Nutzenmaximierung in der Maximierung seines Arbeitseinkommens; als Nebenbedingung kommt in diesem Fall z.B. die ihm mögliche Arbeitszeit in Frage.[4] Das Nutzenkonzept ist ein sehr allgemeines und umfassendes: Der Nutzen ist keineswegs auf die Verfolgung egoistischer und materieller Ziele beschränkt, also etwa auf die Maximierung des Einkommens oder des Vermögens; er kann sich auch auf altruistische oder immaterielle Ziele, wie etwa das Wohlergehen anderer oder die Verwirklichung bestimmter Ideale beziehen.[5]

Im Unterschied zu anderen Disziplinen, wie etwa der Sozio-
logie oder der Psychologie, nehmen Ökonomen diese Ziele als
gegeben an; sie werden nicht hinterfragt oder bewertet, sondern gehen als Daten in die ökonomische Analyse ein: Die Offenheit des Nutzenkonzepts für alle möglichen Ziele und Präferenzen und der Verzicht auf die Beurteilung dieser Ziele und
Präferenzen bedingen einander. Deshalb wird letztlich in der
Ökonomie Rationalität als Nutzenmaximierung *definiert* – und
umgekehrt.[6]

Für unsere Analyse ist entscheidend, dass wir für die Akteure, die wir betrachten wollen, rationales Verhalten unterstellen: für die (potentiellen) Migranten, für die Bürger der
Zielländer und für die Politiker dieser Länder. Diese – aus ökonomischer Sicht – selbstverständlichen Annahmen haben,
wie wir sehen werden, wichtige Konsequenzen für die Art und
Weise, wie Migrationspolitik gestaltet werden kann bzw. gestaltet werden sollte. Nachdem wir uns ja auf die Suche nach
den Bedingungen für eine rationale Migrationspolitik machen
wollen, stellt sich natürlich die Frage, was unter einer solchen
zu verstehen ist. Die Antwort auf diese Frage erhalten wir,
wenn wir das Rationalitätskonzept in analoger Weise auf die
Politik anwenden: Politik soll dann als rational gelten, wenn
sie so gestaltet ist, dass bestimmte vorgegebene Ziele bestmöglich erreicht werden können – also z. B. mit den gerings-
ten Kosten oder innerhalb der kürzesten Zeit. Bei der Wahl der
Mittel zur Realisierung dieser Ziele muss natürlich rationales Verhalten auf Ebene der Individuen unterstellt werden, da
nur unter dieser Voraussetzung eine Optimierung der Politik
möglich ist: Wenn man nicht davon ausgehen kann, dass die
Individuen auf bestimmte politisch gesetzte Anreize in einer
bestimmten Weise reagieren, kann man kaum hoffen, das Verhalten dieser Individuen zielgerichtet beeinflussen zu können.
Demzufolge würde eine rationale Migrationspolitik einerseits
auf der Annahme individueller Rationalität beruhen und andererseits eine systematische und – in bestimmter Weise – op-
timale Beziehung zwischen Zielen und Mitteln etablieren.

DER NATIONALÖKONOMISCHE STANDPUNKT

In der Ökonomie werden wirtschaftspolitische Fragestellungen meist vom Standpunkt eines bestimmten Landes aus untersucht: Das heißt, dass wirtschaftspolitische Empfehlungen mit dem Ziel erarbeitet werden, die nationale Wohlfahrt zu maximieren bzw. den nationalen Interessen zu dienen. Nicht umsonst war früher im deutschsprachigen Raum der Begriff »Nationalökonomie« allgemein gebräuchlich und auch die Bezeichnung »Volkswirtschaftslehre« als deutsches Pendant zu dem aus dem Altgriechischen entlehnten Fremdwort »Ökonomie« verweist auf diese Tradition – eine Tradition, die bis auf Adam Smith, den Begründer der Ökonomie als eigenständiger Wissenschaft, zurückgeht. Sein Hauptwerk befasst sich schon vom Titel her mit dem »Wohlstand der Nationen«.[7]

Wir wollen uns bei unserer Analyse dieser Tradition anschließen und uns fragen, welche Migrationspolitik aus nationaler Sicht rational, d. h. zur Erreichung nationaler Ziele am sinnvollsten oder am besten geeignet ist. In unserem Fall bedeutet das, dass die deutsche Migrationspolitik im Interesse Deutschlands sein soll und nach Maßgabe ausschließlich der Präferenzen der deutschen Bevölkerung zu gestalten ist. Für diese Vorgehensweise spricht aber nicht nur die Tradition der Ökonomie, sondern es gibt dafür durchaus auch »handfeste« Gründe. Denn die Alternative zum nationalen Standpunkt besteht darin, den globalen Standpunkt einzunehmen und danach zu fragen, welche Migrationspolitik nicht für eine einzelne Volkswirtschaft, sondern für die Weltwirtschaft am besten wäre. Man könnte argumentieren, dass die Migration ja ein globales Phänomen ist und als solches nach einer globalen Lösung verlangt. Dies ist auf den ersten Blick nicht unplausibel, geht aber an der Realität vorbei: Ein globaler Ansatz macht nur dann Sinn, wenn es eine Weltregierung gibt, die diesen implementieren kann oder wenn zumindest eine weltweite Koordination der Migrationspolitiken aller Länder stattfindet (siehe Kapitel 7 und 9). Von beidem kann jedoch heute keine Rede sein und es ist auch nicht abzusehen, dass sich daran in naher Zukunft etwas ändern wird. Solange dies der Fall ist, müssen sich die einzelnen Länder zwangsläufig an ihren eigenen Interessen orientieren. Denn schließlich ist es für ein einzelnes Land unmöglich, das weltweite Migrationsproblem zu lösen. Das Beste, was ein einzelnes Land hoffen kann zu erreichen, ist die Lösung seines eigenen Migrationsproblems.

An dieser Stelle muss zwei möglichen Missverständnissen vorgebeugt werden: Eine an deutschen Interessen orientierte Migrationspolitik zu betreiben, heißt *nicht,* dass zwangsläufig eine egoistische und kaltherzige Politik betrieben wird, dass man das Leid und die Not von anderen Ländern ignoriert, deren Bitten um Hilfe und Unterstützung die kalte Schulter zeigt und insbesondere alle Flüchtlinge mitleidlos zurückweist. Denn diese sind aus wirtschaftlicher Sicht ja ein »Verlustgeschäft«, da sie – zumindest im Durchschnitt – mehr Kosten verursachen als Nutzen bringen. Wie wir im vorangegangenen Abschnitt gesehen haben, erlaubt das Konzept der Rationalität bzw. Nutzenmaximierung durchaus die Berücksichtigung nicht-egoistischer Interessen. Präferenzen für Altruismus, Nächstenliebe und Wohltätigkeit sind keineswegs irrational. Und insoweit in der deutschen Bevölkerung die Bereitschaft besteht, Flüchtlinge aufzunehmen, ist deren Aufnahme selbstverständlich mit einer rationalen Migrationspolitik nicht nur zu vereinbaren, sondern sogar ein wesentlicher Bestandteil einer solchen. Entscheidend ist allerdings, dass für den Grad des Altruismus in der Migrationspolitik die Präferenzen der deutschen Bevölkerung entscheidend sind – nicht die der (potentiellen) Flüchtlinge und Migranten.[8]

Ferner schließt eine nationale Interessen verfolgende Migrationspolitik keineswegs die Koordination mit anderen Staaten aus. Im Zeitalter der Globalisierung wird es zunehmend schwieriger, rein nationale Politiken zu verfolgen und mehr und mehr notwendig, sich mit anderen Ländern abzustimmen. Im Fall der Migrationspolitik ist dies besonders offensichtlich, wenn man die Europäische Union ins Auge fasst: Da bei der Abwesenheit von innereuropäischen Grenzkontrollen auch außereuropäische Migranten (zumindest de facto) in der Lage sind, sich frei innerhalb der EU zu bewegen, ist eine Kooperation zwischen den Mitgliedsstaaten der EU, vielleicht sogar eine gemeinsame Politik, in Fragen der Migration unabdingbar. Rein nationale Politiken könnten nur betrieben werden, wenn man die effektive Kontrolle der innereuropäischen Grenzen wiedereinführen würde. Nicht zuletzt aus diesem Grund gibt es seit einiger Zeit innerhalb der EU eine mehr oder weniger intensive Koordination der Migrations- und Asylpolitik, die heute im »Gemeinsamen Europäischen Asylsystem« zum Ausdruck kommt (mehr dazu in Kapitel 4).

Auch eine Abstimmung zwischen den Zielländern und den Herkunftsländern sowie den Transitländern der internationalen Migration kann durchaus sinnvoll bzw. notwendig sein. Kaum möglich ist es allerdings, schon bei der Formulierung der nationalen Politik die Interessen der Herkunftsländer zu berücksichtigen und zu versuchen, die nationale Migrationspolitik so zu gestalten, dass sie den eigenen nationalen Interessen *und* den Interessen von Drittländern Rechnung trägt. Ein solcher Versuch würde aus einem einfachen Grund sehr schnell an seine Grenzen stoßen: Die Herkunftsländer der Migration sind so heterogen, dass es kein typisches Herkunftsland mit typischen Interessen gibt, die man relativ einfach berücksichtigen könnte, wenn man dies wollte. Nach Deutschland kommen Flüchtlinge aus so unterschiedlichen Ländern wie Syrien, China, Eritrea oder Russland. Und Zuwanderer, die sich als Arbeitskräfte mit einer »Blauen Karte EU« hier aufhalten, stammen etwa aus China, Indien, der Türkei oder dem Iran.[9] In beiden Fällen haben die genannten Länder praktisch nichts gemeinsam und deshalb auch keine auch nur ähnlichen Interessen hinsichtlich der Migration. Folglich müsste ein Zielland praktisch für Migranten aus jedem einzelnen Herkunftsland eine speziell auf dieses Land ausgerichtete Politik machen, was offensichtlich unmöglich ist.

Warum sprechen wir von Migrationspolitik immer nur mit

Bezug auf die Zielländer? Heutzutage ist das Recht zur Ausreise bzw. Auswanderung aus einem Land völkerrechtlich allgemein anerkannt, *nicht* jedoch das Recht zur Einreise bzw. Einwanderung in ein anderes Land. Folglich gehen etwaige Restriktionen der Migration stets von den Zielländern aus, ist also Migrationspolitik stets die Politik der Zielländer.

DE LEGE FERENDA

Ökonomen argumentieren meist *de lege ferenda,* d.h. vom Standpunkt des künftigen Rechts aus. Dies bedeutet, dass Gesetze und andere Rechtsnormen grundsätzlich als veränderbar und anpassbar angesehen werden und *nicht* als fixe und unabänderliche Nebenbedingungen in die ökonomische Analyse eingehen. Im Fall der letztgenannten Vorgehensweise spricht man von einer Argumentation *de lege lata,* d.h. vom Standpunkt des gültigen Rechts aus. Juristen argumentieren in aller Regel auf diese Weise. Für unsere ökonomische Analyse werden wir die prinzipielle Änderbarkeit des Rechts unterstellen, da andernfalls die aktuelle Rechtslage nicht hinterfragt werden könnte und keine Vorschläge zu ihrer Änderung gemacht werden könnten.

Wir werden deshalb folgendermaßen vorgehen: Falls und insoweit geltende Rechtsnormen einer rationalen Migrationspolitik im Wege stehen, ist zu prüfen, ob und in welcher Weise diese geändert werden müssen. Bei einem Konflikt zwischen einer Rechtsnorm und den Anforderungen einer rationalen Migrationspolitik werden also nicht grundsätzlich Abstriche an letzterer gemacht, da, wie gesagt, Rechtsnormen *nicht* als in Stein gemeißelt und sakrosankt angesehen werden. Allerdings heißt dies auch nicht, dass Rechtsnormen für jeden beliebigen ökonomischen Vorteil, wie unbedeutend oder kurzfristig dieser auch sein mag, über Bord geworfen werden sollen. Vielmehr wird lediglich gefordert, dass bei Auftreten von Konflikten zwischen aktuellem Recht einerseits und möglichen Nutzengewinnen durch eine Änderung dieses Rechts andererseits eine sorgfältige Güterabwägung durchgeführt und gefragt wird, ob der Gesellschaft die Beibehaltung der betreffenden Rechtsnorm mehr – oder eben weniger – wert ist als der mögliche Nutzengewinn durch eine Änderung dieser Rechtsnorm. Wenn wir beispielsweise feststellen sollten, dass die grundgesetzliche Garantie des Asylrechts gemäß Artikel 16a mit einer rationalen Migrationspolitik nicht vereinbar ist, dann folgt daraus *nicht,* dass der Artikel 16a des Grundgesetzes ohne weiteres zu streichen ist. Aber es folgt daraus, dass eine öffentliche Diskussion darüber notwendig ist, ob uns die Bewahrung des Artikel 16a den »Preis« der Nutzeneinbuße infolge einer suboptimalen Migrationspolitik wert ist. Dabei handelt es sich letztlich um eine politische Entscheidung, die man als Ökonom weder in der einen noch in der anderen Richtung vorwegnehmen kann. Was man als Ökonom aber tun kann und muss, ist, auf solche oder ähnliche Zielkonflikte aufmerksam zu machen und eine vorurteilsfreie Abwägung der Alternativen anzuregen.

MIGRANTEN: FLÜCHTLINGE UND EINWANDERER

Wenn wir von *Migranten* sprechen, dann sind damit alle Arten von Zuwanderern gemeint – unabhängig von deren Motiven und unabhängig davon, wie willkommen sie im Zielland sind: Einerseits können Zuwanderer auf Wunsch bzw. Einladung des Ziellandes ins Land kommen. Diese Zuwanderer sollen als *Einwanderer* bezeichnet werden; sie lassen sich langfristig oder für immer im Zielland nieder.[10] Andererseits können Zuwanderer sich ohne oder sogar gegen einen solchen Wunsch auf den Weg machen, weil sie auf der Flucht vor Verfolgung, Krieg oder Armut sind; dann handelt es sich um *Flüchtlinge.* Diese

können sich entweder kurz- oder langfristig in ihrem Gastland aufhalten. Wenn Flüchtlinge einen Antrag auf Asyl stellen, gelten sie als *Asylsuchende*. Einen Anspruch auf Asyl haben
allerdings nur Flüchtlinge mit den zwei erstgenannten Flucht-
motiven, nicht hingegen *Wirtschaftsflüchtlinge*, weil eine wirtschaftliche Notlage (ebenso wenig wie eine Naturkatastrophe)
nach dem herrschenden Verständnis von Asyl *keinen* Asyl-
grund darstellt (siehe dazu auch Kapitel 4).

Insoweit wir in unserer Diskussion allgemein von Flüchtlingen sprechen, so unterscheiden wir nicht nach deren Motiven. Für diese Vorgehensweise lassen sich zwei Gründe anführen: Zum einen spielt die jeweilige Fluchtursache keine oder
kaum eine Rolle für die Auswirkungen der Flüchtlingszuwanderung auf die Zielländer, die ja im Mittelpunkt unseres Interesses stehen sollen. Zum anderen ist eine eindeutige Unterscheidung zwischen den verschiedenen Flüchtlingsgruppen
praktisch kaum möglich – nicht nur, weil es meist unmöglich
ist, das tatsächliche Fluchtmotiv herauszufinden, sondern weil
in vielen Fällen verschiedene Motive gleichzeitig vorliegen: Ist
beispielsweise ein Syrer, der über die Türkei nach Deutschland
kommt, ein politischer Flüchtling (weil er zur Opposition gegen Assad gehört), ein Kriegsflüchtling (weil in seinem Heimatland Bürgerkrieg herrscht) oder ein Wirtschaftsflüchtling
(weil er die Türkei verlassen hat, in der für ihn ja keine Gefahr
für Leib und Leben bestand)?

Analog zum Begriff »Migrant« soll der Begriff »Migrationspolitik« verstanden werden: Diese umfasst sowohl Flüchtlings-
als auch Einwanderungspolitik.

Es ist an dieser Stelle angebracht, darauf hinzuweisen, dass
wir eine bestimmte Art von Migration *nicht* betrachten wollen –
weil in diesem Fall schlichtweg *keine* Migrationspolitik möglich ist: die Wanderung von Bürgern der EU innerhalb der Mitgliedsländer der EU.[11] Das Prinzip der Freizügigkeit ist so fest
im europäischen Recht verankert, dass einzelne EU-Mitglieder
daran de facto nichts ändern können – es sei denn, sie verlassen die EU. Ganz abgesehen davon können wir die innereuro-

päische Migration auch deshalb ignorieren, weil sie – zumindest gegenwärtig und im Vergleich zur Zuwanderung von außerhalb von Europa – kein Problem darstellt.[12]

KAPITEL 2

Die Konsequenzen der Migration: Gewinner und Verlierer

»Migration war schon immer Teil der Menschheitsgeschichte, und wir erkennen an, dass sie in unserer globalisierten Welt eine Quelle des Wohlstands, der Innovation und der nachhaltigen Entwicklung darstellt und dass diese positiven Auswirkungen durch eine besser gesteuerte Migrationspolitik optimiert werden können.«

Die Präambel des »Globalen Paktes für eine sichere, geordnete und reguläre Migration«, der nach einer sehr kontrovers verlaufenen Diskussion auch von Deutschland im Dezember 2018 unterzeichnet wurde, entwirft ein überaus positives Bild von der internationalen Migration. Aber entspricht es auch der Realität? Ist Migration wirklich eine »Quelle des Wohlstandes«? Und wenn ja, ist sie es für alle?

Um diese Fragen zu beantworten, müssen wir uns mit den Erkenntnissen der Ökonomie der Migration beschäftigen. Nur so können wir zu nachvollziehbaren Schlussfolgerungen und fundierten Aussagen gelangen. Vorurteile und Halbwahrheiten gibt es in der gegenwärtigen Auseinandersetzung um die Migrationspolitik schließlich schon mehr als genug. Es braucht niemand Scheu vor etwas ökonomischer Theorie zu haben – ganz im Gegenteil: Ein Sprung in das kühle Wasser der ökonomischen Theorie wirkt durchaus erfrischend. Der Kopf wird frei für neue Einsichten und Erkenntnisse, die uns in die Lage versetzen werden, nicht nur die oben zitierte Passa-

© Springer Fachmedien Wiesbaden GmbH, ein Teil von Springer Nature 2019
F. Söllner, *System statt Chaos*, https://doi.org/10.1007/978-3-658-25378-3_3

ge des UN-Migrationspakts, sondern überhaupt die verschiedenen Positionen in der Migrationspolitik und die Argumente,
mit denen diese verteidigt werden, richtig einzuschätzen und
zu bewerten. Im Übrigen müssen wir uns nicht in die Untiefen
der ökonomischen Theorie begeben, sondern können uns nahe
am Ufer aufhalten. Denn um die wesentlichen, für uns wichti-
gen Zusammenhänge herauszuarbeiten, benötigen wir erfreu-
licherweise keine komplizierten Modelle und keinen aufwen-
digen formalen Apparat. Es genügen einige einfache Grafiken,
gesunder Menschenverstand und die Gesetze von Angebot
und Nachfrage:[13] Ersteres besagt, dass mit steigendem (fallendem) Preis das Angebot zunimmt (abnimmt); gemäß letzterem
nimmt die Nachfrage mit steigendem Preis ab und mit fallendem Preis zu. Ein Marktgleichgewicht ist dann erreicht, wenn
bei einem bestimmten Preis die angebotene gleich der nachgefragten Menge ist; man spricht dann von Gleichgewichts-
preis bzw. Gleichgewichtsmenge. Diese simplen Zusammenhänge gelten nicht nur für die Gütermärkte, sondern auch für
die Produktionsfaktormärkte – also für die Märkte für z. B. Arbeit oder Kapital.[14]

Es wird sich herausstellen, dass die Unterscheidung zwischen Wachstums- und Verteilungseffekten für die Ökonomie
der Migration von zentraler Bedeutung ist. Erstere beziehen
sich auf die Veränderung der Höhe des Sozialprodukts bzw.
des Volkseinkommens; letztere betreffen die Verteilung dieses Sozialprodukts bzw. Volkseinkommens auf die einzelnen
Haushalte der betreffenden Volkswirtschaft.[15]

Wir werden zunächst die globalen Effekte der Migration
analysieren und uns dann näher mit einem beliebigen Zielland der Migration beschäftigen. Aber warum betrachten wir
überhaupt die globalen Effekte, wo wir uns doch in Kapitel 1
auf den nationalen Standpunkt festgelegt hatten? Nun, zum
einen können nur aus der globalen Perspektive auch die Beweggründe der Migranten erklärt werden, was für die späte-
re nationale Analyse nicht unwichtig ist. Zum anderen ist die
globale Sichtweise erforderlich, um die Argumente der Befür-

worter vollkommener Freizügigkeit verstehen und würdigen zu können – und um die Notwendigkeit einer nationalen Migrationspolitik begründen zu können (siehe Kapitel 7 und 9).

Bei den nun folgenden theoretischen Betrachtungen werden wir zunächst, wie das in der Migrationsökonomie allgemein üblich ist, einfach von Migranten bzw. Zuwanderern sprechen und nicht zwischen Flüchtlingen und Einwanderern differenzieren. Diese Zuwanderer sind Bürger eines bestimmten Landes (Herkunftsland), die in ein anderes Land (Zielland) ziehen, um dort auf Dauer zu leben und zu arbeiten. Erst am Ende dieses Kapitels gehen wir explizit auf Flüchtlinge ein und darauf, inwieweit sich die ökonomischen Konsequenzen des Zuzugs von Flüchtlingen von denen von Einwanderern unterscheiden.

DIE GLOBALE PERSPEKTIVE

Wie ist die internationale Migration aus der globalen Perspektive ökonomisch einzuschätzen? Zur Beantwortung dieser Frage betrachten wir eine »Modellwelt«, die nur aus zwei Ländern besteht, dem Herkunftsland (H) und dem Zielland (Z). Da sich heute der Großteil der Wanderungsströme aus ärmeren Entwicklungsländern in reichere Industrieländer bewegt, d. h. typischerweise von Süden nach Norden, kann man sich als Herkunftsland ein bevölkerungsreiches, kapitalarmes Entwicklungsland und als Zielland ein Industrieland mit geringer Bevölkerung und guter Kapitalausstattung vorstellen.

Sowohl die Ausgangssituation *vor* Migration (Situation 1) als auch die Endsituation *nach* Migration (Situation 2) werden in Abbildung 2.1 veranschaulicht. Dabei bildet der linke Teil der Grafik die Volkswirtschaft des Ziellandes Z und der rechte Teil der Grafik die des Herkunftslandes H ab. In beiden Teilgrafiken wird der Arbeitslohn L auf der vertikalen Achse (Ordinate) und die Beschäftigung B, d. h. die Zahl der eingesetzten

Abb. 2.1   Ökonomische Konsequenzen der Migration (Ziel-
und Herkunftsland)

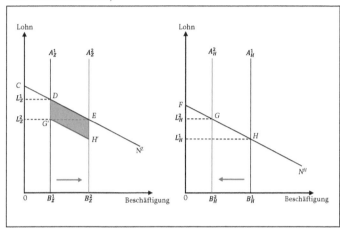

(Quelle: eigene Darstellung)

Arbeitskräfte, auf der horizontalen Achse (Abszisse) abgetra-
gen. In diesem Grundmodell der internationalen Migration
werden bestimmte vereinfachende Annahmen getroffen: Der
Produktionsfaktor Arbeit ist homogen, d. h. es gibt keine Qua-
lifikationsunterschiede zwischen den Arbeitskräften – weder innerhalb eines Landes, noch zwischen beiden Ländern.
Dementsprechend kann jede beliebige Arbeitskraft jede beliebige andere Arbeitskraft ohne weiteres ersetzen. Allerdings
sind die Arbeitskräfte in Z sehr viel produktiver als die in H,
was dadurch zum Ausdruck kommt, dass die Kurve der Nachfrage nach Arbeitskräften (N_Z bzw. N_H) in Z deutlich höher als
in H liegt. Diese höhere Produktivität hat ihre Ursache darin,
dass der Faktor Arbeit in Z mit einer »besseren« Kapitalausstattung als in H kombiniert wird, sodass pro Arbeitskraft in Z
wesentlich mehr als in H produziert werden kann.[16] Zur Kapitalausstattung soll nicht nur der eigentliche Produktionsfak-

tor Kapital gehören, also die in den Unternehmen eingesetzten Maschinen und Anlagen, sondern auch die Infrastruktur
und das »soziale« Kapital der entsprechenden Volkswirtschaft.
Unter letzterem verstehen wir politische, rechtliche und soziale Institutionen, wie z. B. allgemein anerkannte Geschäfts-
gepflogenheiten, stabile Regierungen, effiziente Verwaltungen
oder gemeinsame Werte und andere soziale Normen, die das
Zusammenleben und vor allem ökonomische Transaktionen
berechenbar machen (siehe auch Kapitel 3). Die Arbeitskräftenachfragekurven haben eine negative Steigung, d. h. sie verlaufen von links oben nach rechts unten. Dies liegt daran, dass
sich die Gewinnmöglichkeiten der Unternehmen unterscheiden (etwa aufgrund unterschiedlicher Absatzerwartungen
oder Kostenstrukturen) und die Unternehmen umso höhere
Löhne bereit sind zu zahlen, je besser ihre Gewinnaussichten
sind. Dieser Zusammenhang gilt in beiden Ländern, wohingegen die *Lage* der Arbeitskräftenachfragekurve aus den genannten Gründen unterschiedlich ist: weiter oben im Land Z
und weiter unten in Land H.[17]

In beiden Ländern soll das Arbeitskräfteangebot fix sein,
also von der Lohnhöhe nicht abhängen: Alle Arbeitskräfte bieten immer ihre volle Arbeitsleistung an, unabhängig davon,
wie hoch der Lohn ist. In unserer Grafik kommt diese Annahme dadurch zum Ausdruck, dass die Kurve des Arbeitskräfteangebots (A_Z bzw. A_H) in beiden Fällen eine Senkrechte ist und
dass die Beschäftigung (B_Z bzw. B_H) stets gleich dem Arbeitskräfteangebot ist. Das Land H soll eine größere Bevölkerung
und damit auch eine größere Zahl an Arbeitskräften als das
Land Z haben. Der jeweilige Gleichgewichtslohn ergibt sich
aus dem Schnittpunkt der Kurven von Arbeitskräfteangebot
und Arbeitskräftenachfrage.

Die Kapitalausstattung soll ebenfalls in beiden Ländern fix
sein. Aus diesem Grund hängt die Höhe des Sozialprodukts
nur von der Anzahl der eingesetzten Arbeitskräfte ab: Je mehr
Arbeitskräfte eingesetzt werden, desto höher ist das Sozialprodukt. Jede einzelne Arbeitskraft produziert eine bestimmte

Gütermenge, die von der Produktivität des jeweiligen Arbeits-
platzes abhängt und die sich durch den Abstand zwischen Arbeitskräftenachfragekurve und Abszisse messen lässt.[18] Folglich ergibt sich die Höhe des gesamten Sozialprodukts als die
Fläche zwischen Arbeitskräftenachfragekurve und Abszisse.

Schauen wir uns zunächst die Ausgangssituation (1) an: Im
Land Z werden B_Z^1 Arbeitskräfte beschäftigt, die den Lohn L_Z^1
beziehen; insgesamt wird ein Volkseinkommen erwirtschaftet,
das der Fläche des Vierecks $0CDB_Z^1$ entspricht. Im Land H werden B_H^1 Arbeitskräfte beschäftigt, welche einen Lohn in Höhe
von L_H^1 beziehen; das Volkseinkommen von H wird durch die
Fläche des Vierecks $0FHB_Z^1$ gemessen. Der Gleichgewichtslohn
ist im Land Z deutlich höher als im Land H, da die Arbeitskräfte in Z aufgrund der besseren Kapitalausstattung dieses Landes deutlich produktiver als in H sind. Folglich haben die Arbeitnehmer aus H einen großen Anreiz, nach Z zu wandern,
um dort höhere Löhne zu beziehen. Die Situation 1 ist deshalb
nur dann ein stabiles Gleichgewicht, wenn diese Wanderung
durch Verbote oder andere Hindernisse unterbunden wird.
Wenn diese – aus welchen Gründen auch immer – wegfallen,
dann setzt eine Wanderung von Arbeitskräften aus H nach Z
ein. Das Arbeitskräfteangebot in H nimmt dadurch ab, wohingegen es in Z zunimmt. Bei unveränderter Arbeitsnachfrage
führt dies dazu, dass der Lohn in Z fällt und in H steigt – und
zwar umso stärker, je mehr Arbeitskräfte wandern. Der Wan-
derungsprozess kommt dann zum Stillstand, wenn die Lohn-
differenz abgebaut worden ist und deshalb kein Anreiz zur
Migration mehr besteht. Dies ist der Fall in der Situation 2, die
das neue stabile Gleichgewicht nach Abschluss der Migration
darstellt: Im Land Z ist die Zahl der Arbeitskräfte auf B_Z^2 gestiegen, die aber jetzt einen Lohn von nur L_Z^2 beziehen. Im Land H
gibt es dagegen nun weniger Arbeitskräfte (B_H^2), die aber mehr
verdienen (L_H^2). L_Z^2 ist gleich L_H^2 und es findet keine Migration
mehr statt.[19]

Wie hat sich nun das Volkseinkommen beider Länder ver-
ändert? Im Land H ist es um $B_H^2 GHB_H^1$ auf $0FGB_H^2$ gesunken, wo-

hingegen es im Land Z um $B_Z^1DEB_Z^2$ auf $0CEB_Z^2$ gestiegen ist. Es ist offensichtlich, dass der Verlust von H kleiner als der Gewinn von Z ist: Überträgt man den Verlust von H in die Grafik, welche die Volkswirtschaft von Z beschreibt ($B_Z^1G'H'B_Z^2$), so erkennt man, dass ein Nettogewinn von $G'DEH'$) übrig bleibt (das grüne Viereck im linken Teil von Abb. 2.1). Dieser stellt den weltweiten Sozialproduktzuwachs infolge der Migration dar, der häufig als »Migrationsüberschuss« bezeichnet wird.[20]

Wir können also festhalten, dass sich durch den Abbau von Migrationsbarrieren bzw. die Einführung einer weltweiten Arbeitnehmerfreizügigkeit das weltweite Sozialprodukt steigern lässt. In gewisser Weise ist dieses Ergebnis keine Überraschung, denn es entspricht dem, was man als Ökonom erwarten würde: Wenn zuerst Transaktionen ausgeschlossen sind, die für bestimmte Wirtschaftssubjekte von Vorteil wären, und diese dann ermöglicht werden, dann muss sich zwangsläufig eine Steigerung des Sozialprodukts ergeben – zumindest weltweit gesehen. In unserem Beispiel können in Situation 1 die Arbeitskräfte aus H nicht zu einem höheren Lohn in Z arbeiten und die Unternehmer aus Z nicht die billigeren Arbeitskräfte aus H beschäftigen. In Situation 2 ist dies möglich, da Migration erlaubt ist, sodass diese beiderseits vorteilhaften Transaktionen auch getätigt werden – mit den entsprechenden positiven Konsequenzen für das Weltsozialprodukt. In ähnlicher Weise resultieren zwangsläufig weltweite Sozialproduktgewinne, wenn andere Arten von Transaktionshemmnissen wegfallen – insbesondere, wenn der internationale Güterhandel oder der internationale Kapitalverkehr liberalisiert wird.[21]

Wie groß kann man sich die Sozialproduktzuwächse vorstellen, die sich weltweit ergeben würden, wenn die Migrationshemmnisse vollständig abgebaut werden würden? Die Schätzungen variieren je nach den Annahmen, die gemacht werden, aber die Gewinne sind in jedem Fall extrem hoch: Eine typische Berechnung kommt z. B. auf eine Erhöhung des weltweiten Sozialprodukts um 40 Billionen US-$ oder ungefähr

60 %.[22] Und dabei handelt es sich nicht etwa um einen einmaligen Effekt, sondern das Weltsozialprodukt wäre auf Dauer um diesen Betrag höher: Die genannten 40 Billionen US-$ würden jedes Jahr anfallen![23] Aber wenn dem so ist, warum sehen wir dann nicht wesentlich mehr Migration als wir tatsächlich beobachten? Warum gibt es überhaupt noch Hindernisse für die freie Bewegung von Arbeitskräften weltweit? Warum, mit anderen Worten, werden diese möglichen enormen Sozialproduktzuwächse nicht realisiert?

Auf diese Fragen gibt es verschiedene Antworten, die teils ökonomischer, teils politischer Natur sind. Aus Sicht der Ökonomie muss man zunächst feststellen, dass die erwähnten Berechnungen auf sehr problematischen, weil sehr unrealistischen Annahmen basieren. Unter realistischen Bedingungen werden die möglichen Sozialproduktgewinne nicht diese astronomischen Dimensionen erreichen. Das hat im Wesentlichen zwei Gründe: Aufgrund der enormen Lohn- und Einkommensunterschiede zwischen dem Norden und dem Süden, zwischen Industrie- und Entwicklungsländern, ist eine Migration in sehr großem Umfang erforderlich, damit die Löhne bzw. Einkommen sich auch tatsächlich angleichen. In der oben zitierten Beispielsrechnung wandern 95 % (!) der Arbeitskräfte des Südens in den Norden, d.h. 2,6 Milliarden Menschen (!). Berücksichtigt man außerdem noch deren Familien, dann ergibt sich eine Gesamtwanderung von 5,6 Milliarden Menschen (!) – eine wahre Völkerwanderung, gegen die alle Völkerwanderungen in der bisherigen Menschheitsgeschichte verblassen würden! Nun hatten wir in unserem Modell von Wanderungskosten abgesehen, also implizit unterstellt, dass die Migration keine Kosten verursacht – eine Annahme, die regelmäßig auch bei den Berechnungen zur Schätzung des Migrationsüberschusses verwendet wird. Es mag Fälle geben, in denen eine solche Annahme zulässig ist; sobald es aber um die Wanderung von Milliarden von Menschen über Kontinente hinweg geht, können die Wanderungskosten nicht mehr vernachlässigt werden. Zu diesen gehören nicht nur die reinen

Transport- und Umzugskosten, die allein schon – im Fall von Wanderungen über Tausende von Kilometern – sehr hoch sein dürften. Hinzu kommen noch die »psychischen« Kosten der Wanderung, die etwa durch den Verlust der gewohnten Umgebung und der sozialen Kontakte, des Aufwands zur Erlernung einer neuen Sprache oder die Aufgabe gewohnter Sitten und Gebräuche verursacht werden und die ebenfalls eine beträchtliche Höhe erreichen können.[24]

Neben den Wanderungskosten gibt es noch einen weiteren Faktor, der dafür verantwortlich ist, dass der tatsächliche Migrationsüberschuss vielleicht doch nicht so groß ist, wie er in der Theorie erscheint. Wir sind bei unserem Modell davon ausgegangen, dass die Arbeitskräftenachfragekurve fix ist, als auch durch den Zuzug vieler ausländischer Arbeitskräfte nicht verändert wird. Diese Nachfragekurve spiegelt ja die Leistungsfähigkeit des volkswirtschaftlichen Kapitals wieder. Aber kann man tatsächlich davon ausgehen, dass diese Leistungsfähigkeit unverändert bleibt? Zumindest im Fall des »Sozialkapitals« sind hier ernste Zweifel angebracht. Die Herkunftsländer der Migration sind typischerweise arm; wären sie nicht arm, dann hätten ihre Bürger ja keinen Anreiz auszuwandern. Und diese Länder sind weniger aufgrund von natürlichen Gegebenheiten (etwa dem Klima oder dem Mangel an Bodenschätzen) arm, sondern mehr aufgrund gravierender Mängel ihrer politischen und sozialen Institutionen – wenn etwa Stammes- oder Sippenloyalität mehr zählt als Bürgerpflichten, wenn gegenseitiges Vertrauen durch religiöse oder ethnische Differenzen unterminiert wird, wenn es weder eine unparteiische Justiz noch eine gesetzestreue Verwaltung gibt. Durch solche und andere Dysfunktionalitäten kann Sand in das Getriebe von Volkswirtschaften gestreut werden, die sich deshalb nicht so entwickeln können, wie dies wünschenswert und eigentlich möglich wäre. Wenn aus solchen Ländern Millionen und Abermillionen von Menschen in andere Länder ziehen, dann muss davon ausgegangen werden, dass sie einen Teil ihrer dysfunktionalen sozialen und politischen Infrastruktur in Form von Einstellungen, Erwartungen und Verhaltensweisen mit in ihre neue Heimat nehmen – und damit das Sozialkapital des Ziellandes gewissermaßen »kontaminieren« und so in seiner Leistungsfähigkeit beeinträchtigen.[25] Folglich ist zu erwarten, dass bei Wanderungen in dem hier ins Auge gefassten Ausmaß die Leistungsfähigkeit des volkswirtschaftlichen Kapitals des Ziellandes abnimmt. In unserem Modell würde sich dies in einer Verschiebung der Arbeitskräftenachfragekurve nach unten niederschlagen, wodurch der mögliche Migrationsüberschuss abnehmen, vielleicht sogar ganz verschwinden würde.

In dem Maße, wie die Migration in geringerem Umfang stattfindet, spielen auch die beiden genannten Probleme eine immer geringere Rolle – obwohl natürlich gleichzeitig die Höhe des theoretisch zu erwartenden Migrationsüberschusses abnimmt. Wenn also vielleicht eine Massenwanderung von Süden nach Norden in der Realität doch nicht so vorteilhaft sein mag, wie dies in der Theorie den Anschein hat, ist dann wenigstens eine begrenzte Migration eindeutig von Vorteil? Wenn wir uns noch einmal unsere erste Grafik anschauen, so scheint dies tatsächlich der Fall zu sein. Wir wollen davon ausgehen, dass der Migrationsüberschuss $G'DEH'$ durch eine »maßvolle« Zuwanderung zustande kommt und nicht durch nennenswerte Wanderungskosten oder die Abnahme des Sozialkapitals des Ziellandes gemindert wird. Die Migranten profitieren in jedem Fall; sie erhalten statt L_H^1 jetzt den höheren Lohn L_Z^2. Im Herkunftsland nimmt das Sozialprodukt zwar ab, es verteilt sich aber auch auf weniger Menschen; insbesondere haben die im Herkunftsland verbleibenden Arbeitskräfte einen Vorteil, da auch ihr Lohn von L_H^1 auf L_H^2 $(= L_Z^2)$ steigt. Und im Zielland wächst das Volkseinkommen deutlich, sodass auch dessen Bevölkerung gewinnt. Also ein klarer Fall – die Migration ist für alle Beteiligten ein Vorteil? Keineswegs – wie wir gleich sehen werden, wenn wir uns mit dem Zielland etwas näher beschäftigen.

DIE PERSPEKTIVE DES ZIELLANDES

Um die Auswirkungen des Zuzugs von Migranten auf die Volkswirtschaft des Ziellandes genauer zu analysieren, konzentrieren wir uns nun auf den linken Teil unserer ersten Grafik, beschränken uns also auf die Darstellung der Entwicklung im Zielland. Es werden dieselben Situationen wie in unserem Beispielsfall betrachtet – die Ausgangssituation (1) ohne Migration und die Endsituation (2) nach Abschluss der Migration. Deshalb entspricht Abbildung 2.2 genau dem linken Teil der ersten Grafik; lediglich der Index »Z« kann entfallen, da wir ja keine zwei Länder zu unterscheiden brauchen.

Abb. 2.2   Ökonomische Konsequenzen der Migration (Zielland)

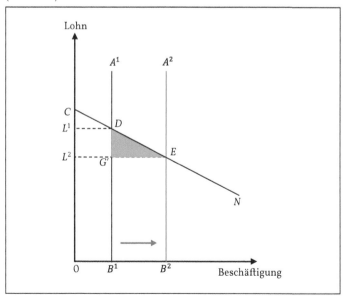

(Quelle: eigene Darstellung)

In der Ausgangssituation werden B^1 Arbeitskräfte zum Lohn von L^1 beschäftigt; das Sozialprodukt entspricht der Fläche des Vierecks $0CDB^1$. Aber wie verteilt sich dieses auf die beiden Produktionsfaktoren Arbeit und Kapital? Denn für die Beurteilung der Vorteilhaftigkeit der Zuwanderung ist es von entscheidender Bedeutung, dass nicht nur Wachstums-, sondern auch Verteilungseffekte betrachtet werden. Die Arbeitnehmer erhalten eine der Fläche des Rechtecks $0L^1DB^1$ entsprechende Lohnsumme (das Produkt aus Lohn und Beschäftigung); und die Kapitaleigentümer bekommen den Rest des erwirtschafteten Sozialprodukts, welcher der Fläche des Dreiecks L^1CD entspricht. Nach Abschluss der Wanderungsbewegung vom Herkunfts- in das Zielland ist das Sozialprodukt im Zielland auf $0CEB^2$ gewachsen. Zieht man davon den Lohn ab, den die Einwanderer erhalten ($B^1G'EB^2$), dann bleibt für die einheimische Bevölkerung ein Migrationsüberschuss von $G'DE$ übrig.[26] Aber das heißt nicht, dass tatsächlich die gesamte einheimische Bevölkerung profitiert! Denn der Lohn ist von L^1 auf L^2 gesunken, sodass die Arbeitnehmer eine Lohneinbuße in Höhe dieser Differenz erleiden und ihr »Stück vom Kuchen« des Sozialprodukts um L^2L^1DG' schrumpft! Die Kapitaleigner andererseits sind die eindeutigen Gewinner: Nicht nur dass der Migrationsüberschuss ($G'DE$) ausschließlich ihnen zugutekommt, sie profitieren auch von der Lohnsenkung.[27] Insgesamt steigt ihr Einkommen um L^2L^1DE auf nunmehr L^2CE. Perverserweise ist der im Zielland anfallende Migrationsüberschuss umso größer, je stärker die Löhne durch die Zuwanderung sinken.[28]

Dieses Ergebnis kann nicht wirklich überraschen: Durch die Zuwanderung ist das Arbeitskräfteangebot im Zielland gestiegen, was einen fallenden Preis für Arbeit impliziert; andererseits ist Kapital (relativ zur Arbeit) knapper geworden, so dass der Preis von Kapital steigen muss. Mit anderen Worten: Der Lohn muss fallen und die Kapitalrendite muss steigen. Die Tatsache, dass *insgesamt* das Volkseinkommen im Zielland wächst und *insgesamt* dessen Bevölkerung profitiert, dürfte für die von Lohnsenkungen betroffenen Arbeitnehmer nur ein geringer Trost sein. Ökonomen versuchen häufig, dieses Problem dadurch schön zu reden, dass sie auf die Möglichkeit der Kompensation der Verlierer verweisen. Es wäre nämlich theoretisch möglich, einen Teil des Zugewinns der Kapitaleigner zu verwenden, um die Arbeitnehmer zu entschädigen – und zwar so, dass am Ende wirklich alle profitieren. Aber solange eine solche Entschädigung nicht tatsächlich durchgeführt wird und diese eine bloße Möglichkeit bleibt, ist dieses Argument nicht dazu angetan, die Vorbehalte der Arbeitnehmer zu entkräften: Ein tatsächlicher Verlust wird durch die theoretische Möglichkeit der Wiedergutmachung nicht kleiner! Von daher ist zu erwarten, dass die Arbeitnehmer sich eindeutig gegen die Zuwanderung aussprechen und diese zu verhindern suchen werden. Und darin ist der im vorigen Abschnitt erwähnte politische Grund dafür zu suchen, dass keine schrankenlose Migration stattfindet: In ihrer Eigenschaft als Wähler werden die unter der Zuwanderung leidenden Teile der Bevölkerung der Zielländer alles daransetzen, diese zu begrenzen – unabhängig davon, wie hoch der mögliche globale Migrationsüberschuss sein mag.

Aber wenn dem so ist, dann könnte man jetzt umgekehrt fragen, warum es überhaupt Migration in einer nennenswerten Größenordnung gibt, warum die Bevölkerungsmehrheit in den Zielländern der internationalen Migration nicht dafür sorgt, dass diese so weit als möglich verhindert wird. Der Antwort auf diese Frage kann man sich nähern, indem man Modelle betrachtet, die realistischer sind als das doch sehr einfache Modell, das wir bisher verwendet haben. Vor allem zwei Annahmen erscheinen sehr restriktiv: die Annahme eines konstanten Kapitalstocks und die Annahme eines homogenen Arbeitskräfteangebots. Wir wollen in den nächsten beiden Abschnitten diese Annahmen aufgeben und sehen, was sich dadurch an den Ergebnissen unseres Modells ändert.

VARIABLER KAPITALSTOCK

Der gesamte Kapitalstock einer Volkswirtschaft ist allenfalls kurzfristig konstant. Ersparnisse werden gebildet und aufgelöst, Investitionen werden getätigt, Maschinen und Anlagen verschleißen und veralten, neue Technologien und neue Produkte werden entwickelt – Vorgänge, die in modernen Volkswirtschaften ständig ablaufen und die natürlich die Höhe und die Zusammensetzung des in den produzierenden Unternehmen vorhandenen Kapitalbestands beeinflussen. Außerdem können sich auch Änderungen hinsichtlich des Infrastruktur- und des Sozialkapitals ergeben. Da aber diese Änderungen im Vergleich zur Entwicklung des Unternehmenskapitals relativ langsam von statten gehen, werden wir sie hier vernachlässigen und uns auf das Unternehmenskapital konzentrieren.

Schauen wir uns das Zielland nach Abschluss der Zuwanderung nochmals an und überlegen wir, was passiert, wenn der Kapitalstock durch Investitionen wächst. Da die Kapitalrendite durch die Zuwanderung deutlich angestiegen ist, besteht natürlich ein Anreiz zu investieren. Auf diese Weise kann der Kapitalbestand soweit zunehmen, dass das vor Beginn der Migration bestehende Verhältnis zwischen Arbeits- und Kapitalmenge wiederhergestellt wird. Diese Situation ist in Abbildung 2.3 dargestellt.

Durch die Erhöhung des Kapitalbestandes konkurriert jetzt gewissermaßen mehr Kapital um die gleiche Arbeitskräftemenge, sodass die Arbeitskräftenachfrage von N auf N' steigt, was wiederum eine Erhöhung des Lohns von L^2 auf L^1 zur Folge hat. Insgesamt ist die Volkswirtschaft gewachsen, wobei das Wachstum dieses Mal ausschließlich den Arbeitnehmern in Form einer Lohnerhöhung zugutekommt. Vom neuen, höheren Sozialprodukt ($0IKB^2$) erhalten die Arbeitnehmer jetzt $0L^1KB^2$ und die Kapitaleigentümer L^1IK – was deren Anteil am Sozialprodukt vor Erhöhung des Kapitalstocks entspricht (L^2CE).[29]

Es ist also möglich, dass durch die Zuwanderung Investitionen angeregt und so Wachstumseffekte ausgelöst werden –

Abb. 2.3   Ökonomische Konsequenzen der Migration (Zielland, variabler Kapitalstock)

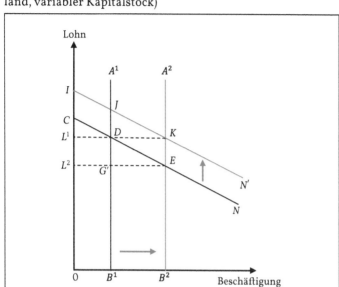

(Quelle: eigene Darstellung)

und durch dieses zusätzliche Wachstum können die Verluste
der einheimischen Arbeitnehmer ausgeglichen werden, sodass am Ende tatsächlich die gesamte Bevölkerung des Ziellandes profitieren *kann.* In unserem Beispiel profitieren zwar
die einheimischen Arbeitnehmer im Vergleich mit der Situation *vor* der Zuwanderung nicht, aber immerhin sind sie keine
Verlierer mehr; alleinige Gewinner in der einheimischen Bevölkerung sind weiterhin die Kapitaleigentümer. Und selbstverständlich profitieren auch die zugewanderten Arbeitskräfte von der Lohnsteigerung.[30]

HETEROGENES ARBEITSKRÄFTEANGEBOT

Selbstverständlich sind nicht alle Arbeitnehmer identisch und beliebig austauschbar – nicht innerhalb eines Landes und schon gar nicht zwischen zwei Ländern. Es gibt gelernte und ungelernte, niedrig und hoch qualifizierte, die Landessprache sprechende und die Landessprache nicht sprechende, junge und alte, kranke und gesunde Arbeitskräfte. Dieser Vielfalt kann man in ökonomischen Modellen zwar nicht gerecht werden, aber man kann – und muss – zumindest eine grundlegende Differenzierung vornehmen: die zwischen niedriger und hoher Qualifikation.

Wir wollen deshalb nun annehmen, dass es zwei Arten von Arbeitskräften gibt, niedrig und hoch qualifizierte. Dabei soll es keine Rolle spielen, welcher Nationalität diese Arbeitskräfte sind, d. h. die gleich qualifizierten Arbeitskräfte des Herkunfts- und des Ziellandes sollen jeweils »gleichwertig« sein. Die zwei Arten von Arbeitskräften implizieren die Existenz zweier verschiedener Arbeitsmärkte: einen für hoch und einen für niedrig qualifizierte Arbeitskräfte. Denn diese konkurrieren nicht miteinander, sondern ergänzen sich in der Güterproduktion. Wie wirkt sich nun in einer solchen Situation die Zuwanderung aus? Eine grafische Veranschaulichung ist in diesem Fall leider nicht möglich, aber die wesentlichen Zusammenhänge lassen sich leicht durch einige Plausibilitätsüberlegungen erschließen.[31]

Gehen wir zunächst davon aus, dass niedrig qualifizierte Arbeitskräfte zuwandern. Dies dürfte der Realität der heutigen Migration von Süd nach Nord am ehesten entsprechen, da es zwar auch hochqualifizierte Migranten gibt, diese aber eine verschwindend kleine Minderheit darstellen. Was wird nun passieren? Das Arbeitsangebot insgesamt wird zunehmen, sodass der *Durchschnittslohn* fallen und die Kapitalrendite steigen wird. Allerdings ist nur das Angebot an gering qualifizierten Arbeitskräften gestiegen, wohingegen die Zahl der hoch qualifizierten gleichgeblieben ist. Erstere sind folglich weniger knapp, letztere knapper (bezogen auf die Gesamtzahl der Arbeitnehmer) geworden. Dementsprechend sinkt der Lohn der Niedrigqualifizierten und steigt der der Hochqualifizierten.

Die Abnahme des Lohns der Niedrigqualifizierten ist unmittelbar einsichtig, aber die Zunahme des Lohns der Hochqualifizierten bedarf vielleicht einer zusätzlichen Erklärung: Da sich Hoch- und Niedrigqualifizierte in der Produktion ergänzen, bedeutet eine Zunahme der Zahl letzterer bei einem Gleichbleiben der Zahl ersterer, dass die Produktivität der Hochqualifizierten steigt, dass diese deshalb für die Arbeitgeber »mehr wert« sind und einen höheren Lohn erhalten werden. Beispielsweise ist ein Techniker, der nicht mehr nur fünf, sondern jetzt zehn Arbeiter beaufsichtigt und anleitet, wesentlich produktiver, sodass er auch einen höheren Lohn erzielen würde. Ob der Lohn des Technikers dabei absolut (also bezogen auf die Lohnhöhe in Geldeinheiten) oder relativ (also bezogen auf die Kaufkraft des Lohns) steigt, hängt unter anderem von der Geldpolitik ab – und ist auch nicht wirklich wichtig: Letztlich spielt es nämlich keine Rolle, ob bei konstantem Preisniveau der Lohn des Technikers absolut steigt und der der Arbeiter absolut sinkt oder ob bei steigendem Preisniveau der Lohn des Technikers absolut steigt (und zwar stärker als das Preisniveau) und der der Arbeiter absolut gleich bleibt. In beiden Fällen wird sich die Einkommensposition des Technikers gegenüber der der Arbeiter verbessern.

Im Fall der Zuwanderung Niedrigqualifizierter haben die hochqualifizierten Einheimischen auch insoweit Vorteile, als sie haushaltsnahe Dienstleistungen in Anspruch nehmen, also z. B. Kindermädchen oder Putzfrauen beschäftigen, deren Lohn, da es sich ja typischerweise dabei um gering qualifizierte Arbeitskräfte handelt, sinken wird. Von der Zuwanderung profitieren würden also Kapitaleigentümer und hoch qualifizierte Arbeitnehmer; die Verlierer wären die niedrig qualifizierten Arbeitskräfte. Da diese aber schon vor der Zuwanderung ein geringeres Einkommen als die Kapitaleigentümer und die Hochqualifizierten erzielt haben, würde die Einkom-

mensverteilung in der einheimischen Bevölkerung durch die
Zuwanderung ungleichmäßiger werden.

Analog umgekehrt kann man argumentieren, wenn Hochqualifizierte zuwandern: Dann würden Kapitaleigentümer
und Niedrigqualifizierte, deren Lohn steigen würde, profitieren, während die Hochqualifizierten Lohneinbußen hinneh-
men müssten. Aussagen über die Entwicklung der Einkommensverteilung in der einheimischen Bevölkerung kann man
in diesem Fall nicht treffen, da zwar die Bezieher niedriger
Einkommen profitieren, aber eben auch ein Teil der Bezieher
hoher Einkommen (nämlich die Kapitaleigentümer). In *beiden*
Fällen würde der *Anteil* des Produktionsfaktors Kapital am Sozialprodukt steigen und der des Faktors Arbeit sinken.

Diese Argumentation kann verallgemeinert werden, indem
nicht nur zwei, sondern beliebig viele Qualifikationsniveaus
unterschieden werden. Dann kann man sagen, dass die Arbeitskräfte, die mit den Zuwanderern in Konkurrenz stehen
(die also durch diese ersetzt werden können) die Verlierer und
die Arbeitskräfte, für die die Zuwanderer keine Konkurrenz
darstellen (die also durch diese nicht ersetzt werden können)
die Gewinner sind;[32] die Kapitaleigentümer profitieren in jedem Fall, da Arbeit weniger knapp wird.[33]

Wir können also feststellen, dass bei heterogenem Arbeitsangebot die Zuwanderung nicht nur das Lohnniveau, sondern
auch die Lohnstruktur beeinflusst. Und dieser Struktureffekt
ist auch von Dauer: Während, wie wir im vorangegangenen
Abschnitt gesehen haben, die Erhöhung des Kapitalbestands
die Knappheitsverhältnisse zwischen Kapital und Arbeit und
damit die Relation zwischen Kapitalrendite und Lohnhöhe
wiederherstellen kann, wirkt sich diese *nicht* auf die Lohnstruktur aus.

So zumindest sieht die Theorie aus. Wie aber haben sich die
Vorhersagen der Migrationsökonomie in der Praxis bewährt?
Im Großen und Ganzen kann man sagen, dass die vorherge-
sagten Effekte in der Realität auch tatsächlich eingetreten sind.
Insbesondere haben viele empirische Studien gezeigt, dass

die Zuwanderung von gering qualifizierten Arbeitskräften zu Lohnrückgängen im Niedriglohnsektor führte, wohingegen die Bezieher höherer Einkommen profitierten.[34] Da im Regelfall die Zuwanderung erfolgt, während gleichzeitig die Volkswirtschaften der Zielländer »in Bewegung« sind – etwa weil neue Produkte auf den Markt kommen, neue Technologien eingesetzt werden, die Steuerpolitik reformiert wird oder die außenwirtschaftlichen Rahmenbedingungen sich ändern –, ist es meist nicht einfach, in einer bestimmten Situation genau zu identifizieren, welche Einkommens- und Beschäftigungseffekte auf die Zuwanderung zurückzuführen sind und welche auf andere Faktoren. Von daher besteht immer eine gewisse Unsicherheit bei der Interpretation der empirischen Analysen; allerdings ist dabei weniger die *Richtung* als vielmehr das *Ausmaß* der durch die Zuwanderung verursachten Effekte umstritten.

Es gibt aber auch eindeutige Fälle, in denen die Auswirkungen der Zuwanderung offensichtlich sind. Der bekannteste dieser Fälle trug sich Anfang der 1980er Jahre in Florida zu: 1980 erklärte Fidel Castro, dass Kubaner, die in die USA ziehen wollten, über die Hafenstadt Mariel auswandern dürften. Von dieser Möglichkeit machten innerhalb kurzer Zeit 125 000 Kubaner Gebrauch. Diese »Marielitos« ließen sich zum überwiegenden Teil in Miami nieder. Sie waren sehr schlecht qualifiziert; 60 % von ihnen besaßen keinen Schulabschluss. Durch ihre Einwanderung erhöhte sich das Angebot von Arbeitskräften ohne Schulabschluss in Miami um 20 % und der Durchschnittslohn dieser Arbeitskräfte sank um 10 % bis 30 %.[35] Auch zu dem Spezialfall haushaltsnaher Dienstleistungen liegt für die USA eine interessante Untersuchung vor: Zwischen 1980 und 2000 sank der durchschnittliche Stundenlohn von Kindermädchen um 4,3 % mit jedem Prozentpunkt, um den die Zahl der niedrig qualifizierten Einwanderer zunahm.[36]

Aus ökonomischer Sicht ist es naheliegend, dass die Einstellung zur Einwanderung und die persönliche Betroffenheit von Einwanderung eng zusammenhängen. In der Tat wurde häufig

festgestellt, dass die »Immigrationspräferenzen« von den er-
warteten Vor- und Nachteilen abhängen: Je mehr man persönlich mit Vorteilen und je weniger man persönlich mit Nachteilen rechnet, desto positiver ist man Einwanderern gegenüber
eingestellt.[37] Dieser Zusammenhang wird indirekt durch andere Untersuchungen bestätigt, die zu dem Ergebnis kommen,
dass Migranten von den Einheimischen umso eher willkommen geheißen werden, je besser deren Bildung ist. Da nämlich
Niedrigqualifizierte heute den Großteil der Migranten ausmachen, konzentrieren sich die negativen Effekte der Zuwanderung auf die einheimischen Niedrigqualifizierten; und da
ein enger Zusammenhang zwischen Bildungsniveau und Einkommenshöhe besteht, steigt mit zunehmendem Bildungsniveau die Wahrscheinlichkeit, dass man von der Zuwanderung profitiert und sinkt die Wahrscheinlichkeit, dass man
unter ihr leidet.[38]

SONSTIGE ÖKONOMISCHE KONSEQUENZEN
DER MIGRATION

Neben den bisher thematisierten Einkommens- und Beschäf-
tigungseffekten hat die Migration auch eine ganze Reihe weiterer ökonomischer Konsequenzen, welche, wie wir gleich
sehen werden, zum Großteil in dieselbe Richtung wie diese Effekte gehen.

Beispielsweise werden durch die Migration die *Machtverhält-
nisse am Arbeitsmarkt* zu Lasten der Arbeitnehmer verändert,
was sich in den üblichen Arbeitsmarktmodellen nicht abbil-
den lässt. Zwar hält die Abnahme des Durchschnittslohns und
der Anstieg der Kapitalrendite, wie wir gesehen haben, nur so
lange an, wie der Kapitalstock nicht an die gestiegene Beschäf-
tigtenzahl angepasst wird. Doch verbessert sich allein durch
eben diese Zunahme der Zahl der Arbeitskräfte die Verhandlungsposition der Arbeitgeber – sowohl gegenüber dem ein-

zelnen Arbeitnehmer beim Abschluss des Arbeitsvertrages als auch gegenüber den Gewerkschaften in künftigen Lohn- und Tarifverhandlungen. Die entsprechenden Konsequenzen für die Entwicklung der Löhne und der Arbeitsbedingungen liegen auf der Hand. Angesichts dessen und angesichts der in den vorangegangenen Abschnitten diskutierten Zusammenhänge verwundert es nicht, dass sich die Arbeitgeberseite generell für eine liberale Zuwanderungspolitik ausspricht. Dies macht ein vom Weltwirtschaftsforum veröffentlichtes Positionspapier mehr als deutlich: In diesem wird unter anderem gefordert, dass »Regierungen im Interesse der Wettbewerbsfähigkeit und des Wirtschaftswachstums den Tenor der Migrationsdebatte ändern und zugunsten der Migration Stellung nehmen sollen.«[39]

Wenn wir uns nunmehr vom Arbeitsmarkt abwenden und andere Bereiche der Volkswirtschaft eines typischen Ziellandes von Zuwanderung betrachten, so zeigt sich, dass die Migration auch Auswirkungen auf die Gütermärkte hat. Dies gilt vor allem für den *Wohnungsmarkt.* Durch den Zuzug von Migranten erhöht sich die Bevölkerungszahl und damit die Nachfrage nach Wohnraum. Die Kaufpreise und Mieten für Häuser und Wohnungen steigen, und zwar vor allem in jenen Segmenten des Wohnungsmarkts, auf den sich die Zusatznachfrage durch die Migranten richtet. Tendenziell wird man konstatieren können, dass kleine und einfache Wohnungen umso mehr betroffen werden, je geringer die Einkommen der Zuwanderer sind. Da die Höhe dieser Einkommen wesentlich von der Qualifikation der Migranten abhängt, kann man auch sagen, dass das Niedrigpreissegment des Wohnungsmarktes umso mehr betroffen wird, je geringer die neuen Arbeitskräfte qualifiziert sind. Da im Durchschnitt Wohneigentum in der einheimischen Bevölkerung eher bei den Beziehern hoher als bei den Beziehern niedriger Einkommen vorhanden sein dürfte, verschlechtert sich durch diese Entwicklung die ökonomische Position letzterer, und zwar umso mehr, je mehr sich der Preisanstieg auf den von ihnen nachgefragten Wohnraum konzentriert.[40] Selbstverständlich nimmt auch die Nachfrage nach anderen Gütern, wie etwa Lebensmitteln oder Kleidung, zu. Bei diesen sind aber kaum Preiseffekte zu erwarten, da hier das Angebot viel flexibler ist, allein aufgrund der Möglichkeit von Importen.[41] Aber Wohnraum kann weder importiert werden, noch kann das inländische Angebot kurzfristig ausgeweitet werden.

Das gleiche gilt auch für den vom Staat in Form von *Sozialwohnungen* bereitgestellten Wohnraum: In dem Maße, in dem Zuwanderer auch Anspruch auf Sozialwohnungen haben, sinken natürlich die Chancen einheimischer Anspruchsberechtigter, eine solche Wohnung zugeteilt zu bekommen. Dieses Problem stellt sich umso mehr, je geringer qualifiziert Zuwanderer sind, d. h. je weniger diese verdienen, da sie dann umso eher einen Anspruch auf eine Sozialwohnung haben – und auch umso eher auf eine solche angewiesen sind. Selbstverständlich betrifft dies nur die Teile der einheimischen Bevölkerung, die als Nachfrager von Sozialwohnungen auftreten, d. h. die ein niedriges Einkommen haben.

Das Problem eines relativ inflexiblen Angebots tritt auch bei *anderen vom Staat bereitgestellten Gütern* auf. Die erhöhte Nachfrage infolge der Zuwanderung führt zu Nutzeneinbußen für die einheimische Bevölkerung, da bestimmte öffentliche Güter allein aufgrund der Tatsache einer größeren Bevölkerung stärker genutzt werden: Es gibt mehr Spaziergänger in den Parks, mehr Besucher in Schwimmbädern oder mehr Autofahrer auf den Straßen. Offensichtlich geht dies zu Lasten der bisherigen Nutzer, da es jetzt in den Parks und Schwimmbädern enger zugeht und das Verkehrsaufkommen auf den Straßen steigt. Beispielsweise muss im letztgenannten Fall mit mehr Staus und Unfällen gerechnet werden.[42] Dieser Effekt betrifft mehr oder weniger die gesamte einheimische Bevölkerung.

Bei einem anderen Effekt werden von der zunehmenden Konkurrenz um staatlich angebotene Güter nur bestimmte Bevölkerungsgruppen in Mitleidenschaft gezogen werden – und zwar diesmal nicht (oder zumindest nicht primär) in Abhängigkeit vom Einkommen, sondern in Abhängigkeit von den Familienverhältnissen. Insoweit auch die Familien von Migranten zuwandern oder insoweit diese im Zielland Familien gründen, steigt die Kinderzahl und damit früher oder später die Schülerzahl. Dies führt zu steigenden Klassengrößen, was wiederum – zusammen mit wahrscheinlich vorliegenden Sprachdefiziten der Einwandererkinder – eine *Abnahme der Unterrichtsqualität* und damit eine Nutzeneinbuße auf Seiten der einheimischen Schüler zur Folge hat. Auf den ersten Blick scheint davon die gesamte nicht kinderlose einheimische Bevölkerung betroffen zu sein. Bei näherem Hinsehen spielt das Einkommen aber auch in diesem Fall eine nicht unwesentliche Rolle: Da Kinder regelmäßig die in der Nähe ihrer Wohnung gelegenen Schulen besuchen, kommt es zu den genannten Problemen vor allem in den Schulen, die in Orten bzw. Ortsteilen liegen, in denen relativ viele Zuwanderer wohnen. Je geringer diese qualifiziert sind und je weniger diese verdienen, desto einfacheren und billigeren Wohnraum werden sie nachfragen. Folglich werden sie desto eher in ärmeren Vierteln leben und dort ihre Kinder in die Schule schicken – in Vierteln mithin, in denen auch die einheimischen Niedrigverdiener wohnen und ihre Kinder zur Schule gehen. Auch hier gilt also, dass die Teile der einheimischen Bevölkerung, die in Konkurrenz zu den Zuwanderern stehen, Nachteile zu erwarten haben – wobei es nicht nur um die Konkurrenz auf dem Arbeitsmarkt, sondern auch um die Konkurrenz als Nachfrager von bestimmten Gütern geht. Diese Nachteile treten in jedem Fall kurzfristig auf; längerfristig können sie vermieden werden, falls das entsprechende Güterangebot ausgeweitet wird, also z.B. falls neue Schulen gebaut und neue Lehrer eingestellt werden.

Längerfristig muss auch ein weiterer, sehr wichtiger Effekt der Zuwanderung betrachtet werden – nämlich deren Einfluss auf die *Entwicklung der öffentlichen Finanzen*. Ökonomen untersuchen die Frage, wie sich der Zuzug von Migranten auf den Staatshaushalt auswirkt, mit Hilfe der Methode der »Generationenbilanzierung«.[43] Damit wird versucht, sich ein Bild von der langfristigen Entwicklung der Staatsfinanzen zu machen. Zu diesem Zweck wird der gegenwärtige Schuldenstand ermittelt und es werden Prognosen über die in Zukunft zu erwartenden Haushaltsüberschüsse bzw. -defizite angestellt. Dabei geht man prinzipiell von einem unendlichen Planungshorizont aus. Diese zukünftigen Größen werden auf die Gegenwart abgezinst (d.h. es wird ihr Barwert ermittelt) und mit dem gegenwärtigen Schuldenstand saldiert. Falls als Restgröße ein Defizit übrigbleibt, liegt eine sogenannte »Nachhaltigkeitslücke« vor, da die Staatsfinanzierung offensichtlich nicht nachhaltig im Sinne eines langfristig ausgeglichenen Haushalts ist. Diese Nachhaltigkeitslücke muss früher oder später auf die eine oder andere Weise geschlossen werden: Irgendwann müssen Abgaben erhöht oder Ausgaben gekürzt werden.[44] Man kann nun fragen, wie sich die Migration auf diese Nachhaltigkeitslücke auswirkt: Wird sie erhöht, da die Migranten im Durchschnitt mehr Staatsausgaben verursachen als sie Steuern oder Sozialversicherungsbeiträge zahlen? Dann würde die einheimische Bevölkerung zusätzlich belastet werden, da die Abgaben stärker erhöht oder die Ausgaben stärker gekürzt werden müssten.[45] Oder zahlen die Zuwanderer im Durchschnitt mehr in die Staatskasse ein als sie an staatlichen Leistungen in Anspruch nehmen? Dann würde die einheimische Bevölkerung entlastet werden. Es ist klar, dass umso eher mit dem letztgenannten Fall zu rechnen ist, je höher die Qualifikation der Zuwanderer ist, d.h. je höher deren Einkommen ist, da sie dann umso höhere Steuern und Sozialversicherungsbeiträge zahlen und umso weniger Sozialleistungen beanspruchen werden. Umgekehrt ist es umso wahrscheinlicher, dass es zu einem negativen fiskalischen Effekt kommt, je geringer qualifiziert die neuen Arbeitskräfte sind. Diese werden dann nicht nur geringere Abgaben entrichten, sondern auch mehr Sozialleistungen in Anspruch nehmen – etwa Sozialwohnungen, Sozialhilfe oder Wohngeld.

Es zeigt sich also, dass die Qualifikation der Zuwanderer nicht nur entscheidend für die unmittelbaren Auswirkungen auf die Einkommen der einheimischen Bevölkerung ist, sondern auch viele andere Effekte wesentlich beeinflusst. Dies gilt auch für die möglichen langfristigen positiven Wirkungen der Zuwanderung, die wir bislang noch nicht angesprochen hatten: Zuwanderung kann »ergrauende« Gesellschaften verjüngen und so das System der sozialen Sicherung dauerhaft stabilisieren; sie kann einem möglichen Mangel an Arbeitskräften abhelfen und so Wachstumsengpässe überwinden; und sie kann ganz allgemein eine Gesellschaft durch neue Ideen und neue Perspektiven anregen und deren Entwicklung vorantreiben. Aber realisiert werden kann dieses Potential nur durch die Zuwanderung solcher Migranten, die die Voraussetzungen dafür mitbringen, dass die Gesellschaft und die Wirtschaft eines Landes in der genannten Weise profitiert – also solcher Migranten, die entsprechend gut qualifiziert sind.

EINWANDERER UND FLÜCHTLINGE: GIBT ES UNTERSCHIEDE?

Bislang haben wir stets von Migranten bzw. Zuwanderern gesprochen, also nicht danach unterschieden, ob es sich um Einwanderer oder Flüchtlinge handelt.

Tatsächlich sind Motivation und Rechtsstatus der Migranten für die ökonomischen Konsequenzen, die diese in ihrem Zielland auslösen, kaum von Bedeutung. Wichtig ist vor allem, ob sie auf Dauer im Zielland bleiben. Wenn dies der Fall ist, treten die Konsequenzen, die wir in den vorhergehenden Abschnitten beschrieben haben, auf – unabhängig davon, ob es sich um Einwanderer oder Flüchtlinge handelt. In dem Maße, in dem Flüchtlinge sich nur temporär in dem Land aufhalten, in dem sie Zuflucht gefunden haben, sind die erwähnten Effekte natürlich entsprechend geringer ausgeprägt. Im Extremfall treten sie überhaupt nicht auf – dann nämlich, wenn ihr Aufenthalt sehr kurz ist und sie während desselben ausschließlich in Flüchtlingsunterkünften leben und keine Beschäftigung aufnehmen, also weder am Wohnungs- noch am Arbeitsmarkt in Erscheinung treten.

Der einzige Unterschied, der unabhängig von der Aufenthaltsdauer zwischen Flüchtlingen und Einwanderern in ökonomischer Hinsicht besteht, liegt darin, dass erstere nach ihrer Ankunft vom Staat versorgt werden müssen, letztere dagegen nicht. Für Flüchtlinge fallen demnach Kosten an für Unterbringung, Verpflegung, medizinische Versorgung etc. – Kosten, die zwar durchaus, wie wir während der aktuellen Flüchtlingskrise gesehen haben, ein beachtliches Ausmaß annehmen können, von denen aber kaum längerfristige Wirkungen ausgehen. Durch die Finanzierung dieser Ausgaben wird die einheimische Bevölkerung belastet – und zwar nicht anders, als sie durch die Finanzierung anderer Staatsausgaben belastet werden würde, also gemäß den allgemeinen Verteilungswirkungen des Steuer- und Abgabensystems. Auf der anderen Seite profitieren von diesen Ausgaben die Teile der einheimischen Bevölkerung, deren Verdienstmöglichkeiten sich verbessern. Zu nennen wären etwa: Unternehmen, die Flüchtlingsunterkünfte bauen und deren Arbeitnehmer; Sachbearbeiter in Ausländerbehörden; Sozialarbeiter und Pädagogen, die sich um Flüchtlinge und ihre Kinder kümmern; oder Rechtsanwälte, die Flüchtlingen Rechtsbeistand leisten.

MIGRATION: EINE QUELLE DES WOHLSTANDS?

Wir sind nun (endlich!) in der Lage, die eingangs dieses Kapitels gestellte Frage zu beantworten: Die Migration *kann* eine Quelle des Wohlstands sein. Im Regelfall ist sie dies aber nur für Teile der betroffenen Bevölkerung, wohingegen sie für andere Teile eine Ursache von Wohlstandseinbußen ist. Wer Gewinner und wer Verlierer ist und wie hoch die Gewinne und die Verluste sind, hängt wesentlich von der Qualifikation der

Migranten ab. Generell kann man sagen, dass die Wachstumseffekte der Migration umso größer und ihre Verteilungswirkungen umso unproblematischer sind, je besser die Qualifikation der Zuwanderer ist. Die zitierte Aussage in der Präambel
des UN-Migrationspakts ist also in ihrer Allgemeinheit un-
zutreffend und irreführend.

KAPITEL 3

Diversität: Segen oder Fluch?

»Wir müssen die weitere Zuwanderung aus fremden Kulturen unterbinden.«

Diese Äußerung des Altbundeskanzlers Helmut Schmidt von 2005 – also zehn Jahre vor Beginn der Flüchtlingskrise! – betrifft das Problem der Diversität, dem wir uns nunmehr zuwenden müssen.[46] In Kapitel 2 haben wir die Zuwanderung mehr oder weniger als bloße Erhöhung der Zahl der Arbeitskräfte bzw. der Einwohner interpretiert, haben also davon abgesehen, dass sich die *Eigenschaften* dieser Zuwanderer in aller Regel von denen der einheimischen Bevölkerung unterscheiden: Ihre Präferenzen, Gebräuche, Verhaltensweisen, Sitten, Religion, kulturelle Normen und Sprache sind nicht die der einheimischen Bevölkerung. Mit der Zuwanderung geht also (fast!) immer auch eine – zumindest zeitweise – Zunahme der Diversität in verschiedener Hinsicht einher.

Nur an einer Stelle sind wir bisher auf diesen Aspekt der Zuwanderung eingegangen – als wir auf die Möglichkeit des »Imports« dysfunktionaler Verhaltensweisen und die so verursachte »Entwertung« des Sozialkapitals im Zielland verwiesen haben. Dieser Effekt zeigt auch, dass Fragen der Diversität von großer ökonomischer Bedeutung sein können. Deshalb ist es schlichtweg falsch, wenn in Teilen der Literatur auf diese Fragen als »nichtökonomische« Konsequenzen

51

© Springer Fachmedien Wiesbaden GmbH, ein Teil von Springer Nature 2019
F. Söllner, *System statt Chaos*, https://doi.org/10.1007/978-3-658-25378-3_4

der Zuwanderung Bezug genommen wird. Man könnte allenfalls von »nichtfinanziellen« Konsequenzen sprechen, da sich die Zunahme der Diversität – anders als z.B. die Lohneinbußen der mit den Zuwanderern konkurrierenden einheimischen Arbeitskräfte – nicht (unmittelbar) in Euro und Cent niederschlägt. Nichtökonomisch sind diese Konsequenzen aber keinesfalls, wie wir im Lauf der folgenden Diskussion sehr schnell feststellen werden.

Mit dieser Diskussion werden wir uns auf gefährliches Terrain begeben – wenn man nicht sogar von einem Minenfeld sprechen kann. Denn bei keinem anderen Aspekt der Zuwanderung läuft man so leicht Gefahr, sich Vorwürfen des Rassismus und der Fremdenfeindlichkeit auszusetzen. Deswegen sei hier eindeutig klargestellt: Man kann durchaus über Unterschiede zwischen verschiedenen Völkern und Kulturen diskutieren, ohne ein Rassist zu sein. Der Rassismus führt diese Unterschiede – z.B. hinsichtlich der Kriminalitätsraten oder des Ausmaßes der Korruption – auf genetische Ursachen zurück. Hierfür gibt es keine wissenschaftlichen Belege. Vielmehr ist die Ursache dieser Unterschiede in der unterschiedlichen geschichtlichen Entwicklung der verschiedenen Völker und Kulturen zu suchen. Die zwischen diesen bestehenden Unterschiede und die Konsequenzen dieser Unterschiede im Zusammenhang mit Migration zu ignorieren oder gar zu leugnen, nur damit man nicht in den Verdacht gerät, ein Rassist zu sein, wäre unverantwortlich und durch nichts zu rechtfertigen. Dennoch spielt der Rassismus in der öffentlichen Debatte zu Fragen der Diversität eine unrühmliche Rolle: Einerseits gibt es auf Seiten der Kritiker »bunter« Gesellschaften zweifelsohne auch Rassisten; andererseits dient der Vorwurf des Rassismus aber den Apologeten einer multikulturellen Gesellschaft häufig als Totschlagargument auch gegen jede sachliche und wissenschaftlich fundierte Kritik an der Zunahme der Diversität. Vielleicht schlagen deshalb gerade bei diesem Thema die Wellen der Emotionen und Leidenschaften so hoch. Vielleicht liegt dies aber auch daran, dass Fragen der nationalen und kulturellen Identität betroffen sind. Wie dem auch sei, das Thema »Diversität« polarisiert so stark, dass die verschiedenen Meinungen unversöhnlich aufeinanderprallen. Eine Verständigung oder ein wie auch immer gearteter Kompromiss scheint kaum möglich zu sein. Beispielsweise wird die eingangs zitierte Aussage von Helmut Schmidt entweder auf begeisterte Zustimmung oder auf entschiedene Ablehnung stoßen. Eine nüchterne und abwägende Reaktion ist fast nicht vorstellbar.

Es ist sicher nicht übertrieben, das Thema der Diversität als den umstrittensten und den am leidenschaftlichsten diskutierten Aspekt der gegenwärtigen Debatte um die Flüchtlingskrise zu bezeichnen. Deshalb werden hier die nüchterne Abwägung und der kühle Blick der Ökonomie am dringendsten vermisst. Wir werden im Folgenden zeigen, dass das Problem der Diversität nicht nur der ökonomischen Analyse zugänglich ist, sondern dass diese unabdingbar ist, um gerade die wichtigsten, aber nicht auf den ersten Blick offensichtlichen Facetten dieses Problems zu erfassen.

Ähnlich wie im vorhergehenden Kapitel müssen wir nicht zwischen Flüchtlingen und Einwanderern unterscheiden; maßgeblich ist die Aufenthaltsdauer der Zuwanderer, nicht ob sie als Einwanderer oder als Flüchtlinge ins Land gekommen sind. Unterschiede zwischen Einheimischen und Zuwanderern wirken sich natürlich umso stärker aus, erhöhen die Diversität umso mehr, je länger diese im Zielland bleiben. In dem Maße, in dem Flüchtlinge sich nur kurz in dem Land, das ihnen Zuflucht geboten hat, aufhalten, schrumpft sozusagen der ethnische und kulturelle »Fußabdruck«, den sie hinterlassen. Nach diesen Vorbemerkungen können wir uns nun daran machen zu klären, ob Helmut Schmidt Recht hat oder nicht.

WAS IST ÜBERHAUPT DIVERSITÄT?

Intuitiv dürfte jedem klar sein, was mit Diversität gemeint ist. Wir werden jedoch versuchen, den Begriff näher zu bestimmen, um unnötige Missverständnisse zu vermeiden. Unter Diversität wollen wir die Koexistenz verschiedener, tatsächlich gelebter Kulturen in einer Gesellschaft verstehen. Entscheidend für unsere Definition ist das Attribut »tatsächlich gelebt«. Allein dadurch, dass Einwohner eines Landes einen ausländischen Namen haben oder von ausländischen Vorfahren abstammen, tragen sie noch nicht zur Diversität eines Landes bei. Beispielsweise hat der ehemalige Vorsitzende der Grünen, Cem Özdemir, zwar einen türkischen Namen und türkische Vorfahren, aber er handelt wie ein Schwabe, spricht wie ein Schwabe und denkt (mutmaßlich!) wie ein Schwabe. Er »lebt« die türkische Kultur nicht und hat deshalb keinerlei Einfluss auf den Grad der Diversität in Deutschland – zumindest nicht auf die Diversität, wie wir sie hier verstehen. Anders sieht es mit türkischen Zuwanderern und deren Nachkommen aus, die Türkisch als Umgangssprache benutzen, ihre Mütter, Töchter und Schwestern zum Tragen eines Kopftuchs veranlassen, ihre Söhne in Koranschulen schicken und Alkohol und Schweinefleisch meiden. Diese repräsentieren eine eigene, türkische Kultur innerhalb der deutschen Gesellschaft und leisten deshalb zweifelsohne einen Beitrag zur Diversität der deutschen Gesellschaft – ob zum Vorteil oder zum Nachteil derselben, sei hier einmal dahingestellt.

Diversität wird durch Zuwanderung erhöht – und zwar umso mehr, je höher die Zahl der Zuwanderer ist und je mehr sich diese von der einheimischen Bevölkerung unterscheiden: Wenn ein Österreicher nach Deutschland zieht, sind die Konsequenzen für die Diversität der deutschen Gesellschaft andere, als wenn ein Eritreer einwandert. Und wenn ein Eritreer einwandert, sind die Konsequenzen wiederum andere, als wenn tausend Eritreer nach Deutschland kommen. Der Grad der Diversität einer Gesellschaft ist demnach abhängig von der *Zahl,* dem *relativen Gewicht* und von der *Unterschiedlichkeit* der verschiedenen Kulturen innerhalb dieser Gesellschaft. Aber wie könnte man feststellen, ob und wie sehr sich zwei Kulturen voneinander unterscheiden? Die meisten Einheimischen haben wohl kaum Schwierigkeiten, Aussagen darüber zu treffen, ob und wie »fremd« eine andere Kultur ist. Aber solche intuitiven Aussagen objektiv und nachvollziehbar zu begründen, ist schwieriger, als es auf den ersten Blick aussieht. Denn die Diversität hat verschiedene Dimensionen – eine sprachliche, eine religiöse, eine ethnische etc. – und es ist nicht offensichtlich, wie diese zu einem einheitlichen Maßstab kombiniert werden können. Ein interessanter Vorschlag zur Lösung dieses Problems stammt von dem britischen Ökonomen Paul Collier.[47] Er will den Grad der kulturellen Distanz mit Hilfe des Baumdiagramms messen, mit welchem die moderne Sprachwissenschaft die weltweiten Verwandtschaftsbeziehungen der verschiedenen Sprachen darstellt. Dementsprechend wären zwei Kulturen umso fremder, je mehr »Verzeigungen« zwischen den von ihnen gesprochenen Sprachen existieren. Die deutsche und die österreichische Kultur wären demnach einander nicht fremd und beide wären von der eritreischen Kultur weiter entfernt als z. B. von der niederländischen. Dieses Konzept ist nicht nur höchst plausibel, sondern es konnte auch gezeigt werden, dass die so gemessene Distanz ein guter Gradmesser für das Konfliktpotential zwischen zwei Kulturen ist. Wir wollen im Folgenden *keine* linguistischen Analysen anstellen oder kulturelle Distanzen explizit messen. Aber dieses Konzept im Hinterkopf zu behalten, hilft sicher dabei sich vorzustellen, was mit kultureller Distanz gemeint ist und das Ausmaß der Distanz zwischen verschiedenen Kulturen abzuschätzen.

Der einmal erreichte Diversitätsgrad kann sich, auch wenn keine weitere Zuwanderung stattfinden sollte, in verschiedenen Richtungen weiterentwickeln: Er kann *gleichbleiben,* wenn die Zuwanderer ihre kulturellen, sprachlichen und sozialen Eigenheiten beibehalten und pflegen. In diesem Fall würde man von einer *multikulturellen Gesellschaft* sprechen. Die verschiedenen Kulturen können entweder »gleichberechtigt« sein (echte multikulturelle Gesellschaft) oder die Kultur der einheimischen Bevölkerung kann in Form einer »Leitkultur« dominieren, indem sie die Grundsätze des Zusammenlebens bestimmt oder nur ihre Sprache als Amtssprache zulässig ist (hierarchisch-multikulturelle Gesellschaft). Ein Beispiel für beide Varianten der multikulturellen Gesellschaft stellt Belgien dar: Bis zum Beginn der Zuwanderung aus Afrika und dem Nahen Osten nach dem Zweiten Weltkrieg handelte es sich um eine echte multikulturelle Gesellschaft, die aus der flämischen und der wallonischen Kultur bestand. Beide zusammen spielen heute die Rolle einer Leitkultur im Verhältnis zu den untergeordneten Kulturen, welche die afrikanischen und arabischen Einwanderer etabliert haben. Ähnliches gilt heute praktische für alle westeuropäischen Staaten mit nennenswerten, islamisch geprägten Bevölkerungsgruppen. Der Diversitätsgrad kann im Zeitablauf *sinken* und im Extremfall wieder auf Null zurückgehen: entweder indem die Zuwanderer die einheimische Kultur übernehmen, es also zu *Assimilation* kommt, oder die einheimische Kultur und die Kulturen der Zuwanderer zu einer neuen Kultur *verschmelzen*. Assimiliert wurden beispielsweise die hugenottischen Einwanderer in Preußen, während das bedeutendste Beispiel für die Verschmelzung verschiedener Kulturen der »Schmelztiegel« der Vereinigten Staaten sein dürfte.[48] Die Diversität kann aber auch *zunehmen* – dann nämlich, wenn die Nachkommen der Zuwanderer sich auf ihre Herkunft und ihre Traditionen besinnen und bewusst Sitten, Gebräuche und Sprache des Herkunftslandes ihrer Vorfahren pflegen. Dies scheint heute in vielen westeuropäischen Ländern der Fall zu sein, in denen junge Muslime sich bewusst von der Kultur und Gesellschaft ihrer neuen Heimat abgrenzen und ihr »Anderssein« betonen.

Unabhängig davon, wie sich die Diversität im Zeitablauf entwickeln sollte, ist jedoch klar, dass es im Regelfall durch

Zuwanderung zunächst zu einer Zunahme der Diversität kommt. Wie wirkt sich dies nun auf Gesellschaft und Wirtschaft des Ziellandes aus?

DIE VORTEILE EINER ZUNEHMENDEN DIVERSITÄT

Wenn, wie man sagt, Vielfalt die Würze des Lebens ist, dann wird das Leben durch die mit der Zuwanderung einhergehende Zunahme der Diversität sicher bereichert. Die neuen Einwohner bringen ihre Küche, ihre Musik, ihre Literatur und ihre Kunst mit sich; sie verfügen vielleicht über kunsthandwerkliche Traditionen und handwerkliche Fertigkeiten, die es in ihrer neuen Heimat so nicht gibt; und sie können der Wissenschaft des Ziellandes wichtige Impulse geben, wenn sie Kenntnisse besitzen, die für das Zielland neu sind. Beispiele hierfür gibt es viele: So wurde die kulturelle Entwicklung Italiens im Spätmittelalter und der Renaissance durch die Zuwanderung griechischer Gelehrter befördert, die aus dem byzantinischen Reich nach dessen Eroberung durch die Osmanen flohen; Handwerk und Industrie in Preußen haben stark von der Einwanderung von Hugenotten profitiert, die Frankreich nach der Aufhebung des Edikts von Nantes gegen Ende des 17. Jahrhunderts verließen; deutsche Handwerker und Gelehrte waren im 18. und im 19. Jahrhundert wesentlich an der Modernisierung des russischen Reiches beteiligt; und die Wissenschaft in den Vereinigten Staaten wurde durch die Immigration vieler jüdischer Forscher vor und während des Zweiten Weltkriegs ganz entscheidend vorangebracht.[49]

Aber auch im Hier und Jetzt sind die positiven Wirkungen der kulturellen Vielfalt offensichtlich: Italienische Restaurants, thailändische Massagesalons, koreanische Kampfsportschulen und Imbissbuden, die nicht nur Currywurst, sondern auch Döner und Kebab anbieten, haben das Leben in Deutschland vielleicht nicht lebenswerter, doch auf jeden Fall bunter, vielfältiger und reichhaltiger gemacht. In manchen Fällen ging das so weit, dass sich die einheimische Bevölkerung die »importierten« Errungenschaften fremder Kulturen sozusagen angeeignet hat: Italienische Restaurants, die von Deutschen betrieben werden, sind keine Seltenheit; und dass deutsche Käsereien Mozzarella nicht nur selbst herstellen, sondern sogar nach Italien exportieren, ist kaum noch der Rede wert. An diesem Beispiel erkennt man auch, dass die durch die Zuwanderung erfolgte Zunahme der Diversität nicht fortbestehen muss, damit die einheimische Bevölkerung dauerhaft in den Genuss des vielfältigeren Konsumgüterangebots kommt. Denn die italienischen Immigranten und ihre Nachkommen sind längst so gut integriert, dass man sie nur noch anhand ihrer Namen von Deutschen unterscheiden kann.

Zweifelsohne hat die Zuwanderung aus Italien, Spanien, Portugal, der Türkei und anderen europäischen und außereuropäischen Ländern nach Deutschland in der Zeit seit dem Ende des Zweiten Weltkriegs die Vielfalt des Angebots an Konsumgütern deutlich erhöht. Dadurch ist der Wohlstand der einheimischen Bevölkerung gestiegen. Denn schließlich gehen allein von den größeren Auswahlmöglichkeiten positive Nutzeneffekte aus. Wer sich nie so recht mit Currywurst anfreunden konnte, ist froh und hat dadurch einen größeren Nutzen, dass jetzt auch Kebabspieße und Dönerbrötchen zur Auswahl stehen. Diese Beispiele mögen trivial erscheinen (und sind es wahrscheinlich auch!), doch darf man nicht übersehen, dass der ganz überwiegende Teil der deutschen Bevölkerung die Vorteile der zunehmenden Diversität auf diese Weise erfährt. Auch muss man zugeben, dass die moderne Migration für Deutschland *keinen* signifikanten Zugewinn an wissenschaftlichen, technischen oder handwerklichen Kenntnissen gebracht hat, der mit den oben erwähnten Beispielen des Zarenreichs oder der Vereinigten Staaten auch nur annähernd vergleichbar wäre.

Welche Vorteile haben Zielländer sonst von einer zunehmenden kulturellen Vielfalt zu erwarten? Neben den konkreten Effekten, die wir gerade beschrieben haben, kann es eine Reihe anderer, weniger konkreter, aber deswegen nicht zwangsläufig weniger wichtiger Effekte geben: Zuwanderer bringen neue Ideen und neue Perspektiven mit sich; sie haben anderer Lebenserfahrungen als die einheimische Bevölkerung; und sie sind unbelastet von deren Gewohnheiten und Voreingenommenheiten. Deshalb können sie den politischen Diskurs und das gesellschaftliche Leben bereichern – indem sie unkonventionelle und innovative Lösungsansätze in die öffentliche Debatte einbringen oder indem sie althergebrachte Verhaltensweisen und Denkgewohnheiten in Frage stellen. Auf diese Weise kann ein »Ruck« durch die Gesellschaft gehen und diese zur Verjüngung und Modernisierung »angestoßen« werden. Es ist sicher möglich, dass Zuwanderung diese Auswirkungen hat, allerdings fällt es schwer, konkrete Beispiele zu nennen, in denen diese Wirkungen tatsächlich aufgetreten sind. Im Übrigen ist das »Unbelastetsein« von Traditionen und Voreingenommenheiten ein zweischneidiges Schwert: Denn gerade dies kann auch zu gravierenden Problemen führen, wie wir im folgenden Abschnitt sehen werden.

Die Diskussion der Nachteile der zunehmenden Diversität wird uns deutlich länger in Anspruch nehmen als die der Vorteile – nicht etwa, weil die Nachteile grundsätzlich größer als die Vorteile wären, sondern weil erstere weniger offensichtlich als letztere sind und deshalb ausführlicher erläutert werden müssen.

DIE NACHTEILE
EINER ZUNEHMENDEN DIVERSITÄT

Es kann auch ein Zuviel an Diversität geben. Wir haben in Kapitel 2 schon erwähnt, dass das Sozialkapital einer Gesellschaft durch Zuwanderung beeinträchtigt werden kann. Hierauf müssen wir nun näher eingehen. Sozialkapital wird verkörpert durch die sozialen und politischen Institutionen, die für ein »reibungsloses« Zusammenleben und Zusammenarbeiten innerhalb einer Gesellschaft sorgen. Dazu gehören neben »harten« Institutionen, wie einer unparteiischen Justiz und einer effizienten Verwaltung, auch »weiche« Institutionen, wie vor allem das gegenseitige Vertrauen der Bürger. Mit Vertrauen ist hier die gegenseitige Erwartung regelkonformen Verhaltens gemeint. Beide Arten von Institutionen hängen voneinander ab und verstärken sich gegenseitig: Je effizienter die Verwaltung und je unparteiischer die Justiz ist, desto geneigter werden Bürger sein, einander zu vertrauen – da sie desto eher davon ausgehen können, dass Regelverstöße sanktioniert werden. Umgekehrt ist Vertrauen eine wichtige Voraussetzung für Verwaltungseffizienz und Unparteilichkeit der Justiz; nur wenn Bürger Vertrauen in die Vertreter der Justiz und der Verwaltung haben und deshalb deren Entscheidungen »mittragen«, können diese ihre Funktion gut erfüllen. Vertrauen, wie es hier verstanden wird, macht die Aktionen und Reaktionen anderer Individuen berechenbar und erleichtert insbesondere wirtschaftliche Transaktionen wesentlich. Arbeitgeber können davon ausgehen, dass Arbeitnehmer während ihrer Arbeitszeit auch tatsächlich arbeiten; Lieferanten können erwarten, dass Kunden ihre Rechnungen bezahlen; Konsumenten können sich darauf verlassen, dass die gekaufte Ware der Beschreibung entspricht; und alle Bürger können darauf vertrauen, dass ihre Mitbürger Recht und Gesetz achten und befolgen – bis auf ganz wenige Ausnahmefälle. Kooperation basiert auf gegenseitigem Vertrauen: Ich verhalte mich gesetzestreu und halte mich an getroffene Vereinbarungen, nicht nur, weil ich sonst Sanktionen befürchten muss, sondern vor allem, weil ich weiß, dass mein Gegenüber sich ebenso regelkonform verhält. Wenn ich dagegen davon ausgehen muss, dass mein Vertrauen ausgenutzt wird und ich bei jeder Gelegenheit übervorteilt und betrogen werde, dann werde ich mich über kurz oder lang ebenso verhalten. Niemand will auf Dauer der Dumme sein. Dieser Zusammenbruch des gegenseitigen Vertrauens durch die Ausbreitung opportunistischen Verhaltens zerstört die Kooperation und hat gravierende Folgen, auch und vor allem in ökonomischer Hinsicht: Das Zusammenleben in der Gesellschaft würde nicht nur wesentlich schwieriger werden, sondern viele potentiell wohlstandserhöhende ökonomische Transaktionen würden unterbleiben: Wenn nämlich immer alles bis in die letzte Einzelheit überprüft und überwacht werden müsste, würden sich viele Transaktionen schlichtweg nicht mehr lohnen; die »Transaktionskosten« wären zu hoch.

Paul Collier berichtet von einem sehr anschaulichen Beispiel für die Konsequenzen fehlenden Vertrauens:[50] In Nigeria ist es nicht möglich, eine Lebensversicherung abzuschließen, weil viele Ärzte kein Problem damit haben, gegen ein entsprechendes Honorar einen Totenschein auch für eine noch lebende Person auszustellen, was den Betrug von Versicherungsgesellschaften sowohl einfach als auch lukrativ macht. Da Versicherungen Ärzten nicht vertrauen können, können sie keine Lebensversicherungspolicen anbieten – worunter natürlich auch die ehrlichen Interessenten für solche Policen zu leiden haben.

Was hat das alles mit Zuwanderung zu tun? Es ist leider eine Tatsache, dass in den meisten Entwicklungsländern, aus denen heute das Gros der Migranten kommt, das gegenseitige Vertrauen sehr gering ausgeprägt ist und auch staatliche und andere öffentliche Institutionen Vertrauen weder genießen noch verdienen. Korruption, Vetternwirtschaft und Pfründenwesen sind endemisch – was einer der Hauptgründe für die Armut dieser Länder ist. Dabei ist es nicht so, als ob es überhaupt kein Vertrauen gäbe – aber es reicht nicht über Familie, Freundeskreis und Sippe hinaus.

Wenn nun Zuwanderer aus solchen Ländern ihre Kultur in einem anderen Land etablieren, dann wird der Grad an gegenseitigem Vertrauen in diesem Land sinken: Die Neuankömmlinge haben andere Normen, Werte und Verhaltensweisen als die Einheimischen, sodass zwischen diesen beiden Gruppen das Vertrauen zwangsläufig geringer als unter der einheimischen Bevölkerung ist. Dabei bleibt es jedoch nicht, da auch das Vertrauen zwischen den Einheimischen leiden kann. Es kann nämlich Ansteckungseffekte dergestalt geben, dass opportunistische, nicht-kooperative Verhaltensweisen sich auch in der einheimischen Bevölkerung verbreiten. Es dauert lange, gesellschaftliches Vertrauen aufzubauen, aber es ist schnell zerstört. Ein gutes Beispiel für diesen Ansteckungseffekt ist der Umgang von Diplomaten in New York mit Strafzetteln für Parkverstöße.[51] Bis Ende 2002 schützte ihre diplomatischen Immunität UN-Diplomaten vor der Vollstreckung von Verwarnungsgeldern wegen Parkverstößen, sodass die Zahlung der Verwarnungsgelder in gewisser Weise »freiwillig« war. Diplomaten aus Ländern mit einem hohen Ausmaß an Korruption nutzten diesen Vorteil weidlich aus und bezahlten ihre Strafzettel praktisch nie, wohingegen sich Diplomaten aus Ländern, in denen Korruption nicht weit verbreitet ist, nach Beginn ihres Dienstantritts in New York meist an die Regeln hielten und ihre Strafzettel bezahlten. Im Zeitablauf gab es aber eine Angleichung des Verhaltens: Die Gewissenhaftigkeit der Diplomaten aus Niedrigkorruptionsländern sank auf das Niveau ihrer Kollegen aus Hochkorruptionsländern. Opportunistisches Verhalten ist »ansteckend«, da es dem, der sich so verhält, Vorteile bringt – auch wenn langfristig, wenn es sich ausbreitet, die gesamte Gesellschaft darunter leidet. Kooperatives Verhalten muss dagegen »eingeübt« und sorgfältig aufrechterhalten werden, da es den Verzicht auf kurzfristige persönliche Vorteile mit sich bringt.

Leider treten solche Effekte auch in einem größeren Maßstab auf: Robert D. Putnam, einer der bekanntesten Sozialkapitalforscher, hat in einer großen Studie festgestellt, dass in den USA mit der Zunahme des Anteils von Einwanderern an der Bevölkerung der Grad des Vertrauens zwischen der einheimischen Bevölkerung und den Einwanderern, aber auch das Vertrauen zwischen den Einheimischen abnahm.[52] Diese Entwicklung birgt große Risiken für das Zusammenleben und die

Kooperation innerhalb einer Gesellschaft – was sich wiederum negativ auf deren wirtschaftliche Leistungsfähigkeit auswirken kann.

Größere Diversität und der mögliche Verlust von Sozialkapital können auch die gesellschaftliche Solidarität beeinträchtigen – direkt als Folge dieser größeren Diversität, indirekt aufgrund des möglichen nicht-kooperativen Verhaltens der Neuankömmlinge. Wenden wir uns zunächst dem indirekten Mechanismus zu: Wohlfahrtsstaaten mit großzügigen Systemen der sozialen Absicherung funktionieren auf Dauer nur auf der Grundlage einer Art von informellem »Gesellschaftsvertrag«. Darunter ist die Übereinkunft zu verstehen, dass Sozialleistungen nur bei Arbeitsunfähigkeit infolge von Notlagen oder Unglücksfällen, nicht jedoch bei Arbeitsunwilligkeit oder aus Bequemlichkeit in Anspruch genommen werden. Das kooperative Verhalten derjenigen, die die Sozialleistungen finanzieren, und das kooperative Verhalten derjenigen, die diese beziehen, bedingen sich einander. Letzteres wird zwar immer auch durch formale Sanktionen abgesichert, beruht aber vor allem auf informellen Normen, die durch Erziehung und Sozialisation verinnerlicht werden. Zuwanderer, die diese Normen nicht verinnerlicht haben und sich opportunistisch verhalten, können, sobald sie eine gewisse »kritische Masse« erreicht haben, den Fortbestand des Sozialstaats gefährden und bewirken, dass ein Wohlfahrtsstaat schließlich zu einem »Nichtwohlfahrtsstaat« wird.[53]

Der direkte Mechanismus beruht auf der für das Verhalten der meisten Menschen typischen Unterscheidung zwischen Gruppenmitgliedern und Gruppenfremden: Mit zunehmender kultureller Distanz werden Einwanderer weniger als Mitglieder derselben Gesellschaft, sondern mehr als Fremde wahrgenommen. Menschen sind im Allgemeinen eher bereit, einem Familienmitglied zu helfen als einem Nachbarn, einem Nachbarn eher als einem unbekannten Mitbürger, einem Mitbürger eher als einem Ausländer ... Diese Tendenz mag man bedauern, aber die Einordnung von Menschen in verschiedene Gruppen und die größere Solidarität mit Gruppenmitgliedern als mit Gruppenfremden ist nun einmal eine erwiesene Tatsache. Deshalb dürfte auch die Bereitschaft, Umverteilung zu unterstützen und Sozialausgaben zu finanzieren, in dem Maße abnehmen, in dem die potentiell Begünstigten als fremd angesehen werden. Man sollte folglich erwarten, dass Systeme sozialer Sicherung umso besser ausgebaut und umso großzügiger sind, je homogener die Bevölkerung ist und je weniger »Fremde« in den Genuss der Sozialleistungen kommen. Diese Vermutung wurde empirisch häufig bestätigt und erklärt zumindest zum Teil, warum der Sozialstaat in den Vereinigten Staaten im Vergleich zu dem in Europa unterentwickelt ist: Die Vereinigten Staaten haben eine sehr viel heterogenere Bevölkerung als die meisten europäischen Länder.[54] Wenn die Diversität in Europa zunimmt, ist zu erwarten, dass der politische Druck auf den Sozialstaat wächst und Umverteilung unpopulärer wird. Erste Untersuchungen bestätigen diesen Zusammenhang:[55] Die Einstellung zur Umverteilung ist in Europa mit zunehmender Migration und zunehmender Diversität deutlich negativer geworden. Dabei ist der Effekt umso stärker, je niedriger qualifiziert die Zuwanderer sind (d.h. je größer die Wahrscheinlichkeit ist, dass sie Sozialleistungen in Anspruch nehmen) und je größer ihre kulturelle Distanz zur einheimischen Bevölkerung ist (d.h. je »fremder« sie sind). Nur auf den ersten Blick überraschend ist auch die Beobachtung, dass dieser Effekt gerade in den Ländern am stärksten ausgeprägt ist, die die großzügigsten Systeme sozialer Sicherung aufweisen, also insbesondere in den skandinavischen Ländern: Umso mehr man von seinem Einkommen zur Finanzierung des Sozialstaats abgeben muss, desto unwilliger ist man, dies zugunsten von »Fremden« zu tun. Dieser direkte und der indirekte Mechanismus können zusammenhängen – wenn der Unwillen, die Sozialleistungen von »Fremden« zu finanzieren, nicht nur auf deren Fremdsein als solchem beruht, sondern auch auf der Erwartung nicht-kooperativen Verhaltens infolge dieses Fremdseins. Diese Erwartung ist letztlich auch ein

Ausdruck mangelnden Vertrauens, also der Beeinträchtigung des in einer Gesellschaft vorhandenen Sozialkapitals.

Diese den Fortbestand des Sozialstaats gefährdenden Tendenzen sind vor allem deshalb ein Problem, weil sich durch die Zuwanderung von Geringqualifizierten – wie wir in Kapitel 2 gesehen haben – die sozioökonomische Position der einheimischen Niedrigverdiener auf verschiedene Weise verschlechtern würde. Gerade dann, wenn es gute Gründe für *mehr* Umverteilung geben würde, würde die Entwicklung in Richtung *weniger* Umverteilung gehen.

Eine größere Diversität kann nicht nur die Tendenz politischer Entscheidungen beeinflussen, wenn beispielsweise ein großzügiger Sozialstaat politisch weniger akzeptabel bzw. schwerer durchsetzbar ist, sondern auch die Schwierigkeit vergrößern, überhaupt politische Entscheidungen zu treffen – unabhängig davon, in welche Richtung diese gehen. Im Gegensatz zur Versorgung mit privaten Gütern, über die jeder Konsument individuell entscheiden kann, muss über die Bereitstellung öffentlicher Güter kollektiv, also politisch, entschieden werden. Jeder Konsument kann sich für ein kleines oder ein großes Auto entscheiden und damit eine Wahl gemäß seinen Präferenzen treffen, aber die Größe der Streitkräfte oder der Umfang des Sozialstaates, also Fragen, die die gesamte Bevölkerung angehen, müssen politisch und für die gesamte Bevölkerung entschieden werden. Folglich werden zwangsläufig die Präferenzen von Teilen der Bevölkerung missachtet – den Teilen nämlich, die eine Minderheitsmeinung vertreten. Je größer die Diversität ist und je unterschiedlicher damit die Präferenzen sind, desto mehr Bürger werden mit den politischen Entscheidungen unzufrieden sein und desto schwieriger werden diese politischen Entscheidungen. Es ist leichter, einen Konsens zu erzielen oder eine von einer großen Mehrheit getragene Entscheidung zu treffen, wenn es gemeinsame Ziele, Werte und Ideale gibt – als wenn es diese nicht gibt.

Genau deshalb kann, jenseits der einzelnen politischen Entscheidungen, eine Zunahme der Diversität auch das poli-

tische System eines Landes an sich gefährden und destabili-
sieren – dann nämlich, wenn die Zuwanderer nicht nur andere
Präferenzen hinsichtlich des einen oder anderen öffentlichen
Gutes haben, sondern ihre Wertvorstellungen und politischen
Überzeugungen dem politischen System in ihrer neuen Heimat diametral entgegenstehen. In letzter Zeit hat vor allem
der renommierte Politökonom Dennis C. Mueller vor der Gefährdung westlicher liberaler Demokratien durch die Zuwanderung von Muslimen gewarnt, die religiös fundamentalis-
tisch geprägt und in illiberalen Traditionen verhaftet sind.[56]

ÜBERWIEGEN DIE VORTEILE
ODER DIE NACHTEILE?

Als Ergebnis unserer bisherigen Überlegungen können wir
Folgendes festhalten: Die bestehenden Unterschiede zwischen
verschiedenen Kulturen schlagen sich in unterschiedlichen
Werten, Einstellungen und Verhaltensweisen nieder, die wiederum das Zusammenleben verschiedener Kulturen in einem Land erschweren können – und zwar umso mehr, je größer diese kulturelle Distanz und damit die Diversität ist. Vor
dieser Gefahr kann und darf man nicht die Augen verschlie-
ßen – vor allem dann nicht, wenn man sich ins Bewusstsein
ruft, dass auch die Zuwanderung von Menschen mit relativ
geringer kultureller Distanz nicht ganz ohne Probleme von
statten geht. So haben die Italiener nicht nur Pizza und Spa-
ghetti, sondern auch die Mafia und die Cosa Nostra mit nach
Deutschland gebracht.

Man kann deshalb Diversität nicht als grundsätzlich gut bezeichnen; insbesondere führt mehr Diversität nicht zwangsläufig zu mehr ökonomischer Effizienz und zu mehr Wirtschaftswachstum. Ein Mehr an Diversität kann durchaus
schädlich sein – auch und vor allem in ökonomischer Hinsicht.
In der Tat deuten empirische Untersuchungen darauf hin, dass

die negativen Auswirkungen zunehmender Diversität deren positive Effekte überwiegen. Mit zunehmender Fragmentierung einer Gesellschaft nimmt deren Wirtschaftswachstum signifikant ab: Der Übergang von vollkommener Homogenität zu maximaler Heterogenität würde ein Land im Durchschnitt zwei Prozentpunkte Wirtschaftswachstum pro Jahr kosten.[57] Allerdings ist der Zusammenhang zwischen Diversität auf der einen und ökonomischer Effizienz bzw. Wirtschaftswachstum auf der anderer Seite nicht so eindeutig, wie es dieses statistische Ergebnis nahelegt. Es gibt viele Faktoren, die diesen Zusammenhang beeinflussen, wie etwa die Stärke und Qualität der demokratischen Institutionen eines Landes, sodass nicht zwangsläufig und in jedem Fall ein Mehr an Diversität auch zu einem Weniger an wirtschaftlichem Wohlstand führt.

Wenn man die positiven und die negativen Aspekte der Diversität gegeneinander abwägt, dann wird man zu dem Schluss kommen, dass ein gewisses Maß an Diversität positive Wirkungen hat, dass dies aber mit der Zunahme der Diversität allmählich ins Gegenteil umschlägt und schließlich die negativen Wirkungen überwiegen. Das Verhältnis zwischen Diversitätsgrad und der Änderung der Wohlfahrt könnte man in Gestalt der in Abbildung 3.1 dargestellten Kurve beschreiben.

Wie genau diese Kurve verläuft und wo das Optimum an Diversität (D^*) liegt, ist selbstverständlich von Gesellschaft zu Gesellschaft und von Situation zu Situation verschieden – ganz abgesehen davon, dass in der Realität die Ermittlung des *genauen* Kurvenverlaufs unmöglich ist.

In diesem Zusammenhang spielt auch die Einstellung der Bevölkerung zur Diversität eine große Rolle. Es gibt Menschen, die fremden Kulturen neugierig und aufgeschlossen gegenüberstehen und eine größere kulturelle Vielfalt in ihrer Heimat grundsätzlich begrüßen, während andere eher misstrauisch und skeptisch sind und sich in einer multikulturellen Gesellschaft unsicher und unwohl fühlen. Zwischen diesen unterschiedlichen »Diversitätspräferenzen« und den Auswirkungen der Diversität auf Gesellschaft und Wirtschaft gibt es

Abb. 3.4   Wohlfahrtseffekte zunehmender Diversität

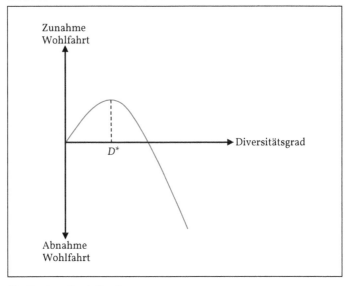

(Quelle: eigene Darstellung)

Wechselwirkungen – und zwar in beiden Richtungen. Einerseits beeinflussen diese Präferenzen die Effekte der Diversität:
Je ablehnender die Bevölkerung fremden Kulturen gegenüber-
steht, desto größer werden die Nachteile bzw. desto kleiner
werden die Vorteile eines bestimmten Ausmaßes an Diversität
sein. Wenn ich ausländische Küche und ausländische Lebensmittel rigoros ablehne, dann habe ich auch keinen Nutzengewinn davon, dass es nun Döner- und Kebab-Imbissbuden gibt.
Andererseits wirken die Erfahrungen, die die einheimische
Bevölkerung mit Diversität macht, auch auf deren Einstellung zurück: Wenn ich an meinem Arbeitsplatz sehr gute Erfahrungen mit einem ausländischen Kollegen gemacht habe,
werde ich die Diversität positiver sehen als im gegenteiligen
Fall. Überlagert werden diese Diversitätspräferenzen außer-

dem von den Einstellungen zur Einwanderung im Allgemeinen, d.h. dem Zuzug ausländischer Arbeitskräfte *unabhängig* von deren kultureller Distanz. Diese »Immigrationspräferenzen« werden wesentlich von der persönlichen Betroffenheit abhängen: Gehöre ich zu den Gewinnern oder zu den Verlierern der Zuwanderung? Da Zuwanderung in den meisten Fällen mit zunehmender Diversität einhergehen wird, lassen sich Diversitäts- und Immigrationspräferenzen praktisch kaum unterscheiden. Es ist aber naheliegend, dass Einheimische umso positiver gegenüber der Diversität eingestellt sind, je mehr und je eher sie zu den Gewinnern der Zuwanderung gehören – und umgekehrt.

Genau wie die Immigrationspräferenzen ökonomischer Natur sind, sind dies auch die Diversitätspräferenzen: Der Nutzengewinn, den ein Anhänger der Multikulturalität dadurch erfährt, dass ein arabischer Lebensmittelhändler sein Geschäft in der Nachbarschaft eröffnet, und der Nutzenverlust, den ein frommer Christ dadurch erleidet, dass er die Rufe des Muezzin mehrmals am Tag von einer neben seinem Haus errichteten Moschee anhören muss, sind genauso ökonomisch relevant wie – wenngleich weniger leicht quantifizierbar als – die Nutzengewinne und -verluste durch Lohnerhöhungen und Lohnsenkungen.[58] Dementsprechend muss nicht nur für die Immigrations-, sondern auch für die Diversitätspräferenzen das gelten, was in der Ökonomie prinzipiell für alle Präferenzen gilt: Sie sind als gegeben zu akzeptieren und nicht zu bewerten oder in Frage zu stellen.[59] Gerade Ökonomen sollten nicht der Unsitte verfallen, Meinungen, die von der eigenen abweichen, als Vorurteile abzuwerten – wie dies häufig in der politischen Debatte der Fall ist.

Aus all dem folgt, dass Zielländer selbstverständlich Einwanderer nicht nur nach deren beruflicher Qualifikation oder deren Bildungsniveau auswählen dürfen, sondern auch nach deren ethnischen, sprachlichen oder religiösen Charakteristika. Und genauso selbstverständlich darf von den Einwanderern erwartet werden, dass sie sich so gut als möglich an die Kultur und Gesellschaft der Zielländer anpassen. Denn die möglichen negativen Auswirkungen der Diversität hängen natürlich auch von deren zeitlicher Dauer ab. Ein bestimmter Diversitätsgrad ist umso unproblematischer, je schneller er im Zeitablauf abgebaut wird, je schneller sich die kulturelle Distanz zwischen Zuwanderern und Einheimischen verkleinert. Diese Überlegung spricht eher für eine auf Assimilation als auf Multikulturalität abzielende Integrationspolitik. Wir werden darauf noch ausführlicher in Kapitel 7 eingehen. Im Übrigen können natürlich auch die Einheimischen zum Abbau der Diversität und der Abschwächung ihrer negativen Effekte beitragen – indem sie ihren neuen Mitbürgern mit Toleranz begegnen und sich auf diese zu bewegen. Aber sich allein darauf zu verlassen und zu hoffen, dass es bei einem Bisschen guten Willen nicht zu den bei zunehmender Diversität drohenden Problemen kommt, wäre mehr als naiv.

Vielmehr sind die beiden genannten Maßnahmen – die Beschränkung der Diversität der Zuwanderer und das Bemühen um Diversitätsreduktion im Zeitablauf – notwendig, um die Diversität innerhalb einer Gesellschaft nicht zu groß werden zu lassen – einem Ziel, das angesichts des bisher Gesagten nachvollziehbar und gerechtfertigt ist – und das nichts mit Rassismus zu tun hat.[60]

Hat also Helmut Schmidt Recht? Es kommt darauf an: Das entscheidende Wort in seiner von uns zitierten Aussage ist »weitere«. Wenn die Diversität schon so groß ist, dass eine *weitere* Zuwanderung aus fremden Kulturen zu mehr Nachteilen als Vorteilen führt und gravierende gesellschaftliche, politische und wirtschaftliche Dysfunktionalitäten drohen, dann erscheint die Befolgung des Ratschlags des Altbundeskanzlers durchaus als gerechtfertigt.

ZWEITER TEIL:

DEUTSCHLAND UND DIE FLÜCHTLINGSKRISE

KAPITEL 4

Der perfekte Sturm

Im zweiten Teil dieses Buches werden wir die Erkenntnisse, die wir im ersten Teil gewonnen haben, auf den konkreten und aktuellen Fall der Flüchtlingskrise in Deutschland und Europa anwenden. Während wir in den beiden vorhergehenden Kapiteln kaum zwischen Flüchtlingen und Einwanderern zu unterscheiden brauchten, werden wir uns hier auf die Flüchtlinge konzentrieren: Schließlich geht es um irreguläre Migration, d. h. um Zuwanderung, ohne dass die Zielländer hierfür eine Erlaubnis (z. B. in Form eines Visums) erteilt hätten. Mit deren Ursachen werden wir uns in diesem Kapitel beschäftigen, mit deren Folgen für das Zielland Deutschland im nächsten.

Wenden wir uns also nunmehr den Ursachen der Flüchtlingskrise zu: Warum konnte es überhaupt so weit kommen, dass sich der Zuzug von Flüchtlingen krisenhaft zuspitzte? Der Sturm der Flüchtlingskrise brach schließlich nicht aus heiterem Himmel über uns herein, sondern es zogen schon seit einiger Zeit mehr und mehr dunkle Wolken am Horizont auf, bevor er sich 2015 mit aller Gewalt entlud. Zum ersten Mal wurden Flüchtlinge und Asylsuchende in den 1990er Jahren als Problem wahrgenommen, als deren Zahl durch die Balkankriege sprunghaft anstieg. Seit Ende des 20. Jahrhunderts nahm außerdem der Migrationsdruck von »Wirtschaftsflüchtlingen« aus Ländern Afrikas und des Nahen und Mittleren Ostens langsam aber stetig zu. Ins Bewusstsein der Öffentlichkeit gelangte dieses Phänomen vor allem durch die im glei-

73

chen Maß zunehmende Zahl der Bootshavarien auf den Mittelmeerrouten von Afrika und Kleinasien nach Europa. Das Flüchtlingsproblem bestand also schon seit Jahrzehnten und Anzeichen für die immer mehr zunehmende Verschärfung dieses Problems gab es genug. Die Ursachen des Flüchtlingsproblems liegen auf der Hand; dass daraus eine Krise werden würde, war abzusehen; und dass diese ausbrechen würde, war lediglich eine Frage der Zeit und eines geeigneten Auslösers. Als dieser in Gestalt des Bürgerkriegs in Syrien vorlag, war es soweit: Die Flüchtlingskrise brach über Deutschland und Europa herein – und machte die Defizite der deutschen und europäischen Flüchtlingspolitik mehr als deutlich. Wie wir im Folgenden zeigen werden, ist die Gemengelage, in der sich die Flüchtlingskrise entwickeln konnte, einerseits durch »exogene« Faktoren gekennzeichnet, die durch migrationspolitische (und andere) Maßnahmen der Zielländer nicht (oder zumindest nicht unmittelbar) beeinflusst werden können, andererseits durch »endogene« Faktoren, die sehr wohl einer politischen Gestaltung zugänglich sind. Das Versagen der Politik liegt im Wesentlichen darin, dass man auf die sich (aus Sicht der Zielländer) verschlechternden exogenen Faktoren nicht nur nicht mit einer Anpassung der Asylpolitik reagiert hat, sondern das genaue Gegenteil getan hat – nämlich eine Asylpolitik betrieben hat, die die Probleme noch verschärft hat. So braute sich nach und nach ein perfekter Sturm zusammen – und 2015 kam, was irgendwann kommen musste: Der Sturm brach aus.

DER TREND ZU IMMER MEHR MIGRATION

Die aktuelle Flüchtlingskrise kann nicht isoliert, sondern muss vor dem Hintergrund des unverkennbaren Trends zu immer mehr Migration gesehen werden. Migration gab es schon immer in der Menschheitsgeschichte – man denke nur an die Völkerwanderungen in der Antike. Aber während früher einige Tausend Menschen sich auf der Suche nach Beute, Land oder besseren Lebensbedingungen auf den Weg machten, ziehen heute Millionen von Migranten über den Erdball. Insbesondere seit dem letzten Viertel des 20. Jahrhunderts hat der Umfang der Migration stark zugenommen. Der Anteil der Migranten an der Weltbevölkerung ist von 2,3 % im Jahr 1970 auf 3,3 % im Jahr 2015 und 3,4 % im Jahr 2017 gestiegen; in absoluten Zahlen wirkt sich dieser Anstieg aufgrund des gleichzeitigen Wachstums der Weltbevölkerung wesentlich stärker aus: Gab es 1970 »nur« 84,5 Millionen Migranten, waren es 2015 schon 243,7 Millionen und 2017 sogar 258 Millionen.[61] 35 % aller internationalen Migranten wurden in einem Entwicklungs- oder Schwellenland geboren und leben in einem Industrieland (»Süd-Nord-Migranten«); in diesen Ländern machen sie mittlerweile 12 % der Bevölkerung aus. 10 % aller Migranten sind Flüchtlinge bzw. Asylsuchende.[62] Diese Zahlen beziehen sich auf den weltweiten *Bestand* an Migranten, nicht auf die aktuellen *Migrationsströme,* sodass sie die Dynamik der gegenwärtigen Entwicklung nur unzureichend wiedergeben. Denn in den letzten Jahren hat die Wanderung vom Süden in den Norden stark zugenommen. Folglich ist der Anteil der Migranten an der Bevölkerung der Industrieländer deutlich gestiegen. So betrug der Anteil der im Ausland geborenen Einwohner an der Gesamtbevölkerung Deutschlands 2007 12,9 % (10,4 Millionen) und 2017 15,5 % (12,7 Millionen). Das sind Werte, die die der USA, eines klassischen Einwanderungslandes, nicht nur erreichen, sondern sogar übertreffen![63] Diese Zahlen gewinnen noch an Brisanz, wenn man sich vor Augen hält, dass der Anteil der im Ausland geborenen Bevölkerung in Deutschland in den 1960er Jahren nur zwischen 1 % und 2 % betragen hat. Von daher ist es nichts weniger als lächerlich, wenn Politiker, vor allem aus den Reihen von CDU/CSU lange Zeit ein Einwanderungsgesetz mit dem Argument ablehnten, Deutschland sei kein Einwanderungsland ...

Bemerkenswert ist außerdem der hohe Anteil von Flüchtlingen an den gesamten Zuwanderern: Zum Stichtag 31.12. 2017 lebten 1,680 Millionen Schutzsuchende in Deutschland, was 2 % der Gesamtbevölkerung und 13 % der im Ausland geborenen Bevölkerung entspricht. Zehn Jahre davor, d.h. zum Stichtag 31.12.2007, betrugen die entsprechenden Zahlen erst 0,457 Millionen und 0,6 % bzw. 4,7 %. Innerhalb dieser Zeit hat sich also der Flüchtlingsanteil an der Gesamtbevölkerung mehr als verdreifacht![64] In der Tat sind heute ein Großteil aller Migranten Schutzsuchende: Von den 1,773 Millionen Zuwanderern, die 2016 nach Deutschland kamen, waren 722 000, also 41 %, Flüchtlinge bzw. Asylsuchende; bezieht man deren Zahl nur auf die Zuwanderung aus Nicht-EU-Ländern, so beträgt der entsprechende Prozentsatz sogar 55 %.[65] Dabei ist Deutschland kein Einzelfall: In anderen westeuropäischen Ländern verlief die Entwicklung ähnlich.

Wir können also zwei Tendenzen konstatieren: Das Ausmaß der Migration vom Süden in den Norden hat stark zugenommen und der Anteil der irregulären Migranten, d.h. der Flüchtlinge bzw. Schutzsuchenden, hat ebenfalls stark zugenommen. In beiden Fällen ist keinerlei Anzeichen einer Änderung in Sicht – ganz im Gegenteil. Und vor dem Hintergrund dieser Trends erscheint die aktuelle Flüchtlingskrise weniger als ein grundsätzlich neues, singuläres Ereignis, sondern eher als die Zuspitzung einer sich schon länger abzeichnenden Entwicklung.

EXOGENE FAKTOREN

Der erste der erwähnten exogenen Faktoren besteht in der *geographischen Lage Europas* – ein Faktor, der sich ganz offensichtlich jeder politischen oder sonstigen Einflussnahme entzieht. Ein Blick in einen Atlas oder auf einen Globus zeigt sofort, wo das Problem liegt: Die südliche Grenzlinie Europas ist sehr lang und sehr unregelmäßig. Von der Algarve im Westen bis

zur Chalkidike im Osten gibt es tausende Kilometer Küste mit
Stränden, Buchten, Flussmündungen und vorgelagerten Inseln. Im Osten verläuft eine mehrere hundert Kilometer lange,
sehr unübersichtliche Landgrenze zwischen den EU-Mitglie-
dern Griechenland und Bulgarien einerseits und der Türkei
andererseits.[66] Das Haupteinfalltor für Migranten nach Europa ist jedoch nicht diese Landgrenze, sondern die Küstenlinie,
die von Afrika und Kleinasien nur durch ein Binnenmeer, das
Mittelmeer, getrennt ist: Einerseits sind die Entfernungen wesentlich kleiner als auf den Weltmeeren – nicht zuletzt, da sich
zu Europa gehörende Inseln, wie Malta, Sizilien oder Zypern,
»auf halbem Wege« befinden. Andererseits sind die Wind- und
Wetterverhältnisse weniger rau und weniger gefährlich als
etwa auf dem Atlantik. Eine weitere mögliche Migrationsroute
würde durch ein anderes Binnenmeer verlaufen: von der Türkei über das Schwarze Meer nach Bulgarien oder Rumänien.

Die Landgrenze zwischen der Türkei und der EU könnte man
mit ein wenig gutem Willen effektiv schützen, nicht jedoch die
Seegrenze zum Mittelmeer. Diese zuverlässig zu überwachen
ist praktisch ausgeschlossen: Es gibt zu viele mögliche Routen
und zu viele mögliche Ziele, als dass man diese alle und zu jeder Zeit gegen unerwünschte Zuwanderung sichern könnte.
Es ist leicht möglich, eine Mauer zwischen den USA und Mexi-
ko zu errichten, um dadurch Migranten aus Mittel- und Südamerika fernzuhalten – unabhängig davon, ob dies tatsächlich
den gewünschten Erfolg hätte. Aber es ist unmöglich, Europa
durch Mauern und andere Grenzbefestigungen zu schützen.

Es liegt auf der Hand, dass für potentielle Flüchtlinge aus
Afrika und dem Nahen Osten, aber auch aus dem Mittleren
Osten, Europa nicht nur die – im wahrsten Sinne des Wor-
tes – naheliegendste, sondern de facto die einzig mögliche
Destination ist. Wo sonst sollten sie sich hinwenden, wenn sie
auf der Suche nach besseren Lebensbedingungen sind? Nord-
und Südamerika sowie Australien, Neuseeland und Japan
sind nicht nur zu weit entfernt, sondern auch durch nur sehr
schwer zu überwindende Ozeane isoliert; andere wohlhaben-

de asiatische Länder, wie Südkorea oder Malaysia, und Russland sind zu weit entfernt und – im Vergleich zu Westeuropa – zu unattraktiv.

Den zweiten exogenen Faktor haben wir soeben angesprochen – die Suche nach besseren Lebensbedingungen, die sich in Europa finden lassen. Schließlich folgt aus der Möglichkeit, von einem Land in ein anderes zu gelangen, noch nicht, dass diese Möglichkeit auch wahrgenommen wird. Menschen brauchen gute Gründe, um sich auf den Weg zu machen. Einer der wichtigsten dieser Gründe besteht sicher in dem *enormen Wohlstandsgefälle* zwischen Afrika und dem Nahen Osten auf der einen und Europa auf der anderen Seite – weshalb die Migration nach Europa verständlicherweise häufig als ein schneller und dauerhafter Ausweg aus der Armut und dem Elend, die in weiten Teilen Afrikas und des Nahen Ostens herrschen, angesehen wird. Die Zahlen in Tabelle 4.1 verdeutlichen, wie stark der Anreiz zur Migration ist.

Gegenübergestellt sind die *Durchschnittswerte der Jahre 2015 bis 2017* von Bruttoinlandsprodukt pro Kopf (BIP pro Kopf) in US-\$, realer Wachstumsrate des Bruttoinlandsprodukts pro Kopf, Bevölkerungsgröße, Wachstumsrate der Bevölkerung, Arbeitslosenquote und Zahl der Mobilfunkverträge pro 100 Einwohner für Deutschland, die EU (einschließlich Deutschlands), Nordafrika und den Nahen Osten (*ohne* die reichen erdölexportierenden Länder am Persischen Golf) und Afrika südlich der Sahara. Aus diesen Zahlen lassen sich verschiedene Schlussfolgerungen ziehen: *Erstens* ist das Volkseinkommen (gemessen am Bruttoinlandsprodukt) pro Kopf in der EU um ein Vielfaches höher als in Afrika und dem Nahen Osten. Deshalb sind nicht nur die Verdienstmöglichkeiten in der EU wesentlich höher als in Afrika und dem Nahen Osten, sondern auch die Sozialleistungen, die ja tendenziell umso höher sind, je höher die wirtschaftliche Leistungsfähigkeit eines Landes ist. *Zweitens* ist aus eben diesen Gründen Deutschland ein besonders attraktives Zielland innerhalb der EU, da das deutsche Bruttoinlandsprodukt pro Kopf um ca. 30 % über

Tab. 4.1 Das Wohlstandsgefälle zwischen Europa und dem Nahen Osten bzw. Afrika (2015–2017)

Land bzw. Ländergruppe	Deutsch-land	Euro-päische Union	Nordafrika und Naher Osten	Subsahara-Afrika
Bruttoinlands-produkt pro Kopf in US-$	42 675,5	32 727,5	3 846,8	1 539,4
Reale Wachs-tumsrate des BIP pro Kopf	1,3 %	2,0 %	2,1 %	−0,4 %
Bevölkerung in Millionen	82,243	511,133	373,690	1033,390
Bevölkerungs-wachstum	0,7 %	0,3 %	1,7 %	2,7 %
Arbeitslosen-quote	4,2 %	8,5 %	11,9 %	7,1 %
Mobilfunkver-träge pro 100 Einwohner	124,4	122,7	101,6	74,1

(Datenquelle: *World Bank* 2018)

dem EU-Durchschnitt liegt. Das Wohlstandsgefälle zwischen Deutschland und den Ländern Afrikas und des Nahen Ostens wird besonders deutlich, wenn man das Pro-Kopf-BIP dieser Länder mit dem Niveau der deutschen Sozialleistungen vergleicht: Der durchschnittliche Regelsatz für Alleinstehende beim Arbeitslosengeld II (im Volksmund auch Hartz IV genannt) betrug zwischen 2015 und 2017 € 404,00 pro Monat,

d. h. € 4 848,00 pro Jahr. Bei einem durchschnittlichen Wechselkurs von 1,15 US-$/€ in diesem Zeitraum entspricht dies US-$ 5 575,20 – also fast 50 % mehr als das Pro-Kopf-BIP in Nordafrika und dem Nahen Osten und mehr als das Dreifache des Pro-Kopf-BIP im Afrika südlich der Sahara. Berücksichtigt man neben dem Regelbedarf noch einmalige Zuschüsse (z. B. für Wohnungseinrichtung oder Babyausstattung) und laufende Zuschüsse (z. B. für Miete und Heizkosten), gewinnen die deutschen Sozialleistungen aus Sicht der Bewohner von Afrika und dem Nahen Osten weiter an Anziehungskraft. *Drittens* ist nicht abzusehen, dass sich an diesen Verhältnissen etwas ändern wird: Die Wachstumsrate des Pro-Kopf-BIP ist für das südliche Afrika negativ, sodass sich unter diesen Bedingungen das Wohlstandsgefälle immer mehr vergrößern würde: nämlich jedes Jahr um 2,4 % bezogen auf den EU-Durchschnitt bzw. um 1,7 % bezogen auf Deutschland.[67] Für Nordafrika und den Nahen Osten ist die durchschnittliche Wachstumsrate des Pro-Kopf-BIP in den Jahren 2015 bis 2017 mit 2,1 % positiv und größer als die Werte für den EU-Durchschnitt und Deutschland, aber dennoch würde es sehr lange dauern, bis das Wohlstandsgefälle abgebaut werden würde. Wenn man nur zur Illustration einmal die heroische Annahme macht, dass sich die in den Jahren 2015 bis 2017 beobachteten Wachstumsraten auf Dauer fortsetzen würden, so würde es 103 bzw. 116 Jahre dauern, bis der Nahe Osten und Nordafrika die *gegenwärtige* Wirtschaftskraft von EU bzw. Deutschland erreicht hätten. Da aber annahmegemäß auch die europäischen Volkswirtschaften weiter wachsen würden, würde es noch wesentlich länger dauern, bis der Nahe Osten und Nordafrika mit der EU bzw. Deutschland gleichgezogen hätten – 2185 bzw. 306 Jahre.[68] *Viertens* ist die Zahl der potentiellen Migranten schon jetzt sehr hoch – angesichts einer Bevölkerung im Nahen Osten und Afrika, die mit 1 407,08 Millionen fast drei Mal so groß wie die der EU ist, und angesichts hoher Arbeitslosenquoten. Und sie wird weiter zunehmen, da die Bevölkerung im Nahen Osten und Afrika stark wächst – mit Raten, die um ein Vielfaches über den europäischen Werten liegen. Prozentsätze von 1,7 % (Nordafrika und Naher Osten) und 2,7 % (südliches Afrika) mögen nicht besonders hoch erscheinen – aber sie implizieren, dass sich die Bevölkerung dieser Länder innerhalb von 119 Jahren bzw. nur 26 Jahren (!) verdoppeln würde.

Wir können also festhalten, dass es gegenwärtig eine große Zahl potentieller Migranten gibt, die einen starken ökonomischen Anreiz haben, nach Europa zu kommen – und dass diese Zahl weiter zunehmen und der Wanderungsanreiz entweder noch stärker oder zumindest kaum schwächer werden wird.

Kommen wir nun zum dritten exogenen Faktor: Ein Wanderungsanreiz kann nur dann wirksam werden, wenn er nicht nur objektiv besteht, sondern auch von den potentiellen Migranten als solcher wahrgenommen wird. Hier nun kommen die großen *Fortschritte in der Informations- und Telekommunikationstechnik* der letzten beiden Jahrzehnte ins Spiel. Im World Wide Web sind heute Informationen über Wirtschaftskraft, Sozialleistungen, Einwanderungs- und Asylrecht und die Lebensbedingungen in allen Ländern frei verfügbar (sieht man von wenigen Ausnahmefällen wie Nordkorea einmal ab). Auch in Schwellen- und Entwicklungsländern, in denen keine engmaschigen Glasfasernetze die Bevölkerung mit dem Internet verbinden, sind diese Informationen praktisch allen Einwohnern zugänglich, seit auch in diesen Ländern internetfähige Mobiltelefone ihren Siegeszug angetreten haben – also ungefähr seit 2010. Die letzte Zeile von Tabelle 4.1 zeigt, dass Afrika und der Nahe Osten bei der Verbreitung von Mobilfunkverträgen zwar Europa noch etwas hinterherhinken, dass aber die kritische Schwelle von 50 Verträgen pro 100 Einwohner, ab der man davon ausgehen kann, dass praktisch jeder Erwachsene direkt oder indirekt Zugriff auf ein Mobiltelefon hat, deutlich überschritten ist. Und dabei sind die Geräte, die mit vorausbezahlten SIM-Karten betrieben werden, noch nicht einmal erfasst, die aber gerade in Entwicklungs- und Schwellenländern eine große Rolle spielen. Obwohl es in diesem Abschnitt nur um die exogenen Gründe für die Flüchtlingskrise gehen soll, muss an dieser Stelle doch erwähnt werden, dass auch das Verhalten der Zielländer der Migration die Versorgung der potentiellen Migranten mit den für die Migration relevanten Informationen verbessert – indem die Internetseiten von Behörden und Ämtern nicht nur in der jeweiligen Landessprache, sondern auch in anderen Sprachen informieren. Beispielsweise sind in Deutschland die Informationen des Bundesamts für Migration und Flüchtlinge auch in Englisch und Türkisch und die der Bundesagentur für Arbeit, welche für viele Sozialleistungen, wie etwa das Arbeitslosengeld II, zuständig ist, auch in Englisch und Arabisch verfügbar.

Mobiltelefone dienen nicht nur zur Beschaffung der für die Migrationsentscheidung relevanten Informationen, sie stellen auch ein wichtiges Hilfsmittel bei der Durchführung der Reise selbst dar: Die Reiseroute kann geplant werden; die jeweilige geographische Position kann genau bestimmt werden; es kann Kontakt gehalten werden zu Verwandten in der Heimat und Landsleuten im Zielland; es kann Verbindung aufgenommen werden mit Schleusern und Schleppern; finanzielle Transaktionen können abgewickelt werden; und es können gegebenenfalls Notrufe abgesetzt werden. In der Tat erscheint es kaum vorstellbar, dass das heutige Ausmaß an Migration auch ohne die weite Verbreitung internetfähiger Mobiltelefone möglich wäre. Nicht ohne Grund »verlieren« Flüchtlinge zwar häufig ihre Reisedokumente, aber praktisch nie ihre Mobiltelefone ...

Abschließend muss noch ein weiterer Faktor genannt werden, den man mit »die drei K« umschreiben könnte: *Kriege, Konflikte und Katastrophen.* Seuchen in Westafrika, Dürren und Hungersnöte in Somalia oder Eritrea; ethnische Konflikte im Kongo oder im Südsudan; terroristische Attacken in Mali und in Nigeria; Unruhen und blutige Machtkämpfe in Libyen; Bürgerkriege in Syrien und im Jemen ... Die Liste ließe sich fortsetzen. Diese Vorgänge wirken sich einerseits selbstverständlich extrem negativ auf die Höhe des Volkseinkommens bzw. des Bruttoinlandsprodukts aus, andererseits stellen sie oft den direkten und unmittelbaren Anlass zur Migration dar. Allerdings gilt dies hauptsächlich für die »Mittelschicht« der betroffenen Länder, nicht für die ärmsten und notleidendsten ihrer Einwohner. Denn diese sind häufig weder gesundheitlich noch wirtschaftlich in der Lage, aus ihrer Heimat in ein weit entferntes, wohlhabendes Industrieland zu reisen. Insoweit diese Teile der Bevölkerung überhaupt wandern, dann entweder innerhalb ihres Landes oder in ein Nachbarland – mit dem Ziel, das nackte Leben zu retten, etwa indem von internationalen Organisationen betriebene Lager aufgesucht werden. So ist die Not im Jemen heute bestimmt genauso groß wie, wenn nicht größer als in Syrien; dennoch kommen wenige Flüchtlinge aus dem Jemen nach Europa: Wer am Verhungern ist, kann keine lange Reise antreten.

ENDOGENE FAKTOREN

Im Wesentlichen gibt es zwei »hausgemachte« Gründe für das Ausmaß der aktuellen Flüchtlingskrise in Deutschland und Europa. Der erste, weniger wichtige Grund besteht in der *Vernachlässigung eines effektiven Schutzes der Außengrenzen* der EU. Wie oben ausgeführt, ist es zwar praktisch unmöglich, die zum Mittelmeer verlaufende Seegrenze zuverlässig zu schützen. Das heißt aber nicht, dass man den Grenzschutz vollständig vernachlässigen könnte oder sollte. Spätestens mit Wegfall der Grenzkontrollen zwischen den EU-Staaten ist der Schutz der Außengrenzen der EU eine Angelegenheit aller Mitgliedsstaaten geworden – eine Angelegenheit, die man aber den »Grenzstaaten« allein überlassen hat: also Griechenland und Bulgarien, was die Landgrenze zur Türkei angeht, und vor allem Spanien, Italien und Griechenland, was die Seegrenze angeht. Diese Länder sind schon in »normalen« Zeiten mehr schlecht als recht mit der Grenzsicherung zurechtgekommen und waren spätestens mit dem Massenansturm von Flüchtlin-

gen ab dem Sommer 2015 überfordert. Zwar bekannte sich die
EU 2004 zur gemeinschaftlichen Verantwortung für die Sicherung der Außengrenzen, als Frontex, die europäische Agentur
für Grenz- und Küstenwache, gegründet wurde. Aber deren
Aufgaben beschränken sich weitgehend auf Beratung, Unterstützung und Koordinierung nationaler Grenzschutzeinhei-
ten; um den Schutz der EU-Außengrenzen deutlich zu verbessern, ist Frontex sowohl personell als auch finanziell zu
schlecht ausgestattet. Viel schwerer als die mehr oder weniger
gute Ausstattung von Frontex oder Grenzschutz und Küstenwache der einzelnen EU-Mitgliedsstaaten wiegt aber die sehr
migrationsfreundliche, um nicht zu sagen migrationsermuti-
gende, Rechtsprechung des Europäischen Gerichtshofs für
Menschenrechte, die einen effektiven Schutz vor irregulärer
Zuwanderung praktisch unmöglich macht. Mit seinem Urteil
vom 23. 2. 2012 hat dieser Gerichtshof festgestellt, dass die Un-
terzeichnerstaaten der Europäischen Menschenrechtskonvention an diese nicht nur auf ihrem Hoheitsgebiet sondern auch
auf internationalen Gewässern gebunden sind.[69] Aus Sicht des
Gerichts impliziert dies insbesondere, dass auf hoher See abgefangene oder gerettete Migranten *nicht* an den Ausgangspunkt ihrer Fahrt zurückgebracht werden dürfen, sondern in
ein EU-Mitgliedsland gebracht werden müssen, damit sie die
Gelegenheit haben, dort Asyl zu beantragen. Welche Anreiz-
wirkungen davon auf potentielle Migranten und Schlepper
und Schleuser ausgehen, dürfte auf der Hand liegen.

All dies wäre aber viel weniger problematisch, als es leider
tatsächlich ist, wenn es da nicht noch den zweiten, wichtige-
ren Grund gäbe: das Gemeinsame Europäische Asylsystem,
welches gemäß Verwaltungsrichter und Asylrechtsexperte Jan
Bergmann ein »Deluxe-Recht« darstellt und als solches eine
enorme Anziehungskraft auf potentielle Migranten ausübt.[70]
Das in Deutschland geltende Asylrecht resultiert aus dem In-
einandergreifen von nationalem Recht, europäischem Recht
und Völkerrecht. 1999 wurde das Gemeinsame Europäische
Asylsystem mit dem Ziel der Harmonisierung der Schutz- und

Aufnahmenormen innerhalb der EU begründet und seitdem
ständig weiterentwickelt. Heute übt es einen so großen Einfluss auf das Asylrecht von Deutschland und den anderen EU-
Mitgliedsstaaten aus, dass man von einer Vergemeinschaftung
des Asylrechts sprechen kann. Wie wir sehen werden, ist weniger die Tatsache dieser Vergemeinschaftung, für die es durchaus gute Gründe gibt, als vielmehr der Inhalt dieses gemeinschaftlichen Asylrechts ein Problem. Wir können und wollen
uns hier nicht mit den Einzelheiten dieser hochkomplexen
Materien beschäftigen, doch ist es unerlässlich, dass wir uns
zumindest einen Überblick verschaffen. Dazu möge Abbildung 4.1 dienen, in der die verschiedenen Kategorien des asylrechtlichen Schutzes in Deutschland dargestellt sind.

Im Zentrum des Gemeinsamen Europäischen Asylsystems
steht die Anerkennungs- bzw. Qualifikationsrichtlinie 2011/95/
EU, mit der die Erfüllung der Verpflichtungen, die die EU-Mitgliedsstaaten als Unterzeichner der Genfer Flüchtlingskonvention und der Europäischen Menschenrechtskonvention
eingegangen sind, vereinheitlicht werden soll.[71] Zu diesem
Zweck wurde für die EU-Mitgliedsstaaten verbindlich festgelegt, was unter einem Flüchtling im Sinn der Genfer Flüchtlingskonvention zu verstehen ist und welcher Schutz diesem
zusteht (blaue Pfeile in Abb. 4.1) sowie wer und in welchem
Umfang gemäß der Europäischen Menschenrechtskonven-
tion subsidiär schutzberechtigt ist (rote Pfeile).[72] Im ersten Fall
handelt es sich um Menschen, die sich wegen (staatlicher oder
nichtstaatlicher) Verfolgung aufgrund ihrer politischen Überzeugung, Religion, Nationalität oder Rasse auf der Flucht befinden; im zweiten Fall droht im Herkunftsland ernsthaf-
ter Schaden, z. B. aufgrund eines Bürgerkriegs. In nationales
Recht umgesetzt wurde diese Richtlinie in Deutschland vor allem im Rahmen des Asylgesetzes, und hier insbesondere in
§§ 3, 4 AsylG.[73] Neben diesem »internationalen« Schutz gibt
es in Deutschland auch einen »nationalen« Schutz, d. h. einen Schutz, der nicht europarechtlich bedingt ist: den grundgesetzlich garantierten Schutz für politisch Verfolgte gemäß

Abb. 4.1 Die Kategorien des asylrechtlichen Schutzes in Deutschland

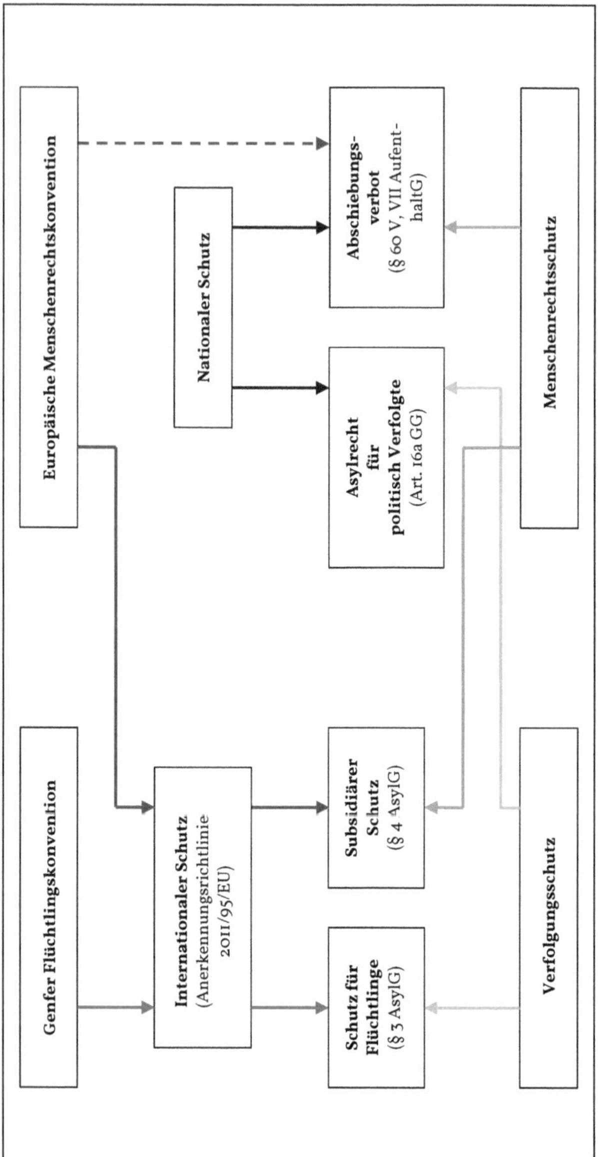

(Quelle: eigene Darstellung)

Art. 16a Grundgesetz und das Abschiebungsverbot gemäß
§ 60 V, VII Aufenthaltsgesetz (schwarze Pfeile) – wobei letzteres insofern einen »internationalen« Bezug hat, als es auf
die Europäische Menschenrechtskonvention rekurriert (ge-
strichelter roter Pfeil). Das Asylrecht ist enger gefasst als der
Flüchtlingsschutz gemäß der Genfer Konvention, da es nur *politisch* Verfolgten zusteht, die Verfolgung also von einem Staat
ausgehen muss. Wenn weder ein Anrecht auf Asyl gemäß
Art 16a GG, noch auf Schutz als Flüchtling gemäß § 3 AsylG,
noch auf subsidiären Schutz gemäß § 4 AsylG besteht, kann
das Abschiebungsverbot gemäß § 60 V, VII AufenthaltG grei-
fen, wenn eine Rückkehr in das Herkunftsland eine Verletzung
der Europäischen Menschenrechtskonvention darstellen oder
zu einer konkreten Gefahr für Leben und Gesundheit führen
würde, etwa weil eine schwere Erkrankung vorliegt. Man kann
die verschiedenen Schutztatbestände auch gemäß des Schutz-
grundes unterscheiden: Asylrecht und Flüchtlingsschutz stellen *Verfolgungsschutz* dar (grüne Pfeile), wohingegen subsidiä-
rer Schutz und Abschiebungsverbot *Menschenrechtsschutz* zum
Gegenstand haben (orange Pfeile).[74]

Das Gemeinsame Europäische Asylsystem umfasst neben
der zentralen Anerkennungsrichtlinie noch die Verfahrensrichtlinie (Richtlinie 2013/32/EU), die Aufnahmerichtlinie
(Richtlinie 2013/33/EU) und die Dublin-III-Verordnung (Verordnung 604/2013/EU). In der Verfahrensrichtlinie wird das
gemeinsame Verfahren für die Zu- und Aberkennung des internationalen Schutzes geregelt; die Aufnahmerichtlinie legt
Normen für die Aufnahme von Personen, die internationalen
Schutz beantragen, fest. Die Dublin-III-Verordnung bestimmt,
welcher Mitgliedsstaat für die Durchführung der Asylverfahren zuständig ist. Ziel dieser Verordnung ist es, dass jeder Antrag auf Asyl nur einmal, d. h. durch nur ein Mitgliedsland, geprüft wird, wodurch vor allem die Sekundärmigration, d. h. die
Migration von einem Mitgliedsstaat in einen anderen, verhindert werden soll. Die zentralen Bestimmungen dieser Verordnung lauten dahingehend, dass bei »regulärer« Einreise, d. h.

einer Einreise mit einem gültigen Visum, das visumerteilende Mitgliedsland (Art. 12), aber bei »irregulärer« Einreise, d. h. bei Einreise ohne ein gültiges Visum, das Mitgliedsland zuständig ist, dessen Grenze der Schutzsuchende bei seiner erstmaligen Einreise in die EU aus einem Drittstaat überschritten hat (Art. 13). Da die allermeisten Flüchtlinge irregulär einreisen und fast immer entweder den Land- oder Seeweg benutzen, sind für den größten Teil der Flüchtlinge die »Grenzstaaten« der EU, und hier insbesondere Spanien, Italien und Griechenland, zuständig. Abweichend davon *kann* auch ein anderer, eigentlich nicht zuständiger Mitgliedsstaat die Anträge auf internationalen Schutz prüfen (Art. 17).[75]

Ähnlich wie in Deutschland wurden die drei Richtlinien des Gemeinsamen Europäischen Asylsystems auch in den anderen Mitgliedsstaaten der EU in nationales Recht umgesetzt (die Dublin-III-Verordnung ist unmittelbar wirksam und bedarf keiner Umsetzung in nationales Recht), sodass EU-weit ein (mehr oder weniger) einheitliches Asylrecht gilt.[76] Unterschiede gibt es deshalb weniger hinsichtlich des Umfangs der Rechte, die Asylsuchenden zustehen, sondern mehr hinsichtlich der Höhe der mit diesen Rechten in Zusammenhang stehenden Leistungen, also etwa hinsichtlich der Höhe von Sozialhilfe, Kindergeld oder Wohngeld. Daneben weichen die Mitgliedsländer auch in ihrer Verwaltungspraxis, also in der konkreten Umsetzung der gesetzlichen Regelungen, voneinander ab. Etwaige noch neben dem Gemeinsamen Europäischen Asylsystem bestehende rein nationale Bestimmungen fallen kaum mehr ins Gewicht. So spielt das deutsche Asylrecht gemäß Grundgesetz heute praktisch keine Rolle mehr: Sein Schutzumfang entspricht weitestgehend dem Schutzumfang für Flüchtlinge im Sinn der Genfer Flüchtlingskonvention und die Anforderungen des Art. 16a GG sind strenger als die des § 3 AsylG. Wer als Asylberechtigter gemäß Artikel 16a GG anerkannt wird, wird auch als Flüchtling gemäß § 3 AsylG anerkannt – was jedoch nicht umgekehrt gilt. Ganz abgesehen davon wurde das »bedingungslose« Grundrecht auf

Asyl des alten Artikel 16 II GG 1993 durch das »eingeschränkte« Asylrecht des neuen Artikel 16a GG ersetzt. Seitdem können sich Ausländer, die über einen EU-Mitgliedsstaat, einen
sicheren Drittstaat oder aus einem sicheren Herkunftsland
nach Deutschland einreisen, nicht mehr auf das grundgesetzliche Asylrecht berufen. Nicht zuletzt deshalb erhalten weniger als 1 % aller Asylberechtigten den Schutz im Sinn von Artikel 16a GG zuerkannt.

Schaut man sich die Regelungen des Gemeinsamen Europäischen Asylsystems im Einzelnen an, so stellt man schnell
fest, dass die Bezeichnung »Deluxe-Recht« für das europäische bzw. für das deutsche Asylrecht durchaus zutreffend ist.
So hat man es auf europäischer Ebene nicht bei der Umsetzung der Bestimmungen von Genfer Flüchtlingskonvention
und Europäischer Menschenrechtskonvention belassen, sondern ist weit darüber hinaus gegangen: So müssen Mitgliedsstaaten anerkannten Schutzbedürftigen denselben Zugang zu
ihrem Bildungssystem, dieselben Sozialleistungen und dieselbe medizinische Versorgung wie ihren eigenen Staatsangehörigen gewähren (Art. 27, 29, 30 Rl. 2011/95/EU). Im Übrigen
erhalten auch die Familienangehörigen der Schutzberechtigten diese Leistungen, wenn sie ebenfalls in dem betreffenden Mitgliedsstaat leben; sollten sie sich noch in ihrer Heimat oder einem Drittstaat aufhalten, *kann* der Mitgliedsstaat
den Familiennachzug erlauben (Art. 23; siehe dazu § 26 AsylG
und §§ 36, 36a AufenthaltG). So haben in Deutschland, wie
oben erwähnt, anerkannte Flüchtlinge Anspruch auf Arbeitslosengeld II, falls sie arbeitsfähig und -willig sind. Der Kreis
der Nutznießer dieser und ähnlicher Sozialleistungen wurde durch die Rechtsprechung noch ausgeweitet: Gemäß dem
Urteil des Bundesverfassungsgerichts vom 18.7.2012 müssen
Asylbewerbern zur Sicherung ihres Existenzminimums im Rahmen des Asylbewerberleistungsgesetzes Leistungen in Höhe
des Arbeitslosengelds II gewährt werden – wohlgemerkt, nicht
anerkannten Asylberechtigten, sondern Asylbewerbern, und
zwar *auch* denen, deren Asylantrag abgelehnt wurde.[77]

Aufgrund der überaus großzügigen Regeln des Gemeinsamen Europäischen Asylsystems ist die EU für Flüchtlinge ein attraktives Ziel – wobei innerhalb der EU die einzelnen Mitgliedsstaaten umso attraktiver sind, je großzügiger die jeweils erhältlichen Sozialleistungen ausfallen. Folglich werden Asylsuchende bestrebt sein, bevorzugt in Ländern wie Deutschland oder Schweden Asyl zu beantragen – und weniger in Ländern wie Ungarn oder Rumänien.

Die Höhe der zu erwartenden Leistungen wirkt nicht nur auf Asylberechtigte wie ein Magnet, sondern auch auf Nichtasylberechtigte, d. h. auf Wirtschaftsflüchtlinge. Denn diese haben zum einen die Chance, als Asylberechtigte anerkannt zu werden, auch wenn eigentlich keine Schutzbedürftigkeit vorliegt, und zum anderen, selbst wenn ihr Asylantrag letztlich abgelehnt werden würde, zumindest die Aussicht darauf, die Leistungen für Asylbewerber relativ lange genießen zu können. Denn was das Verfahren zur Prüfung der Asylberechtigung angeht, sollte man sich keinen Illusionen hingeben: Das Verfahren ist selbstverständlich nicht fehlerfrei. Genauso wenig wie ein Flüchtling seine Schutzbedürftigkeit nur in den seltensten Fällen vollkommen zweifelsfrei beweisen kann, kann die zuständige Behörde praktisch nie die Angaben eines Flüchtlings eindeutig und sicher widerlegen. Es wird also zwangsläufig zu Fehlentscheidungen kommen, wobei auf Behördenseite ein Anreiz bestehen dürfte, im Zweifel zugunsten des Antragstellers zu entscheiden – ein Anreiz, der mit zunehmender Flüchtlingszahl und Arbeitsbelastung wachsen wird. Denn Entscheidungen zugunsten des Antragstellers führen zu weniger Arbeit, weil diese nicht angefochten und einer gerichtlichen Überprüfung unterzogen werden, sodass etwaige Nachlässigkeiten, Versäumnisse und andere Fehler kaum auffallen werden. Dies steht im Gegensatz zu Entscheidungen zuungunsten des Antragstellers – und zwar unabhängig davon, ob diese richtig oder falsch sind. Verantwortlich für die lange Dauer der Asylverfahren sind die umfangreichen Rechte, die den Asylantragstellern im Asylverfahren gewährt werden: Beispielsweise müssen sie im behördlichen Verfahren ausführlich und persönlich, gegebenenfalls unter Einschaltung eines Dolmetschers, angehört werden und diese Anhörung muss sorgfältig und in allen Einzelheiten dokumentiert werden. Mehr noch: die Asylantragsteller können sogar verlangen, dass die Behördenmitarbeiter und die Dolmetscher das gleiche Geschlecht wie sie selbst haben (Art. 14–17 Rl. 2013/32/EU). Die entsprechenden Regeln des deutschen Rechts finden sich in §§ 17, 24, 25 AsylG. Gibt die Behörde ihrem Antrag nicht statt, so haben sie das Recht auf eine gerichtliche Überprüfung der behördlichen Entscheidung (Art. 46), wobei ihnen mindestens in der ersten Instanz *unentgeltliche* Rechtsberatung und Rechtsvertretung gewährt werden muss (Art. 20). Deutschland geht hier einen Schritt weiter: Laut § 83b AsylG werden in Asylverfahren (und zwar in allen Instanzen) keinerlei Gerichtskosten erhoben, obwohl dies von der Verfahrensrichtlinie nicht explizit verlangt wird. Die gerichtliche Überprüfung des Asylbescheids dauert seine Zeit – während der der Antragsteller die Leistungen für Asylbewerber weiter beziehen kann. Das Beschreiten des Rechtswegs ist deshalb eindeutig im Interesse eines von Behördenseite abgelehnten Asylbewerbers, auch wenn er wenig Aussicht auf Erfolg hat: Es kostet ihn nichts und verlängert seine Aufenthaltsdauer.

Selbstverständlich liegt es auch im Interesse von entsprechend spezialisierten Rechtsanwälten der Gastländer, dass möglichst viele Asylbewerber gegen behördliche Entscheidungen klagen: Je mehr Mandanten sie haben, desto höhere Honorare erzielen sie – Honorare, für die kein Ausfallrisiko besteht, da sie vom Staat im Rahmen der Prozesskostenhilfe beglichen werden. Diese Interessenharmonie zwischen Asylantragstellern und Asylrechtsanwälten geht zu Lasten Dritter – nämlich der Steuerzahler der Zielländer.

Aber auch wenn schließlich endgültig festgestellt wurde, dass kein Asylanspruch besteht, sind die Möglichkeiten der Asylbewerber noch nicht ausgeschöpft: Der Aufenthalt im Gastland kann noch weiter dadurch verlängert werden, dass

Gründe geltend gemacht werden, die der Rückkehr ins Herkunftsland entgegenstehen und zu einem Abschiebungsverbot gemäß § 60 V, VII AufenthaltG führen – also etwa gesundheitliche Gründe oder eine drohende Verletzung der Rechte der Europäischen Menschenrechtskonvention. Und dann gibt es auch noch die Möglichkeit der »Duldung« (§ 60a AufenthaltG), der zufolge eine Abschiebung auszusetzen ist, wenn sie rechtlich oder tatsächlich nicht möglich ist (z.B. weil keine Reisedokumente existieren) oder weil »dringende humanitäre oder persönliche Gründe« (z.B. der Beginn einer Ausbildung) dagegen sprechen.

Den Luxus eines solchen Asylrechts kann sich ein Staat nur dann leisten, wenn die Zahl der Asylbewerber überschaubar ist. »Unser Europäisches Asylrecht taugt nur bei schönem Wetter.« Diese Einschätzung eines hohen, mit diesem Recht befassten EU-Beamten kann man nicht anders als teilen.[78] Mit Zunahme der Zahl der Asylbewerber stößt das System schnell an seine Grenzen: Einerseits steigen die Kosten allein aufgrund der höheren Zahl der Asylbewerber; andererseits kann es leicht zu einer Überlastung der Behörden und Gerichte kommen, sodass sich die Verfahrensdauer deutlich verlängert – was natürlich die Kosten weiter erhöht, da mit zunehmender Verfahrens- und Aufenthaltsdauer auch die Kosten *pro Asylbewerber* steigen. Daraus kann sich eine fatale Eigendynamik entwickeln: Je länger die Verfahrensdauer ist, desto länger kommen die Antragsteller in den Genuss der erwähnten Leistungen und desto attraktiver wird es für potentielle Migranten, in der EU um Asyl nachzusuchen. Und je mehr Asylantragsteller kommen, desto mehr verlängert sich wiederum die Verfahrensdauer ... Dieser Teufelskreis wird vor allem dadurch am Laufen gehalten, dass selbstverständlich nicht nur »gutgläubige« Flüchtlinge, d.h. Flüchtlinge, bei denen tatsächlich Schutzbedürftigkeit besteht oder die zumindest von ihrer Schutzbedürftigkeit selbst überzeugt sind, Asyl beantragen, sondern auch »bösgläubige« Flüchtlinge, die kein Anrecht auf Asyl haben, aber als Wirtschaftsflüchtlinge das Asylsystem als ihre einzige oder beste Chance sehen, nach Europa zu gelangen, und deshalb eine Schutzbedürftigkeit nur vorgeben. Denn eine legale Arbeitsmigration nach Europa ist nur in sehr eingeschränktem Umfang – fast nur für qualifizierte Arbeitskräfte – möglich, sodass illegale Arbeitsmigranten vor einer einfachen Wahl stehen: Sie beantragen kein Asyl und werden umgehend zurückgeschickt oder sie beantragen Asyl, haben zumindest die Chance auf Gewährung eines Schutztitels, können in jedem Fall die Leistungen für Asylbewerber eine gewisse Zeit genießen und haben am Schluss immer noch die Möglichkeit, »unterzutauchen«, also illegal im Zielland zu bleiben. Wie sich diese Menschen entscheiden werden, dürfte auf der Hand liegen.

Man darf auch nicht verkennen, dass für Wirtschaftsflüchtlinge der Vorteil der Asylbeantragung und der Durchführung des Asylverfahrens nicht nur in der Chance auf Anerkennung und im Genuss der erwähnten Asylbewerberleistungen liegt, sondern auch in der Chance, vielleicht selbst nach endgültiger Ablehnung des Asylantrags erst »geduldet« zu werden und auf diesem Umweg dann doch noch eine Aufenthaltserlaubnis zu bekommen. Je länger ein Verfahren dauert, desto wahrscheinlicher wird der Aufbau sozialer Kontakte auch zur einheimischen Bevölkerung und desto besser werden die Kenntnisse in der Sprache des Ziellandes, sodass der betreffende Asylbewerber schließlich vielleicht als »integriert« angesehen und deshalb nicht mehr in sein Herkunftsland zurückgeführt wird. In Deutschland sehen §§ 25a, 25b AufenthaltG eine solche Möglichkeit vor. Derartige Fälle hatte Andreas Scheuer wahrscheinlich bei seiner berühmt-berüchtigten Rede im Juni 2016 vor Augen, als er darauf hinwies, dass »man einen fußballspielenden, ministrierenden Senegalesen, der drei Jahre als Wirtschaftsflüchtling in Deutschland ist, nie wieder loskriegt.«[79] Im Einzelfall mag es tatsächlich gerechtfertigt sein, auf eine Rückführung zu verzichten. Allerdings übersieht man bei der Betrachtung des Einzelfalls allzu leicht, dass von Einzelfällen Signalwirkungen und Anreizeffekte ausgehen können, die zu noch mehr Zuwanderung und zu noch mehr unberechtigten Asylanträgen führen.

WER IST SCHULD AN DER FLÜCHTLINGSKRISE?

Die Flüchtlingskrise hat ihre Ursachen *nicht* in den Ereignissen des Jahres 2015. Der Hauptgrund liegt in der europäischen Asylpolitik, die ab 1992 betrieben wurde, als im Maastrichter Vertrag Asylfragen als »Angelegenheiten von gemeinsamem Interesse« bezeichnet wurden. Endgültig auf den Weg gebracht wurde die Vergemeinschaftung des Asylrechts 1999, als man begann, am Gemeinschaftlichen Europäischen Asylsystem zu arbeiten. In der Folgezeit wurde ohne Rücksicht auf die sich ändernden Rahmenbedingungen ein Asylrecht geschaffen, das eine enorme Anziehungskraft auf Migranten ausübt, zu missbräuchlicher Inanspruchnahme des Asylrechts geradezu einlädt, dazu angelegt ist, die mit diesem Asylrecht befassten Behörden und Gerichte zu überfordern und, aus allen diesen Gründen, die Steuerzahler in der EU mit enormen Kosten belastet.

Das Gemeinsame Europäische Asylsystem wird häufig deshalb kritisiert, weil die Dublin-III-Verordnung keine »faire« Verteilung der Flüchtlinge auf die Mitgliedsstaaten der EU vorsieht. Aber diese Verordnung ist nicht die eigentliche Schwachstelle des Gemeinsamen Europäischen Asylsystems und Änderungen an der Flüchtlingsverteilung, wie sie die EU-Kommission schon vorgeschlagen hat, können das Grundproblem der europäischen Flüchtlingspolitik nicht lösen. Wenn man eine Überschwemmung verhindern will, muss man einen Damm bauen – und sich nicht um die gleichmäßige Verteilung der Wassermassen kümmern. Unter der Voraussetzung, dass man die Flüchtlingskrise, wie ihr Name schon sagt, tatsächlich als Krise, d. h. als Problem, und die Zahl der Flüchtlinge, die schon nach Europa gekommen sind und noch weiter nach

Europa kommen, als zu hoch ansieht, stellt das Gemeinsame
Europäische Asylsystem eine Fehlkonstruktion dar: Die Mängel der drei asylrechtlichen Richtlinien wiegen so schwer, dass
die Schwachstellen der Dublin-III-Verordnung demgegenüber
wie bloße Schönheitsfehler erscheinen.

Angesichts dessen muss der Ausbruch der Flüchtlingskrise
im Jahr 2015 niemand verwundern. Es war nur eine Frage
der Zeit – der Boden dafür war schon seit Jahren bereitet. In
der Tat, wenn man eine Flüchtlingskrise hätte absichtlich herbeiführen wollen, hätte man kaum besser vorgehen können
als die Institutionen der EU bei der Gestaltung des Gemeinsamen Europäischen Asylsystems. Das heißt aber auch, dass
die Entscheidungen der Bundesregierung im Jahr 2015 die Krise nicht verursacht, ja nicht einmal ausgelöst haben. Die Politik der Bundeskanzlerin hat vielleicht dazu geführt, dass
mehr Flüchtlinge schneller nach Deutschland gekommen sind.
Verhindert werden können hätte die Flüchtlingskrise durch
eine andere Politik Deutschlands jedoch nicht – dazu war einerseits der rechtliche Spielraum Deutschlands viel zu klein
und andererseits die Attraktivität Europas im Allgemeinen
und Deutschlands im Besonderen für Migranten viel zu groß.
Wenn man Angela Merkel für die Flüchtlingskrise verantwortlich machen will, dann liegt ihre Hauptschuld darin, dass sie
im Europäischen Rat das Gemeinsame Europäische Asylsystem mitgetragen hat – eine Schuld, die sie mit ihrem Amtsvor-
gänger und ihren Kollegen aus den anderen Mitgliedsstaaten
der EU teilt. Schließlich wurden die drei Richtlinien im Europäischen Rat einstimmig verabschiedet, also auch von den
Staaten, die die Flüchtlingspolitik der EU jetzt am schärfsten
kritisieren. Auch sie haben nichts getan, diese Politik zu verhindern, als dies noch möglich war.

Durch die Verabschiedung der drei Richtlinien und deren
Umsetzung ins nationale Recht wurde die Asylpolitik der EU-
Mitgliedsstaaten in ein Prokrustesbett gezwängt, das ihnen
kaum Bewegungsfreiheit lässt. Sie können an ein oder zwei
Stellschrauben drehen, etwa den Familiennachzug mehr oder

weniger großzügig handhaben, aber keine grundlegenden Korrekturen vornehmen. Diese müssen auf der Ebene der EU erfolgen – zumindest solange, wie man nicht, wie die Briten, aus der EU austritt. Eine solche grundlegende Änderung der Asylpolitik der EU erfordert Einstimmigkeit im Europäischen Rat, lässt sich also nur im Konsens erreichen.[80] Wenn ein solcher nicht erzielt werden kann und mehr oder weniger alles beim Alten bleibt, dann wird die Asylpolitik der EU auf Dauer im Krisenmodus bleiben. Es mag vielleicht zu einer zeitweiligen Abschwächung des Flüchtlingsstroms kommen, auf Dauer verebben oder gar ganz versiegen wird er sicher nicht: Nach der Krise ist vor der Krise.

KAPITEL 5

Das Dilemma der Integration

Wenn wir nunmehr die Konsequenzen der Flüchtlingskrise für Deutschland untersuchen, ist es sinnvoll, zwischen kurzfristigen, mittelfristigen und langfristigen Konsequenzen zu unterscheiden. Letztere sind vor allem deshalb wichtig, weil die meisten Flüchtlinge auf Dauer oder zumindest längerfristig in Deutschland bleiben werden. Das heißt, sie sind nur *de jure* Flüchtlinge, *de facto* aber (auch) Einwanderer. Dieses Phänomen ist sowohl Ursache als auch Konsequenz der unzureichenden, eigentlich gar nicht vorhandenen Trennung zwischen Flüchtlingspolitik auf der einen und Einwanderungspolitik auf der anderen Seite in Deutschland. Wie wir in den Kapiteln 7 und 8 ausführlich darlegen werden, ist diese Vermischung einer der Hauptmängel der deutschen Migrationspolitik. Doch bevor wir diese kritisieren, wollen wir uns anschauen, wie sie sich in der aktuellen Flüchtlingskrise bewährt hat. Lassen Sie uns zu diesem Zweck zunächst einen Blick auf die aktuellen Zahlen zur Flüchtlingskrise werfen.[81]

AKTUELLE ZAHLEN – EINE BESTANDSAUFNAHME

Auf dem Höhepunkt der Flüchtlingskrise, in den Jahren 2015 und 2016, reisten ungefähr 890 000 (2015) und 280 000 (2016) Asylsuchende nach Deutschland ein.[82] Aufgrund der chaoti-

97

schen Situation und der Überforderung der Behörden in diesen Jahren ist die genaue Zahl der Eingereisten bis heute nicht
bekannt. Nicht alle Asylsuchenden konnten im Jahr ihrer Einreise einen Asylantrag stellen, sodass die Zahl der jährlichen
Asylerstantragszahlen (siehe Tabelle 5.1) in den Jahren 2015
und 2016 – anders als in den vorhergegangenen und den folgenden Jahren – nicht der Zahl der Einreisen entspricht.[83] Seit
2017 hat sich die Lage entspannt; in den Jahren 2017 und 2018
waren jeweils unter 200 000 Erstanträge auf Asyl zu ver-
zeichnen.[84] Wie ein Blick auf die Entwicklung der monatlichen
Asylantragszahlen im Jahr 2018 zeigt, hat sich die Einreise von
Flüchtlingen bzw. die Erstantragstellung auf einem hohen Niveau stabilisiert (siehe Tabelle 5.1).

Im Moment sind keine Anzeichen zu erkennen, dass sich
die Situation in absehbarer Zeit nachhaltig ändern wird. Selbst
wenn der Bürgerkrieg in Syrien beendet werden sollte, kann
jederzeit eine der weltweit zur Genüge vorhandenen laten-
ten Krisen ausbrechen und Anlass zu einem Wiederanschwel-
len des Flüchtlingsstroms geben – und die große Anziehungskraft von Deutschland bzw. Europa für Wirtschaftsflüchtlinge
ist ohnehin unabhängig von etwaigen Krisen. Im Übrigen ist
schon durch den Familiennachzug, der *nicht* in den Asylerstantragszahlen enthalten ist, für einen anhaltenden Zustrom
von Migranten gesorgt. So wurden 2017 (2018) 54 307 (32 660)
Familiennachzugsvisa vom Auswärtigen Amt an Familienangehörige von Flüchtlingen aus sechs Hauptherkunftslän-
dern (Syrien, Irak, Iran, Afghanistan, Eritrea, Jemen) erteilt;
2018 erhielten außerdem 302 Somalier ein Familiennachzugs-
visum (Somalier wurden in den Vorjahren nicht gesondert erfasst).[85] Das heißt, dass 2017 (2018) über 252 000 (194 000)
Asylsuchende und Familienangehörige von Asylberechtigten
nach Deutschland kamen. 2019 dürften sich die Zahlen ähnlich
entwickeln – nicht zuletzt, da die bisherige Aussetzung des Familiennachzugs für subsidiär Schutzberechtigte aufgehoben
und dieser ab dem 1. August 2018 im Umfang von 1 000 Nach-
zügen pro Monat möglich ist. Alle anderen Schutzberechtig-

Tab. 5.1   Asylerstantragszahlen von 2007 bis 2018

Jahr	Zahl der Asyl-erstanträge	Monat im Jahr 2018	Zahl der Asyl-erstanträge
2007	19 164	Januar	12 907
2008	22 085	Februar	10 760
2009	27 649	März	10 712
2010	41 332	April	11 385
2011	45 741	Mai	10 849
2012	64 539	Juni	11 509
2013	109 580	Juli	13 194
2014	173 072	August	13 141
2015	441 899	September	11 239
2016	722 370	Oktober	13 001
2017	198 317	November	12 118
2018	161 931	Dezember	8 900

(Datenquelle: *Bundesamt für Migration und Flüchtlinge* 2019a)

ten können ohnehin Familienangehörige grundsätzlich unbegrenzt nachholen.

Es muss realistischerweise mit einem weiteren Zustrom von Flüchtlingen von 150 000 bis 200 000 pro Jahr gerechnet werden; berücksichtigt man auch die »Familiennachzügler«, dann dürfte sich diese Zahl noch um ca. 50 000 erhöhen. Im Vergleich dazu stellten in den Jahren 2000 bis 2009 pro Jahr im Durchschnitt weniger als 45 000 Flüchtlinge einen Erstantrag auf Asyl; dementsprechend waren auch die Familiennachzugszahlen deutlich niedriger.

Es kann also keine Rede davon sein, dass die Flüchtlingskrise schon vorbei ist – im Gegenteil, es wird aller Voraussicht nach auf absehbare Zeit bei einem vielleicht niedrigeren, aber immer noch historisch hohen Zustrom an Flüchtlingen bleiben. Auf der anderen Seite ist nicht mit einer Rückkehr in die jeweiligen Herkunftsländer in großem Umfang zu rechnen: Bei einer Befragung des Bundesamts für Migration und Flüchtlinge gaben 83,3 % der mindestens 18 Jahre alten Afghanen, Iraker und Syrer an, auf Dauer in Deutschland bleiben zu wollen.[86] Dieser Prozentsatz wird noch höher liegen, wenn man sich auf die Gesamtzahl der Flüchtlinge bezieht, also auch Kinder und Jugendliche berücksichtigt, da die Rückkehrbereitschaft von Menschen, die hier aufwachsen, extrem gering sein dürfte.

Angesichts dessen ist damit zu rechnen, dass die meisten Flüchtlinge alle rechtlichen Hebel in Bewegung setzen werden, um in Deutschland bleiben zu können. Die folgenden Zahlen zu Verfahrensdauer und Ausreisen verwundern deshalb nicht: 2018 wurden insgesamt 216 873 Asylentscheidungen vom Bundesamt für Migration und Flüchtlinge getroffen; die entsprechenden Zahlen für 2015, 2016 und 2017 lauten 282 726, 655 733 und 603 428.[87] Die Schutzquote, d.h. der Anteil der einen Schutzanspruch feststellenden Entscheidungen lag 2018 bei 35 %, war also deutlich geringer als in den Vorjahren (2015: 49,8 %; 2016: 62,4 %; 2017: 53,4 %). Wenn man sich nur auf die Sachentscheidungen bezieht, also die formellen Entscheidungen nicht berücksichtigt, dann betrugen die Schutzquoten 50,2 % (2018), 53,0 % (2017), 71,4 % (2016) und 60,3 % (2015).[88] Die durchschnittliche Dauer der 2018 *letztinstanzlich* abgeschlossenen Asylverfahren betrug 17,6 Monate.[89] Im selben Jahr wurde gegen 75,8 % (!) aller ablehnenden und 12,4 % aller begünstigenden Asylbescheide geklagt, sodass die Zahl der vor Verwaltungsgerichten anhängigen Asylverfahren, die am 31.12.2018 immerhin 328 584 (!) betrug, im Laufe der nächsten Jahre auf einem ähnlichen Niveau liegen und sich die Asylverfahrensdauer, und damit natürlich auch die Aufenthaltsdauer der Asylbewerber, kaum verkürzen dürfte.[90]

Aber auch eine letztinstanzliche Ablehnung eines Asylantrags bedeutet keineswegs, dass der betreffende Asylbewerber umgehend das Land verlässt – weit gefehlt! Zum Stichtag 31.12.2017 (31.12.2018) lebten in Deutschland 118 704 (131 995) ausreisepflichtige abgelehnte Asylbewerber. Von diesen wird ein Großteil »geduldet«, z.B. wegen des Fehlens von Reisedokumenten oder aus gesundheitlichen Gründen; ohne Duldung hielten sich 29 278 (24 996) abgelehnte Asylbewerber in Deutschland auf. Im Jahr 2017 (2018) wurden 45 237 (18 896) Ausreiseentscheidungen gegenüber abgelehnten Asylbewerbern getroffen.[91] Die Gesamtzahl der tatsächlichen – sowohl »freiwilligen« als auch »unfreiwilligen« – Ausreisen abgelehnter Asylbewerber betrug 52 466 (41 587).[92] Darunter befanden sich lediglich 27 903 (18 341) Asylbewerber, die im selben Jahr, in dem ihr Asylantrag abgelehnt wurde, ausreisten. Die Gesamtzahlen der Ausreisen unterscheiden sich von den Zahlen der Ausreiseentscheidungen in den genannten Zeiträumen, da es auch Ausreisen ohne eine vorhergehende Ausreiseentscheidung gibt und, falls eine Ausreiseentscheidung getroffen wurde, diese nicht immer im selben Jahr eine Ausreise zur Folge hat, sondern in vielen Fällen (deutlich) später.[93]

Tatsächlich liegt die Zahl der jährlich neu ankommenden Flüchtlinge und Familiennachzügler schon seit Jahren um ein Vielfaches über der Zahl der im jeweiligen Zeitraum ausreisenden Asylbewerber: Die Zahl der insgesamt in Deutschland sich aufhaltenden Schutzsuchenden ist deshalb von 746 320 (31.12. 2014) auf 1 680 700 (31.12.2017), also um 125,2 %, gestiegen; die Zahl der hier lebenden abgelehnten Asylbewerber hat im gleichen Zeitraum von 108 280 auf 177 700, also um 64,1 %, zugenommen; die entsprechenden Zahlen für Asylbewerber, die anerkannt worden sind oder deren Verfahren noch laufen, betragen 638 040 bzw. 1 503 000, was einer Zunahme um 135,6 % entspricht. Schutzsuchende machten zum 31.12.2017 einen Anteil von 2,0 % an der Gesamtbevölkerung aus; zum 31.12. 2014 betrug dieser Anteil noch 0,9 %; er ist also um 1,1 Prozentpunkte oder 122,2 % gestiegen.[94] Angesichts der für 2018

bereits vorliegenden Zahlen wird sich diese Entwicklung fortsetzen: Die Flüchtlingspopulation in Deutschland wird absolut
und im Verhältnis zur Gesamtbevölkerung weiter zunehmen.

Wir haben bislang nur die »Quantität« der nach Deutschland gekommenen und noch kommenden Flüchtlinge betrachtet. Da, wie wir in den Kapiteln 2 und 3 gesehen haben,
deren Qualifikation und deren kulturelle Distanz von großer
Bedeutung dafür sind, wie sich die Migration auf das Zielland
auswirkt, wollen wir nun auch einen Blick auf die »Qualität«
der Flüchtlinge werfen.

Die Hauptherkunftsländer waren 2018 Syrien, Irak und
Iran; allein aus diesen drei Ländern kamen 44,1 % aller Asylerstantragsteller. Die nächsten drei Plätze nehmen Nigeria,
die Türkei und Afghanistan ein, aus denen weitere 18,7 % aller
Asylerstantragsteller kamen (siehe Abbildung 5.1). In den Vorjahren waren die Verhältnisse ähnlich; allerdings gehörte Afghanistan 2016 und 2017 anstelle von Iran zu den wichtigsten
drei Herkunftsländern.[95]

Der typische Asylbewerber ist männlich, jung und musli-
mischen Glaubens. So wurden 2018 56,7 % der Asylerstanträ-
ge von Männern gestellt; 74,1 % der Antragsteller waren jünger
als 30 Jahre und 60,9 % waren Anhänger des Propheten Mo-
hammed.[96] Ähnliche Beobachtungen wurden in den Vorjahren
gemacht und es ist nicht abzusehen, dass sich daran etwas ändern wird. Man wird folglich von einer großen kulturellen Distanz zwischen den Neuankömmlingen und der deutschen Bevölkerung sprechen können – sowohl in ethnischer als auch
in sprachlicher und religiöser Hinsicht sowie im Hinblick auf
Traditionen und Verhaltensweisen. Dies war früher anders: Bis
1994 waren Osteuropäer die Hauptantragsteller, danach do-
minierten die Westbalkanstaaten die Herkunftsländerstatistik
bis zum Ausbruch der aktuellen Flüchtlingskrise.[97]

Wie ist es aber um die schulische bzw. berufliche Qualifikation der Flüchtlinge bestellt? In der bislang umfangreichsten
und aussagekräftigsten Studie wurden 2 349 Flüchtlinge zwischen Juni und Oktober 2016 unter anderem zu ihrer Bildungs-

Abb. 5.1 Hauptstaatsangehörigkeiten der Asylerstantragsteller im Jahr 2018

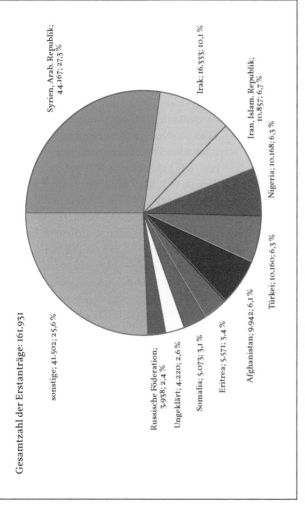

Gesamtzahl der Erstanträge: 161.931

Syrien, Arab. Republik; 44.167; 27,3 %

Irak; 16.333; 10,1 %

Iran, Islam. Republik; 10.857; 6,7 %

Nigeria; 10.168; 6,3 %

Türkei; 10.160; 6,3 %

Afghanistan; 9.942; 6,1 %

Eritrea; 5.571; 3,4 %

Somalia; 5.073; 3,1 %

Ungeklärt; 4.220; 2,6 %

Russische Föderation; 3.938; 2,4 %

sonstige; 41.502; 25,6 %

(Quelle: *Bundesamt für Migration und Flüchtlinge* 2019a, 8)

und Berufsbiographie befragt.[98] Die Ergebnisse fallen sehr er-
nüchternd aus: So haben 42 % der mindestens 18 Jahre alten
Flüchtlinge *keinen* Schulabschluss und 81 % weder eine abge-
schlossene berufliche Ausbildung noch ein abgeschlossenes
Studium; über 90 % der Flüchtlinge hatten bei ihrer Ankunft
überhaupt keine Deutschkenntnisse. Für eine realistische
Einschätzung der Qualifikation der Flüchtlinge ist natürlich
auch zu berücksichtigen, dass die Qualität von (Hoch-)Schul-
und Berufsausbildung in den Herkunftsstaaten der Flüchtlinge nicht mit der in Deutschland (oder anderen europäischen
Ländern) vergleichbar ist. Neuere, aber methodisch einfachere
und deshalb weniger aussagekräftige Untersuchungen kommen zu vergleichbaren Ergebnissen:[99] Von den *volljährigen*
Asylerstantragstellern des Jahres 2017, die Fragen zum Schulbesuch bzw. zur Berufstätigkeit beantworteten, hatten 30,5 %
als höchste Bildungseinrichtung eine Grundschule (!) besucht
und 32,6 % waren in ihrem Herkunftsland nicht berufstätig
gewesen. Von den berufstätig gewesenen Flüchtlingen übten
45,8 % einfache Tätigkeiten in den Bereichen Handwerk, La-
gerhaltung, Dienstleistungen, Land- und Forstwirtschaft und
Baugewerbe aus; Techniker und Ingenieure waren nur 5,6 %.
Die Tatsache, dass eine bestimmte Tätigkeit im Herkunftsland ausgeübt wurde, bedeutet jedoch noch nicht, dass auch
eine formale Berufsqualifikation vorliegt – ganz geschweige von einer in Deutschland anerkannten oder verwertbaren
Berufsqualifikation. So hatten im Januar 2018 86,4 % der Ar-
beitssuchenden aus acht der wichtigsten Herkunftsländer keinen berufsqualifizierenden Abschluss.[100]
    Im Übrigen muss man bei der Interpretation dieser und
ähnlicher Studienergebnisse immer bedenken, dass sie ausschließlich auf Selbstauskünften beruhen, die nicht durch
Zeugnisse belegt werden mussten und nicht nachgeprüft wurden. Es ist von daher nicht auszuschließen, dass Flüchtlinge
»geschönte« Angaben machen – etwa weil sie sich fälschlicher-
weise von besseren Qualifikationen eine höhere Anerken-
nungschance in ihrem Asylverfahren versprechen.[101]

Wie im Fall der kulturellen Distanz gilt auch hier, dass die Asylantragsteller in früheren Zeiten aus deutscher Sicht wesentlich unproblematischer waren: Sie waren besser gebildet, höher qualifiziert und hatten bessere Sprachkenntnisse.

KURZFRISTIGE KONSEQUENZEN

In der kurzen Frist spielen vor allem die Kosten für die Flüchtlingsversorgung eine Rolle, welche die öffentlichen Haushalte erheblich belasten. Kosten entstehen zunächst für Unterbringung, Verpflegung und medizinische Versorgung der Flüchtlinge, Sprach- und Integrationskurse sowie später Sozialleistungen (wie Sozialhilfe, Arbeitslosengeld II, Sozialgeld, Kindergeld oder Wohngeld). Je nach Annahmen über die Zahl der noch eintreffenden Flüchtlinge, deren Bleibequote und darüber, wie schnell und wie gut die Integration von statten gehen wird, differieren die Schätzungen der zu erwartenden Kosten. Aber nicht nur die künftigen Kosten sind nicht genau bezifferbar; erstaunlicherweise gilt dies auch für die schon angefallenen Kosten. Denn die flüchtlingsbezogenen Ausgaben verteilen sich auf Bund, Länder und Gemeinden; und da es keine eindeutige Definition dafür gibt, was genau unter »flüchtlingsbezogenen Ausgaben« zu verstehen ist, werden unter dieser Bezeichnung teilweise unterschiedliche Arten von Ausgaben verbucht. Zudem erfolgen Kostenerstattungen in unterschiedlichem Umfang zwischen den verschiedenen gebietskörperschaftlichen Ebenen, die die Datenlage weiter verkomplizieren. Es gibt also keine alles umfassenden, verlässlichen Zahlen, sondern man ist – auch für die Vergangenheit – auf mehr oder minder genaue Schätzungen angewiesen.[102]

Allein für Asylbewerber und abgelehnte Asylbewerber (also *ohne* die anerkannten Asylbewerber) und allein für direkt zurechenbare Leistungen nach dem Asylbewerberleistungs-

Tab. 5.2   Ausgaben im Rahmen des Asylbewerberleistungsgesetzes (2015–2017)

Ausgaben im Rahmen des Asyl-bewerberleistungsgesetzes	2015	2016	2017
Nettoausgaben in Mrd. €	5,231	9,235	5,604
Zahl der Empfänger	974 551	728 239	468 608
Nettoausgaben pro Empfänger in €	5367	12 681	11 959

(Datenquelle: *Bundesamt für Migration und Flüchtlinge* 2019b, 52–53)

gesetz (also z. B. für Unterkunft, Verpflegung oder Bekleidung) wurden zwischen 2015 und 2017 über € 20 Mrd. ausgegeben (siehe Tabelle 5.2).

Pro Kopf und Jahr fallen also ungefähr € 12 000 an Kosten für direkt zurechenbare Leistungen an.[103] Die entsprechenden Kosten für *anerkannte* Asylbewerber dürften noch höher sein, da diese den vollen Anspruch auf alle Leistungen des deutschen Sozialstaats haben. Ein Betrag von € 15 000 pro Kopf und Jahr für diese Personengruppe erscheint nicht als zu hoch gegriffen. Hinzu kommen jeweils noch die Kosten für die nicht direkt zurechenbaren Leistungen, also etwa für Deutsch- oder Integrationskurse, so dass man schnell bei € 20 000 pro Person und Jahr ist. Diese Kosten werden erst dann deutlich sinken, wenn die Flüchtlinge in den Arbeitsmarkt integriert sind, also zumindest teilweise den eigenen Lebensunterhalt selbst finanzieren können, *und* wenn weniger »neue« Flüchtlinge ankommen, als »alte« integriert werden.

Insgesamt wird man mit Kosten für die Flüchtlingsversorgung von ca. € 20 bis 25 Mrd. pro Jahr rechnen müssen – und zwar auf absehbare Zeit.[104] Diese Größenordnung entspricht auch den Angaben im Bundesfinanzplan von 2018 bis 2020:[105] Ohne die Ausgaben zur Fluchtursachenbekämpfung in den Herkunftsländern und ohne die Transfers zur Entlastung von Ländern und Gemeinden ergibt sich für 2017 (2018) eine Gesamtbelastung des Bundeshaushalts von € 7,40 Mrd. (€ 8,34 Mrd.). Addiert man diese Transfers in Höhe von € 6,56 Mrd. (€ 5,56 Mrd.), so beläuft sich die Gesamtbelastung des Bundes auf € 13,96 Mrd. (€ 13,90 Mrd.). Da der Bund nach Aussagen der Länder und Kommunen nur etwa die Hälfte der ihnen tatsächlich entstehenden Kosten erstattet, muss man zu diesen Summen nochmals mindestens die Transfers dazuzählen, um auf die Gesamtbelastung für Bund, Länder und Gemeinden zu kommen: € 20,52 Mrd. (€ 19,46 Mrd.). Die Zahl von € 20 bis 25 Mrd. pro Jahr dürfte dabei die Untergrenze der tatsächlich durch die Flüchtlingskrise entstehenden Kosten sein, da die Ausgaben für zusätzliche Lehrer, Polizisten, Richter und Sachbearbeiter nicht oder allenfalls zum Teil in diesem Betrag enthalten sind. Vielleicht erklärt sich auf diese Weise auch die Zahl von € 30 Mrd., die Bund, Länder und Gemeinden nach Angaben von Entwicklungshilfeminister Gerd Müller pro Jahr für Flüchtlinge ausgeben.[106] Setzt man diese Zahlen ins Verhältnis zum Bundeshaushalt, so wird deutlich, um welche Größenordnung es geht: 2018 gab der Bund z. B. für Forschung und Entwicklung € 17,5 Mrd. und für Verkehr und digitale Infrastruktur € 27,7 Mrd. aus.

Die Ausgaben für die Flüchtlinge erhöhen das Bruttoinlandsprodukt, da ja Flüchtlingsunterkünfte gebaut, Lebensmittel und Kleidung gekauft, neue Lehrer und Sachbearbeiter eingestellt werden und auf diese Weise die gesamtwirtschaftliche Nachfrage erhöht wird. Deshalb wurde mitunter behauptet, die Flüchtlingsausgaben würden »wie eine Konjunkturspritze« wirken und das Bruttoinlandsprodukt 2020 um 1,0 % erhöhen.[107] Das ist jedoch eine Milchmädchenrechnung: Allein durch die Flüchtlingszuwanderung in den Jahren 2015 bis 2018 hat sich die Bevölkerung um 1,525 Millionen oder 1,9 % erhöht, so dass die Ausgaben für die Flüchtlingskrise das Brut-

toinlandsprodukt *pro Kopf der Bevölkerung* nicht nur nicht erhöhen, sondern um 0,9 % senken.[108]

Man kann aber davon ausgehen, dass sich die negativen Wirkungen dieser Mehrausgaben auf das Durchschnitts-
einkommen in Grenzen halten und im Verhältnis zur Wirtschaftskraft Deutschlands beherrschbar sein werden: Bezogen
auf das Bruttoinlandsprodukt von 2018 machen € 20 Mrd.
0,6 % und € 30 Mrd. 0,9 % aus.

Neben (negativen) Wachstumswirkungen wird es auch zu
Verteilungswirkungen kommen. Zum einen profitieren offensichtlich die Flüchtlinge zu Lasten der einheimischen Bevölkerung, welche von den durch die Flüchtlingskrise verursachten Mehrausgaben belastet wird – entweder in Form höherer
Steuern oder der Verringerung staatlicher Ausgaben an anderer Stelle. Zum anderen gibt es auch Verteilungswirkungen innerhalb der einheimischen Bevölkerung. So profitieren
bestimmte Berufsgruppen von den Mehrausgaben. Hier sind
vor allem zu nennen Lehrer (insbesondere für Grund- und
Hauptschulen sowie in der Erwachsenenbildung), Sozialarbeiter, Sachbearbeiter in der mit Flüchtlingen befassten Verwaltung (z. B. im Bundesamt für Migration und Flüchtlinge) und
Rechtsanwälte (die Flüchtlinge vor Verwaltungsgerichten vertreten). Angehörige dieser Berufsgruppen können mit höheren Beschäftigungs- und Beförderungschancen und damit
tendenziell zunehmenden Einkommen rechnen. Einen Vorteil
dürften auch die Baubranche und die hier Beschäftigten ge-
habt haben, da Notunterkünfte und Erstaufnahmestellen ein-
gerichtet bzw. erweitert werden mussten. Die Mehrausgaben
für Flüchtlinge führen in den genannten Fällen zu steigenden
Einkommen, sodass die betreffenden Personengruppen auch
per Saldo, also unter Berücksichtigung der Einkommensstei-
gerung *und* der erwähnten Belastungen durch die Finanzierung der Mehrausgaben, profitieren dürften.

MITTELFRISTIGE KONSEQUENZEN

Kurzfristig sind die Flüchtlinge vollkommen auf staatliche Unterstützung angewiesen: Sie leben in Erstaufnahmeeinrichtungen und werden versorgt und betreut. Diese Phase dürfte im Regelfall zwischen sechs Monaten und zwei Jahren dauern. Nach Abschluss von Sprachkursen und anderen Qualifizierungsmaßnahmen schließt sich die Integrationsphase an: Die Flüchtlinge stehen prinzipiell dem Arbeitsmarkt zur Verfügung und werden sowohl in diesen als auch in den Wohnungsmarkt »integriert«. Dementsprechend erzielen sie zunehmend eigenes Einkommen und sind weniger auf staatliche Unterstützung angewiesen. Wie gut diese Integration funktioniert und welche Vor- und Nachteile sich daraus für die einheimische Bevölkerung ergeben, hängt wesentlich von der Qualifikation der Flüchtlinge ab (siehe Kapitel 2). Wie wir gesehen haben, ist es um diese nicht zum Besten bestellt. Nach anfänglichen Hoffnungen auf einen Beitrag der Flüchtlinge zur Linderung des sich abzeichnenden Fachkräftemangels herrscht nun weitgehend Konsens darüber, dass die Voraussetzungen für eine schnelle und erfolgreiche Integration in den deutschen Arbeitsmarkt bei dem größten Teil der Flüchtlinge nicht gegeben sind, sodass es im Durchschnitt mehr als fünf Jahre dauern wird, bis diese nachhaltig in den Arbeitsmarkt integriert sind.[109] Dies belegen aktuelle Zahlen der Bundesagentur für Arbeit zum Arbeitsmarkterfolg von Flüchtlingen aus acht der wichtigsten Herkunftsländer:[110] Im September 2018 betrug die Beschäftigungsquote für diese Flüchtlinge 31,6 % und die Arbeitslosenquote 36 %; 63,0 % bezogen Arbeitslosengeld II oder Sozialgeld (also Leistungen gemäß Sozialgesetzbuch II oder kurz SGB II). Bei der Interpretation der Beschäftigungsquote ist zu beachten, dass sich diese auf sozialversicherungspflichtige *und* geringfügige Beschäftigungen bezieht. Berechnet man getrennte Quoten für diese Beschäftigungsarten, so ergeben sich Werte von 25,4 % bzw. 6,2 %. Mit anderen Worten: Ein Fünftel der berufstätigen Flüchtlinge geht ausschließlich einer geringfügigen Beschäftigung nach. Im Vergleich zu diesen Flüchtlingen betrugen im September 2018 Beschäftigungsquote, Arbeitslosenquote und SGB-II-Quote der aus EU-Mitgliedsstaaten stammenden Ausländer 55,8 %, 7,1 % und 9,5 %; Deutsche erzielen wiederum nochmals bessere Ergebnisse mit Werten von 69,4 %, 4,8 % und 6,5 %. Zwar ist im Zeitablauf die Beschäftigungsquote der Flüchtlinge gestiegen und ihre Arbeitslosenquote gefallen: Erstere betrug im September 2017 nur 23,4 %, letztere noch 44,8 %.[111] Doch blieb die SBG-II-Quote von September 2017 (63,4 %) bis September 2018 (63,0 %) praktisch unverändert hoch. Obwohl die Arbeitsmarktintegration der Flüchtlinge also langsam Fortschritte macht, hat dies auf ihre Hilfsbedürftigkeit offenbar keinen Einfluss. Dies könnte daran liegen, dass Flüchtlinge vor allem im Niedriglohnsektor Fuß fassen und schlecht bezahlte, einfache Tätigkeiten, die keine besonderen Qualifikationen erfordern, ausüben. Sie erzielen deshalb nicht nur niedrige Löhne, die in vielen Fällen nicht zum Lebensunterhalt ausreichen, sondern sind auch überdurchschnittlich oft von Arbeitslosigkeit betroffen. In die Tat erfolgte selbst die Aufnahme von sozialversicherungspflichtigen Beschäftigungen zwischen Oktober 2017 und September 2018 zu 59,7 % in den Branchen Arbeitnehmerüberlassung, wirtschaftliche Dienstleistungen (z. B. Gebäudereinigung oder Logistik) und Gastgewerbe – Branchen, die vor allem deswegen gute Einstiegsmöglichkeiten bieten, weil sie sich durch eine hohe Personalfluktuation auszeichnen.[112] Diese Zahlen werden durch eine Längsschnittuntersuchung der Bundesagentur für Arbeit bestätigt, die die Arbeitsmarktintegration eine Kohorte von 32 509 Flüchtlingen analysierte, die erstmals im Juni 2016 von ihr betreut wurden, also als neuangekommene Flüchtlinge gelten können. Die Untersuchung begann im Juni 2016 und bisher liegen Ergebnisse bis zum Dezember 2017 vor. In diesem Zeitraum stieg die Beschäftigungsquote von 0 % auf 21,9 % (16,6 % sozialversicherungspflichtig Beschäftigte, 5,3 % ausschließlich geringfügig Beschäftigte). In den Branchen Arbeitnehmerüberlassung, Gebäudereinigung und Gastgewerbe waren im Dezember 2017 34,6 % der sozialversicherungspflichtig Beschäftigten und 36,0 % der ausschließlich geringfügig Beschäftigten tätig.[113] Die Verdienstmöglichkeiten sind in diesen Branchen eher niedrig: Erwartungsgemäß ermittelte eine repräsentative Untersuchung von zwischen Anfang 2013 und Ende 2016 zugewanderten Flüchtlingen für die Vollzeitbeschäftigten einen durchschnittlichen Bruttomonatsverdienst von ca. € 1 600 (was einem Stundenlohn von nur knapp über Mindestlohnniveau entspricht) und für alle Erwerbstätigen einen durchschnittlichen Bruttomonatsverdienst von nur ca. € 1 000.[114]

Aus diesen und ähnlichen Untersuchungen lassen sich drei Schlussfolgerungen ziehen: *Erstens*, die Arbeitsmarktintegration der Flüchtlinge geht sehr langsam von statten. *Zweitens,* sie erfolgt zu einem großen Teil im Niedriglohnsektor oder sogar nur im Rahmen geringfügiger Beschäftigungen. Und *drittens*, aus diesen beiden Gründen werden Flüchtlinge noch lange überdurchschnittlich häufig von Arbeitslosigkeit betroffen und auf staatliche Unterstützung angewiesen sein.

Daraus resultiert zum einen ein kurzfristiger Anstieg der Arbeitslosenquote in Deutschland. Zum anderen ergeben sich aber auch wesentlich gravierendere Konsequenzen, die sich auf der Grundlage unserer in Kapitel 2 gewonnenen Erkenntnisse unschwer ableiten lassen.

Insoweit eine Integration der Flüchtlinge in den Arbeitsmarkt im Sinne ihrer grundsätzlichen Beschäftigungsfähigkeit gelingt, ist vor allem mit zwei arbeitsmarktpolitischen Konsequenzen zu rechnen. Erstens wird durch die Zunahme des Erwerbspersonenpotentials die sich abzeichnende Entwicklung auf dem Arbeitsmarkt zugunsten der Arbeitnehmer zumindest gebremst, vielleicht sogar umgekehrt. Denn ohne Zuwanderung würde die Bevölkerung und damit das Arbeitsangebot abnehmen, sodass Arbeit knapper und die Verhandlungsposition der Arbeitnehmer besser werden würde. Dies würde tendenziell zu einer steigenden Lohnquote führen, d. h.

der Anteil der Löhne und Gehälter am Volkseinkommen würde zunehmen. Infolge der Flüchtlingskrise ist aber mit einem langsameren Anstieg, unter Umständen auch einem Rückgang der Lohnquote zu rechnen. Von dieser Entwicklung profitieren die Kapitaleigner bzw. die Arbeitgeber, die andernfalls eine Veränderung der funktionalen Einkommensverteilung zu ihren Lasten fürchten müssten.[115] Zweitens gibt es aber auch unter den Arbeitnehmern Gewinner. Da die Flüchtlinge (zumindest auf absehbare Zeit) fast ausschließlich für Arbeitsplätze in Frage kommen werden, die keine besonderen oder allenfalls geringe Qualifikationen erfordern, konkurrieren sie nur mit den einheimischen Arbeitskräften des Niedriglohnsektors. Die Löhne in diesem Bereich werden zwangsläufig sinken, insofern Lohnflexibilität nach unten besteht. Dagegen werden diejenigen Arbeitskräfte profitieren, die keinem Wettbewerb durch die Flüchtlinge ausgesetzt sind – also hochqualifizierte, gutverdienende Arbeitnehmer. Ihre Einkommen werden nicht nur nicht sinken, sondern sogar steigen.

In Deutschland ist die Lohnflexibilität nach unten durch den Mindestlohn beschränkt, der seit Beginn der Flüchtlingskrise auf € 9,19 pro Stunde erhöht wurde. Da deshalb die Flüchtlinge ihre geringen Qualifikationen nicht durch entsprechend niedrige Löhne ausgleichen können, hat der Mindestlohn zumindest zum Teil zu ihrer hohen Arbeitslosigkeit beigetragen.[116] Dies hat wiederum zu einer zusätzlichen Belastung der Sozialkassen geführt, die in der aktuell guten konjunkturellen Situation gut vertragen werden kann. Sollte sich dies aber ändern, sollte sich die Konjunktur deutlich verschlechtern und die Belastung der Sozialkassen stark ansteigen, wird der Druck auf den Mindestlohn zunehmen. Selbst wenn sich weder eine allgemeine Senkung des Mindestlohns noch Ausnahmen für Flüchtlinge durchsetzen lassen, wird der Mindestlohn durch den entstehenden Arbeitsangebotsdruck wahrscheinlich ausgehöhlt werden. Die Anstrengungen zur Durchsetzung des Mindestlohns werden nachlassen und Umgehungsversuche werden eher toleriert werden. Auch die Mindestlohnbeschäftigten selbst werden hinsichtlich der Einhaltung der Vorschriften weniger kritisch sein und zögern, auf ihrem Recht zu bestehen, wenn sie wissen, dass sie durch Flüchtlinge ersetzt werden können. Ganz abgesehen davon kann der Mindestlohn den zu erwartenden Lohndruck bei Niedriglöhnen im Bereich oberhalb des Mindestlohns nicht verhindern. Auch dieser hat sich angesichts der hohen Arbeitskräftenachfrage in allen Sektoren des Arbeitsmarkts noch nicht manifestiert – zumindest nicht offensichtlich in Form von Lohnsenkungen. Es ist aber durchaus möglich, dass die Flüchtlingskrise einen möglichen Lohnanstieg verhindert oder zumindest verringert hat.

Aus diesen Gründen wird auch der Mindestlohn auf Dauer nur wenig daran ändern, dass sich die Einkommensposition der gering oder gar nicht qualifizierten Arbeitskräfte verschlechtern wird. Die Niedrigverdiener werden die Verlierer der Veränderungen am Arbeitsmarkt sein, wohingegen die Höherverdiener von denselben profitieren werden. Dabei können letztere nicht nur, wie erwähnt, mit steigenden Einkommen rechnen, sondern sie werden auch auf der Ausgabenseite entlastet: Gerade Bezieher höherer Einkommen treten nämlich auch als Arbeitgeber auf – im Bereich der haushaltsnahen Dienstleistungen. Und in ihrer Eigenschaft als Arbeitgeber von z. B. Putzhilfen, Pflegekräften, Kindermädchen oder Gärtnern werden sie Vorteile durch die auch und vor allem bei diesen Beschäftigten sinkenden Löhne haben.[117] Im Übrigen ist damit zu rechnen, dass es zu steigenden Sozialversicherungsbeiträgen kommen wird, da die Ausgaben der gesetzlichen Sozialversicherungen für Flüchtlinge infolge von Arbeitslosigkeit oder eher niedriger Einkommen deren Beitragszahlungen übersteigen werden – eine Entwicklung, die aufgrund der Beitragsbemessungsgrenzen überproportional Niedrigverdiener belasten wird.[118] Insgesamt wird sich folglich sowohl die funktionale Einkommensverteilung (Lohn- vs. Zins- bzw. Gewinnquote) als auch die personale Einkommensverteilung (Anteil niedriger vs. Anteil hoher Einkommen am Volkseinkommen) in Richtung auf eine zunehmende Ungleichverteilung hin bewegen.

Nicht nur vom Arbeitsmarkt gehen negative Verteilungswirkungen aus. Diese sind auch durch die Konkurrenz zwischen Flüchtlingen und bestimmten Schichten der einheimischen Bevölkerung in ihrer Rolle als Nachfrager von vom Staat bereitgestellten Gütern zu erwarten. Dies betrifft zum einen Schulen und Kindergärten. Unter den Flüchtlingen befinden sich viele Kinder und Jugendliche, deren Zahl sich im Rahmen des Familiennachzugs weiter erhöhen wird; außerdem weisen Familien aus den Herkunftsländern der Flüchtlinge typischerweise eine größere Anzahl von Kindern auf als die deutsche Durchschnittsfamilie, was auch bei den schon bestehenden oder neu zu gründenden Familien der Flüchtlinge der Fall sein wird. Von daher wird die Zahl der Schulpflichtigen bzw. die Zahl der Schüler stark ansteigen. Davon betroffen werden zunächst vor allem Grund- und Hauptschulen sein und hier schwerpunktmäßig Schulen, in deren Bezirken Notunterkünfte und Erstaufnahmeeinrichtungen liegen. Da solche Einrichtungen typischerweise in eher »einfachen« Wohnlagen angesiedelt sind, also relativ dicht bebauten Gebieten mit kleinen, älteren und schlechter ausgestatteten Wohnungen, Wohnlagen mithin, in denen sich Flüchtlinge wahrscheinlich auch später niederlassen werden, wird es zu einem dauerhaften Anstieg der Schülerzahlen in den genannten Schulbezirken kommen. Trotz der Neuanstellung von Lehrern wird sich dies, nicht zuletzt infolge der beschränkten Raumkapazität der Schulen, in sich verschlechternden Unterrichtsbedingungen für die einheimische Bevölkerung äußern: Die Klassenstärke nimmt zu und die Unterrichtsqualität nimmt wegen der sprachlichen Defizite der neuen Schüler ab. Schon die Übergangsklassen, in denen Flüchtlingskinder auf den Regelunterricht vorbereitet werden, funktionieren aufgrund der großen Heterogenität der Schüler nicht wie geplant, sodass es nicht verwunderlich ist, wenn es auch in Regelklassen mit hohen Flüchtlingsanteilen große Probleme gibt. Darunter leiden vor allem die eher lernschwachen Schüler, die nun weniger gut gefördert werden können.[119]

Verlassen die Flüchtlinge die Notunterkünfte und Erstaufnahmeeinrichtungen, so gehören sie aufgrund ihres aller Voraussicht nach nicht vorhandenen oder sehr geringen eigenen Einkommens zum Kreis der Nachfrager von Sozialwohnungen.[120] Da diese nur nach sozialen Kriterien (also vor allem Familiengröße und Einkommenshöhe) und nicht nach nationalen Kriterien vergeben werden (dürfen), ist damit zu rechnen, dass bei der Neuvergabe von Sozialwohnungen Flüchtlingsfamilien vor einheimischen Familien den Vorzug erhalten (müssen), da jene die genannten sozialen Kriterien typischerweise in einem höheren Grad erfüllen als diese. In manchen Kommunen werden Einheimische gegenüber Flüchtlingen sogar benachteiligt: Um in Stuttgart auf die Warteliste für eine Sozialwohnung zu kommen, muss man mindestens drei Jahre als Einwohner bei der Stadt gemeldet sein. Flüchtlinge, die der Stadt zugewiesen werden, können sich dagegen sofort auf die Warteliste setzen lassen.[121] Probleme treten aber auch auf dem freien Wohnungsmarkt auf. Flüchtlinge werden vor allem billige Wohnungen in einfachen Wohnlagen nachfragen, sodass es hier zu Mietpreissteigerungen und Versorgungsengpässen kommen wird, insbesondere in den wirtschaftlich attraktiven Ballungszentren. »Die Flüchtlingskrise hat nicht vieles, sondern alles verändert und verschärft die Wohnungskrise«, konstatiert etwa Markus Gruhn, der Vorstandsvorsitzende des Landesverbands Berlin-Brandenburg des Rings Deutscher Makler.[122] Darunter werden vor allem die Schichten der einheimischen Bevölkerung leiden, die niedrige Einkommen beziehen oder auf staatliche Unterstützung angewiesen sind. Denn diese sind es, mit denen die Flüchtlinge in direkte Konkurrenz treten werden – die Mieten für kleine und einfache Wohnungen werden steigen, nicht diejenigen für Villen oder Luxusappartements.

LANGFRISTIGE KONSEQUENZEN

Bekanntlich sieht sich Deutschland einem demographischen Problem gegenüber: Die Bevölkerung altert und schrumpft und damit altert und schrumpft auch das Erwerbspersonenpotential. Dadurch wird die Stabilität des Systems der sozialen Sicherung gefährdet, da es immer weniger Beitragszahler zur Finanzierung der gleichzeitig steigenden Ausgaben gibt; und dadurch droht ein Fachkräftemangel in verschiedenen Sektoren unserer Volkswirtschaft. Die Hoffnung, die viele zu Beginn der Flüchtlingskrise hatten und die einige immer noch haben, die Hoffnung nämlich, dass die Zuwanderung der Flüchtlinge dieses demographische Problem zumindest entschärfen, vielleicht sogar lösen könnte, hat sich als Fata Morgana erwiesen. Zwar altert und schrumpft das Erwerbspersonenpotential durch den Zuzug der meist jungen Flüchtlinge weniger schnell als dies sonst der Fall sein würde.[123] Aber angesichts der geringen Erwerbsbeteiligung der Flüchtlinge ist es zumindest fraglich, ob sich dies auf die Zahl der tatsächlich Erwerbstätigen spürbar auswirken wird. Nicht fraglich ist dagegen, dass die Flüchtlinge die Fachkräftelücke nicht schließen werden können. Dazu ist ihre Qualifikation viel zu schlecht. Es gibt zwar durchaus Iraner, die als Ärzte, Iraker, die als Techniker und Syrer, die als Ingenieure tätig sind – aber sie sind die großen Ausnahmen unter ihren Landsleuten, die – wenn sie nicht ohnehin arbeitslos sind – sich als Lagerarbeiter, Hilfsgärtner und Reinigungskräfte verdingen.

Infolge dessen werden die Sozialkassen nicht nur nicht entlastet, sondern sogar weiter belastet. Schon die vor Beginn der Flüchtlingskrise ansässigen Ausländer generieren im Durchschnitt deutlich weniger an Steuern und Sozialabgaben als sie an Kosten für die von ihnen in Anspruch genommenen Sozialleistungen verursachen. Von daher ist es so gut wie sicher, dass die Flüchtlinge, die deutlich schlechter als die schon hier lebenden Ausländer qualifiziert sind und deshalb im Durchschnitt weniger verdienen und weniger Abgaben entrichten werden, eine noch größere Last für die öffentlichen Haushalte darstellen werden. Dies liegt vor allem daran, dass in der Kranken- und Pflegeversicherung die Leistungen unabhängig von den Beiträgen und damit vom Einkommen sind und es auch in der Rentenversicherung versicherungsfremde, d. h. beitragsunabhängige, Leistungen gibt (z. B. die Mütterrente oder die Grundsicherung). Folglich belastet eine Person die öffentlichen Haushalte umso stärker, je geringer ihr Einkommen ist, da die gezahlten Abgaben mit fallendem Einkommen deutlich stärker zurückgehen als die Ausgaben für die von ihr in Anspruch genommenen Leistungen.

Diese Erwartungen bestätigen Gerrit Manthei und Bernd Raffelhüschen in ihrer neuen Studie, in der die fiskalischen Effekte der Flüchtlingskrise mittels der Methode der Generationenbilanzierung (siehe Kapitel 2) untersucht werden.[124] Die Autoren gehen dabei von einem durch die Flüchtlingskrise induzierten Zuwanderungsstrom von 1,4 Millionen Personen aus und unterstellen optimistischerweise, erstens, dass diese durchschnittlich innerhalb von sechs Jahren integriert werden, zweitens, dass sie dann pro Kopf die gleichen Abgaben zahlen und die gleichen Sozialausgaben verursachen wie die bereits in Deutschland ansässigen Ausländer, und drittens, dass die Folgegenerationen in dem Sinn vollständig integriert sein werden, dass sie in fiskalischer Hinsicht dem Durchschnitt der einheimischen Bevölkerung entsprechen. Unter diesen Voraussetzungen wird sich die schon bestehende Nachhaltigkeitslücke in den öffentlichen Finanzen durch die Flüchtlingskrise von 220,6 % des Bruttoinlandsprodukts von 2015 auf 230,1 % vergrößern, also um 9,5 Prozentpunkte, was € 289,6 Mrd. entspricht. Mit anderen Worten: Jeder Flüchtling belastet die öffentlichen Kassen im Laufe seines Lebens mit ungefähr € 207 000! Und dabei handelt es sich nur um die *Untergrenze* der Belastung: Zum einen beruhen die genannten Zahlen auf sehr optimistischen Annahmen; zum anderen sind zusätzliche Staatsausgaben, die zwar durch die Flüchtlingskrise verursacht worden sind, aber sich nicht in Sozialausgaben zugunsten der Flüchtlinge niederschlagen, nicht berücksichtigt bzw. nicht der Flüchtlingskrise zugeschrieben worden – also etwa die Ausgaben für die Versorgung der Flüchtlinge nach ihrer Ankunft oder die Ausgaben für zusätzliche Lehrer, Polizisten und Richter.

Neben dem fiskalischen Effekt ist langfristig auch die Entwicklung der Diversität wichtig. Diese hat aufgrund der großen kulturellen Distanz zwischen Flüchtlingen und einheimischer Bevölkerung deutlich zugenommen – und wird mit dem Zustrom weiterer Flüchtlinge oder Familiennachzügler weiter wachsen. Wie genau die Konsequenzen aussehen werden, lässt sich im Moment noch nicht genau sagen. Aber erste Erfahrungen deuten darauf hin, dass sie jedenfalls nicht positiv sein werden. Einerseits ist offensichtlich, dass die Flüchtlinge weder das Konsumgutangebot in Deutschland bereichern werden, noch hier nicht vorhandene Kenntnisse und Fähigkeiten mitbringen. Andererseits führen die Verhaltensweisen, Wertvorstellungen und Überzeugungen der Flüchtlinge, die sich doch sehr von denen der einheimischen Bevölkerung unterscheiden, schon jetzt zu Problemen: Islamischer Fanatismus und die Bereitschaft zur Gewalt gegen »Ungläubige« haben die Sicherheitslage in Deutschland verschlechtert und z.B. die Errichtung von Barrieren bei Weihnachtsmärkten oder Volksfesten und die Durchführung von umfangreichen Personen- und Gepäckkontrollen bei Fußballspielen oder Konzerten notwendig gemacht. Auch können sich Frauen heute weniger frei und ungezwungen als früher in der Öffentlichkeit bewegen – jedenfalls nicht abends oder nachts und nicht ohne männliche Begleitung, da die Gefahr besteht, dass sie sonst von jungen Muslimen als »Freiwild« angesehen werden. Und hält es irgendjemand für möglich, dass heutzutage auf einer deutschen Bühne ein islamkritisches Drama wie »Mahomet der Prophet« von Voltaire aufgeführt werden könnte?

Die Wahrscheinlichkeit, tatsächlich Opfer eines Gewaltverbrechens zu werden, mag nicht signifikant angestiegen sein, aber allein die durch die neue Bedrohungslage erzwungenen Sicherheitsmaßnahmen und Verhaltensänderungen führen zu Nutzeneinbußen für die einheimische Bevölkerung. Es deutet also vieles darauf hin, dass die Diversität in Deutschland in den letzten Jahren zu stark zugenommen hat.

ENDE GUT, ALLES GUT?

Unsere Beobachtungen haben ein ernüchterndes Bild von den Konsequenzen der Flüchtlingskrise in Deutschland gezeichnet: Die einheimische Bevölkerung wird nicht nur von den unmittelbaren Kosten der Flüchtlingsversorgung belastet, sondern es kommt auch zu erheblichen Verteilungsproblemen durch die geschilderten Arbeitsmarkt-, Wohnungsmarkt- und Lehrqualitätseffekte. Die sozioökonomische Position der Bezieher niedriger Einkommen wird sich verschlechtern, wohingegen Kapitalbesitzer und die Bezieher hoher Einkommen profitieren werden. Man kann in diesem Zusammenhang von einem *Dilemma der Integration* sprechen: Je besser die Integration der Flüchtlinge gelingt, je mehr Flüchtlinge am Arbeitsmarkt als Anbieter und am Wohnungsmarkt als Nachfrager auftreten werden, desto ausgeprägter werden die negativen Verteilungseffekte sein. Ob diese durch zusätzliche Umverteilungsmaßnahmen korrigiert werden, darf deshalb bezweifelt werden, da bei einer zunehmend heterogener werdenden Gesellschaft die Bereitschaft zur Akzeptanz umverteilender Maßnahmen tendenziell abnimmt, wie wir in Kapitel 3 erfahren haben.[125] Das bedeutet *nicht*, dass Flüchtlinge überhaupt nicht integriert werden sollen. Die *auf Dauer in Deutschland verbleibenden* Flüchtlinge müssen selbstverständlich so gut wie möglich integriert werden – um ihnen gesellschaftliche Teilhabe und ein Leben in Würde zu ermöglichen, um keine Produktionsfaktoren zu verschwenden, um die Sozialkassen nicht noch mehr zu belasten und um die Entstehung von Parallelgesellschaften und Ghettos zu verhindern. Aber das bedeutet, dass man genau überlegen sollte, *wem* man gestattet, auf Dauer in Deutschland zu bleiben.

Diesen Problemen stehen keine langfristigen Vorteile gegenüber – im Gegenteil. Infolge der geringen Qualifikation der Flüchtlinge ist nicht mit zusätzlichen Wachstumseffekten zu rechnen und die öffentlichen Haushalte werden nicht entlastet, sondern zusätzlich belastet. Und von Seiten der zunehmenden Diversität sind ebenfalls eher negative Effekte zu erwarten.

Daran wird auch die Integration der Flüchtlinge nichts ändern: Von Seiten der Politik wird zwar immer die Integration beschworen und bei jeder Gelegenheit gebetsmühlenartig angemahnt. Aber die Integration ist *kein* Allheilmittel; sie ist nur eine notwendige, *nicht* eine hinreichende Bedingung dafür, dass Zuwanderung Vorteile für die einheimische Bevölkerung bringt und, um nochmals die Präambel des UN-Migrationspakts zu zitieren, eine »Quelle des Wohlstands« darstellt. Wenn hunderttausende von Flüchtlingen als Mindestlohnempfänger in den Niedriglohnsektor integriert werden, dann ist das keine Quelle des Wohlstands, sondern eine Quelle sozialer und politischer Konflikte und wirtschaftlicher Verluste. Durch die Integration dieser Menschen können zwar die Kosten und Verluste im Vergleich zur Nichtintegration vermindert werden aber sicher nicht in Erträge und Gewinne verwandelt werden. Der Appell von Tobias Hentze vom Institut der deutschen Wirtschaft müsste also nicht lauten: »Fördern – oder es kann teuer werden!«, sondern »Fördern – oder es wird *noch* teurer werden!«[126] Denn teuer wird es so oder so …

Die Situation zum Besseren ändern würde lediglich die konsequente Rückführung aller gering qualifizierten Flüchtlinge, deren Schutzgrund weggefallen ist oder von vorneherein gar nicht bestanden hat (siehe dazu Kapitel 7 und 8).

Aber vielleicht sehen wir ja etwas zu schwarz? Vielleicht wird ja am Ende doch noch alles gut? Es könnte gelingen, die

Qualifikation der Flüchtlinge dauerhaft und deutlich zu verbessern. Die Unternehmen würden dann in neues Kapital investieren, da dann die entsprechend qualifizierten Arbeitskräfte vorhanden wären. Dies würde bedeuten, dass der beschriebene Vorteil für die Kapitaleigner und die damit einhergehende Zunahme der Ungleichheit der funktionalen Einkommensverteilung nicht von Dauer sein würden. Gleichzeitig würde auch die personelle Einkommensverteilung wieder gleichmäßiger werden, da mit verbesserter Qualifikation die Konkurrenz und der Lohndruck im Niedriglohnbereich abnehmen würden. Von einer solchen Entwicklung würden weitere positive Effekte ausgehen: Der drohende Fachkräftemangel würde zumindest abgeschwächt werden, die sozialen Sicherungssysteme würden entlastet werden und damit würde auch die drohende Nachhaltigkeitslücke verkleinert werden. Unter diesen Voraussetzungen könnte sogar das Pro-Kopf-Einkommen der einheimischen Bevölkerung durch den Flüchtlingszuzug steigen. Damit einhergehen würde auch eine Entlastung des Wohnungsmarktes – nicht so sehr dadurch, dass im Zeitablauf neue Sozialwohnungen gebaut werden würden, sondern vor allem dadurch, dass die Nachfrage sich von den einfacheren auf die höherwertigeren Wohnungen verlagern würde. Um dieses Szenario zu realisieren, wäre es auch möglich, nicht (nur) die Flüchtlinge zu qualifizieren, sondern (auch) die Qualifikation der einheimischen Niedriglohnbeschäftigten zu verbessern. Diese könnten dann besser bezahlte Arbeiten übernehmen und die Flüchtlinge könnten auf die dann freien Arbeitsplätze »nachrücken«. Aus Sicht der einheimischen Bevölkerung wäre diese Alternative offensichtlich vorzuziehen, doch setzt dies voraus, dass bei den einheimischen Arbeitskräften ein entsprechendes Qualifikationspotential, das bislang nicht ausgeschöpft wurde, vorhanden ist – was eher fraglich erscheint.

Ein solches Szenario ist nicht ausgeschlossen, muss aber vom heutigen Standpunkt aus als äußerst unwahrscheinlich bezeichnet werden. Die Flüchtlings- und Migrationspolitik daran auszurichten ist ungefähr so, wie wenn ein Privathaushalt seine Konsumpläne an der Chance auf einen Lottohauptgewinn ausrichten würde.

KAPITEL 6

Unangenehme Wahrheiten und andere Tabus

*»Die Flüchtlingskosten werden auf viele Etats verteilt. Wer bei
der Berliner Regierung nach der Gesamtsumme fragt, wird in ein
Labyrinth von Statistiken und Zuständigkeiten geschickt. Nur
die eine entscheidende Zahl gibt es nicht: die aller Aufwendungen
für einen klar definierten Personenkreis. Für ein Land, das sonst
jede Schraube zählt, ist das nur mit der Angst vor dem Bürger
zu erklären.«*

Diese von der Neuen Züricher Zeitung offerierte Erklärung ist
eine der möglichen Antworten auf die Frage, die sich man-
cher Leser nach der Lektüre von Kapitel 5 stellen mag:[127] Warum ist in der politischen Diskussion kaum die Rede von den
von uns in diesem Kapitel aufgezeigten Problemen? In der
Tat besteht einiger Anlass zur Verwunderung: Offensichtliche
Probleme werden entweder nicht oder nur gewunden thematisiert. Unter den etablierten Parteien scheint ein gewisser
Konsens darüber zu bestehen, dass man gewisse Dinge besser
nicht anspricht und sich stattdessen in Zweckoptimismus und
Durchhalteparolen (»Wir schaffen das!«) ergeht. Diesem für
eine liberale Demokratie doch sehr erstaunlichen Phänomen
wollen wir in diesem Kapitel versuchen auf den Grund zu gehen. Zu diesem Zweck betrachten wir nicht nur die Strategien
zur Tabuisierung sowohl der Probleme als auch möglicher Lösungen, sondern spekulieren auch über die mutmaßlichen Beweggründe der etablierten Politiker.

123

© Springer Fachmedien Wiesbaden GmbH, ein Teil von Springer Nature 2019
F. Söllner, *System statt Chaos*, https://doi.org/10.1007/978-3-658-25378-3_7

Gerade bei diesem Thema ist es wichtig zu betonen, dass wir uns auch hier, so wie in unserer gesamten Diskussion, von der Grundannahme der Ökonomie leiten lassen – dass nämlich Menschen bestrebt sind, ihren Nutzen zu maximieren (vgl. Kapitel 1). Wie die Neue Politische Ökonomie betont, muss diese Verhaltensannahme für *alle* Bereiche menschlichen Handelns gelten, wenn Widersprüche oder Inkonsistenzen bei der Beschreibung bzw. Erklärung des menschlichen Handelns vermieden werden sollen: Sie muss also *auch* für das Handeln der politischen Akteure gelten.

PROBLEME? WELCHE PROBLEME?

In der öffentlichen Diskussion werden viele der mit der Flüchtlingskrise einhergehenden Probleme ignoriert oder verniedlicht. Das betrifft das ganze Problemspektrum – von den kurzfristigen über die mittelfristigen bis zu den langfristigen Problemen.

Was erstere angeht, so ist bezeichnend, dass es immer noch keine genaue und umfassende Aufstellung der durch die Flüchtlingskrise verursachten zusätzlichen Staatsausgaben gibt und man immer noch auf mehr oder weniger genaue Schätzungen angewiesen ist.

Auch die in mittlerer Sicht zu erwartenden negativen Verteilungseffekte werden systematisch totgeschwiegen. Wenn es einmal ein (etablierter) Politiker wagen sollte, auf diese aufmerksam zu machen, sieht er sich heftigen Angriffen ausgesetzt. Das prominenteste Beispiel hierfür ist sicher die Ko-Fraktionsvorsitzende der Partei DIE LINKE im Deutschen Bundestag, Sahra Wagenknecht. Als sie die Flüchtlingspolitik der Bundesregierung kritisierte und zur Begründung die Nachteile anführte, die Geringverdiener vor allem auf dem Arbeits- und dem Wohnungsmarkt durch den Zustrom von Flüchtlingen erleiden würden, wurde sie sowohl von politischen Gegnern als auch von »Parteifreunden« scharf dafür kritisiert: Sie würde Arme und Flüchtlinge gegeneinander ausspielen und so die soziale und politische Spaltung im Land befördern.[128] Wohlgemerkt: Ihre Aussagen selbst wurden nicht angezweifelt; niemand hat abgestritten oder auch nur versucht zu widerlegen, dass die von ihr angesprochenen Probleme tatsächlich bestehen. Sie wurde nur dafür angegriffen, dass sie es gewagt hat, auf diese Probleme aufmerksam zu machen! In Fällen wie diesen, wenn die Sorgen der Geringverdiener doch einmal thematisiert werden (müssen), besteht eine beliebte Strategie darin, auf langfristige Wachstumswirkungen zu verweisen, die schließlich alle Probleme lösen und von denen dann auch die Geringverdiener profitieren würden. Dabei scheint es keine Rolle zu spielen, dass diese langfristigen Wachstumswirkungen illusorisch sind – im Gegensatz zu den sehr realen Verteilungsproblemen.

Aber zumindest diese eine Seite der negativen Verteilungswirkungen, nämlich die Gefährdung der sozioökonomischen Position der Geringverdiener, wird immerhin ab und zu – nicht zuletzt dank Sahra Wagenknecht – in den Medien erwähnt. Vollkommenes Stillschweigen herrscht dagegen, was die andere Seite der negativen Verteilungseffekte angeht, also die Vorteile für Gutverdiener und Arbeitgeber. Dieses Tabu scheint noch viel strenger zu sein. In der öffentlichen Debatte finden diese Vorteile keinerlei Erwähnung. Aber weder die Vorteile noch die Nachteile verschwinden einfach dadurch, dass man sie verschweigt oder die Augen vor ihnen schließt – und es steht zu vermuten, dass sowohl diejenigen, die profitieren, als auch diejenigen, die verlieren, sich ihrer persönlichen Betroffenheit recht gut bewusst sind.

Und wie sieht es mit den langfristigen Problemen aus? Untersuchungen wie die von uns in Kapitel 5 zitierte zu den langfristigen fiskalischen Folgen der Flüchtlingskrise werden ignoriert: Die hohe Belastung der Staatshaushalte und die Gefahren für unser System der sozialen Sicherung existieren für die Politik offenbar nicht! Stattdessen wird Zuversicht verbreitet und der angebliche Beitrag der Flüchtlinge zur Lösung unseres demographischen Problems und des Fachkräftemangels unverdrossen beschworen – als ob sich dieser nicht schon längst als reines Wunschdenken erwiesen hätte.

SCHEINLÖSUNGEN UND SYMBOLPOLITIK

Wenn Probleme ignoriert, geleugnet oder verniedlicht werden, dann benötigt man natürlich auch keine Lösungen oder Reformen, die diesen Namen wirklich verdienen. Anstelle sich mit dem Grundproblem der Gemeinsamen Europäischen Asylpolitik auseinander zu setzen, den drei Asylrichtlinien, wird ein Nebenkriegsschauplatz in Gestalt der Dublin-III-Verordnung eröffnet (siehe Kapitel 4). Integration wird als einfache Lösung aller Probleme propagiert – obwohl diese *kein* Allheilmittel ist (siehe Kapitel 5) und obwohl diese sinnvollerweise erst als *zweiter* Schritt erfolgen kann, nämlich *nach* der Entscheidung darüber, wie viele und welche Flüchtlinge überhaupt integriert werden sollen.

Die Notwendigkeit grundlegender und effektiver Lösungsansätze wird genauso geleugnet wie die Existenz gravierender Probleme. Wenn sich dennoch einmal ein Politiker aus den Reihen der etablierten Parteien mit einem auch nur scheinbar radikalen Lösungsvorschlag aus der Deckung wagen sollte, läuft er sehr leicht Gefahr, dass Schicksal von Sahra Wagenknecht zu teilen und sich heftigen Attacken ausgesetzt zu sehen. Diese Erfahrung musste Friedrich Merz im November 2018 während des Kampfes um den CDU-Parteivorsitz machen.[129] Als er das grundgesetzlich garantierte Recht auf Asyl in Frage stellte und einen »gesetzlichen Vorbehalt« im Grundgesetz forderte, um europäische Lösungen in der Flüchtlingspolitik zu erleichtern bzw. erst zu ermöglichen, schlug ihm eine Welle der Entrüstung entgegen – und zwar nicht nur aus konkurrierenden Parteien, sondern auch aus der eigenen Partei.

Es darf vermutet werden, dass Merz über diese Reaktion nicht wenig verwundert gewesen ist. Schließlich wollte er ja nur beim konservativen und merkelkritischen Flügel der CDU auf Stimmenfang gehen – mit etwas Symbolpolitik. Denn man darf sich von der lauten Empörung über Merz nicht in die Irre führen lassen: Sein Vorschlag war und ist für die deutsche Flüchtlingspolitik völlig irrelevant. Wie in Kapitel 4 erläutert, könnte man den Artikel 16a des Grundgesetzes ohne weiteres vollständig streichen, ohne dass deswegen ein einziger Flüchtling weniger nach Deutschland kommen bzw. hier anerkannt werden würde. Und auch der Vorbehalt zugunsten des Europarechts existiert schon lange – wenngleich nicht in Gesetzesform, aber als etablierter Grundsatz der Rechtsprechung. So betonte das Bundesverwaltungsgericht in seinem Urteil vom 7. 11. 2011 den Anwendungsvorrang des europäischen Rechts und die Notwendigkeit, »das Grundrecht auf Asyl richtlinienkonform auszulegen«. Bei der Richtlinie, die hier gemeint ist, handelt es sich um die Vorläuferin der aktuellen Qualifikations- bzw. Anerkennungsrichtlinie; und eine »richtlinienkonforme Auslegung« impliziert, dass das grundgesetzliche Asylrecht nur insoweit gewährt werden darf, als es dieser Richtlinie, d. h. als es Europarecht, nicht zuwiderläuft.[130] Abgesehen davon gibt es nicht nur den Europarechtsvorbehalt schon lange, sondern auch die von Merz geforderte europäische Flüchtlingspolitik. Friedrich Merz als Jurist und ehemaliger Richter hätte all dies eigentlich wissen müssen ...

Ein weiteres, vielleicht noch besseres Beispiel für die Scheingefechte, die in der Migrations- und Flüchtlingspolitik geführt werden, ist die leidige Debatte um die Flüchtlingsobergrenze. Eine solche wurde von der CSU vehement gefordert und von ihren Regierungspartnern, der CDU und der SPD, ebenso vehement abgelehnt.[131] Beide Seiten haben Recht – in gewisser Weise: Die CSU hat mit ihrer Forderung Recht, weil eine Obergrenze der Flüchtlingsaufnahme unverzichtbar für eine rationale Flüchtlingspolitik ist; und die beiden anderen Parteien haben mit ihrer Ablehnung Recht, weil die Obergrenze voll-

kommen nutzlos ist, wenn nicht gleichzeitig die Flüchtlingspolitik grundlegend geändert wird. Dazu würde eine grundlegende Reform nicht nur der Dublin-III-Verordnung, sondern
des gesamten Gemeinsamen Europäischen Asylsystems gehören und auch die Zeitgemäßheit von Genfer Flüchtlingskonvention und Europäischer Menschenrechtskonvention müsste auf den Prüfstand gestellt werden (siehe dazu ausführlich
die Kapitel 7 und 8). Aber genau dazu kann und will man sich
nicht durchringen. Stattdessen hat man sich im Koalitionsvertrag vom 12. März 2018 auf einen Kompromiss verständigt,
den man beim besten Willen nicht anders als faul bezeichnen
kann. Die Vertragsparteien stellen lapidar fest, »dass die Zu-
wanderungszahlen (...) 180 000 bis 220 000 nicht übersteigen
werden.«[132] Gleichzeitig bekennen sie sich auf derselben Seite, ein paar Zeilen weiter oben, unter anderem »strikt (...) zu
den aus dem Recht der EU resultierenden Verpflichtungen«. Es
wird also nicht nur nicht ausgeführt, wie die Obergrenze von
»180 000 bis 200 000« eingehalten werden soll, sondern es
werden grundlegende Reformen, ohne die eine solche Obergrenze sinnlos ist, praktisch ausgeschlossen. Es dürfte schwer-
fallen, ein besseres Beispiel für Symbolpolitik zu finden, als
diese Obergrenze im Koalitionsvertrag.

DER ZUSAMMENBRUCH DER RESPONSIVITÄT

Sowohl die Weigerung, Probleme offen anzusprechen, als auch
der Unwillen, sich um effektive Lösungen für diese Probleme
zu bemühen, lassen sich aus Sicht der Demokratietheorie als
Mangel an Responsivität beschreiben.

In einer repräsentativen Demokratie, wie sie in Deutschland existiert, unterbreiten Parteien und die von ihnen auf-
gestellten Kandidaten den Wählern unterschiedliche politische Programme. Diese Kandidaten bzw. Parteien streben als
»politische Unternehmer« nach einer Maximierung der Wäh-

lerstimmenzahl und formulieren ihre Programme dementsprechend. Die Wähler entscheiden sich für das politische Angebot, das ihren Wünschen und Vorstellungen am ehesten entspricht – idealerweise nachdem sie sich ausführlich über die verschiedenen Programme informiert haben. Nach der Wahl versuchen dann die gewählten Repräsentanten, das umzusetzen, was sie vor der Wahl versprochen haben – entweder, wenn sie die Mehrheit bilden, in Form der Regierungspolitik oder, wenn sie zur Minderheit gehören, in Form der Oppositionspolitik. Dies führt dazu, dass die jeweilige Regierungspolitik in aller Regel von einer Mehrheit der Wähler befürwortet wird und, was langfristig für die Stabilität der repräsentativen Demokratie noch wichtiger ist, dass das politische System als solches von (fast) allen Wählern akzeptiert wird – in dem Wissen, dass ihre Wünsche und Vorstellungen in der einen oder anderen Form Berücksichtigung finden, weil die politischen Parteien und ihre Kandidaten auf diese Wünsche und Vorstellungen und deren mögliche Änderung im Zeitablauf reagieren werden. Dies entspricht dem Idealbild der »responsiven« Demokratie, die sich durch eine »Kette« von Aktions-Reaktions-Beziehungen zwischen den politischen Akteuren auszeichnet, welche sicherstellen, dass sich auch in einer repräsentativen (und nicht nur in einer direkten) Demokratie die Präferenzen der Wähler in der Politik der Regierung niederschlagen.[133] Diese »Kette der Responsivität« kann in der Realität an der einen oder anderen Stelle unterbrochen werden, wodurch der tatsächliche Prozess der politischen Willensbildung mehr oder weniger von dem geschilderten Idealbild abweichen kann.

Ein bemerkenswertes Beispiel eines solchen Zusammenbruchs der Responsivität erlebte Deutschland im Fall der aktuellen Flüchtlingskrise.[134] Obwohl der Themenkomplex »Ausländer, Migration und Flüchtlinge« seit 2014, also schon im Vorfeld der Flüchtlingskrise, in der Wählerschaft stark an Bedeutung gewonnen hat und die Einstellung gegenüber Zuwanderung deutlich kritischer geworden ist, wurde diesem Thema

von den etablierten Parteien zunächst weder im Wahlkampf
noch in ihren politischen Programmen ein entsprechend pro-
minenter Platz eingeräumt. Dies mag teilweise an der Fehlein-
schätzung der Wählerpräferenzen gelegen haben, ist aber vor
allem auf eine systematische Divergenz zwischen den diesbezüglichen Präferenzen der Wähler und denen der Parteieliten
zurückzuführen: Aus Sicht der Wähler *jeder* etablierten Partei
sind die Positionen der jeweiligen Partei in der Migrationspolitik permissiver und zuwanderungsfreundlicher als die eigenen Positionen – was in besonders starkem Maß für die SPD
und deren Wähler gilt. Die Politik der etablierten deutschen
Parteien entspricht damit nicht dem Idealbild der responsiven
Demokratie. Es liegt eine Funktionsstörung dergestalt vor, dass
die etablierten Parteien es versäumt haben und, wie wir gesehen haben, immer noch versäumen, »unter den Wählern als
wichtig erachtete Thematiken aufzugreifen und ideologisch-
programmatische Verschiebungen in der Wählerschaft bei der
Festlegung der eigenen Positionen einzubeziehen.«[135] Aber wie
die Natur verabscheut auch die Politik ein Vakuum: Politische
Positionen, die vielen Wählern sehr wichtig sind, bleiben nicht
lange unbesetzt, da sich durch das Aufgreifen dieser Positionen Wählerstimmen gewinnen lassen.

»Dadurch, dass die anderen Parteien nicht früh genug das Thema
Flüchtlinge und Integration hervorgehoben und die in der Bevölkerung vorhandenen skeptischen Positionen zu einem adäquaten Grad
aufgegriffen haben, war keine Responsivität gegeben, so dass ein
Wahlerfolg der AfD begünstigt wurde.«[136]

Der Ansatz der responsiven Demokratie beschreibt lediglich
das Versagen der etablierten Parteien und erklärt dadurch
das Erstarken einer neuen, alternativen Partei. Er erklärt aber
nicht, *warum* es zu dem Zusammenbruch der Responsivität auf
dem Gebiet der Flüchtlings- bzw. Migrationspolitik gekommen ist.

ERKLÄRUNGSANSÄTZE: INTERESSENPOLITIK, OHNMACHT ODER NAIVITÄT?

Es stellt sich also weiterhin die Frage, aus welchen Gründen in der öffentlichen Diskussion der Flüchtlingskrise weder die bestehenden Probleme noch die zur Lösung dieser Probleme geeigneten Maßnahmen offen angesprochen werden. Wir wollen versuchen, diese Fragen zu beantworten, wenngleich unsere Antworten einen eher spekulativen Charakter haben werden. Denn die Motivforschung ist ein notorisch schwieriges Geschäft: Über die Beweggründe anderer Menschen wird man kaum Gewissheit erlangen können. Es sei an dieser Stelle betont, dass es uns *nicht* um die Gründe für oder gegen eine bestimmte Asylpolitik geht, sondern um die möglichen Gründe für das Verschweigen unangenehmer Wahrheiten und die Tabuisierung unbequemer Maßnahmen.

Im Wesentlichen bieten sich drei Erklärungsansätze an, die mit den Schlagworten »Interessenpolitik«, »Ohnmacht« und »Naivität« überschrieben werden sollen.

Erstens könnten bestimmte kritische Sachverhalte absichtlich verschwiegen werden – mit dem Ziel, eigene Interessen unauffälliger und damit effektiver verfolgen zu können. Diese Erklärung spricht besonders Ökonomen an, die ja nicht nur Nutzenmaximierung, sondern in der Praxis häufig die Maximierung des Einkommens bzw. Vermögens unterstellen (siehe Kapitel 1). Wie wir in Kapitel 5 gesehen haben, profitieren Arbeitgeber und gutverdienende, hoch qualifizierte Arbeitnehmer von der Flüchtlingskrise, durch die viele Geringqualifizierte ins Land gekommen sind. Es liegt im Interesse dieser Begünstigten, dass die gegenwärtige Flüchtlingspolitik fortgesetzt wird. Dazu ist es hilfreich, wenn einerseits die damit für andere gesellschaftliche Gruppen einhergehenden Probleme möglichst unter den Teppich gekehrt werden und wenn andererseits die eigenen Interessen unter dem Deckmantel des Allgemeininteresses oder hehrer Ideale verfolgt werden. Diese Strategie hat sich in gesellschaftlichen Verteilungskonflikten schon seit langem bewährt: Wenn etwa Landwirte höhere Subventionen fordern, dann tun sie das nicht mit der Begründung, ein höheres Einkommen erzielen zu wollen, sondern um die Landschaft besser pflegen, die Natur besser schützen oder die Nutztiere besser behandeln zu können. Genauso werden die Profiteure der Flüchtlingskrise in der öffentlichen Debatte selbstverständlich nicht mit ihrem Eigeninteresse argumentieren, sondern sie werden die aktuelle Politik mit Verweis auf internationale Verantwortung, humanitäre Verpflichtungen oder zukünftige gesamtwirtschaftliche Vorteile verteidigen.

Eine solche Vorgehensweise liegt auch im Interesse der Politiker der etablierten Parteien. Dies gilt einerseits aus rein ökonomischer, oder besser: aus finanzieller, Sicht, da sie als Gutverdiener auch zu den Gewinnern der Flüchtlingskrise gehören. Andererseits legt auch das Ziel der Wählerstimmenmaximierung bzw. des Machterhalts ein solches Vorgehen nahe. Zum einen sind die Bürger, die von der gegenwärtigen Politik profitieren, aus verschiedenen Gründen einflussreicher als der Durchschnittswähler: Sie gehen mit einer größeren Wahrscheinlichkeit zur Wahl; sie sind stärker in den Parteien engagiert; und sie sind eher bereit und in der Lage, politische Parteien auch finanziell zu unterstützen. Zum anderen können die Politiker der etablierten Parteien, die ja die Flüchtlings- und Migrationspolitik zu verantworten haben, auf diese Weise versuchen, Wählerstimmenverluste zu vermeiden. Niemand gibt gerne zu, dass er einen Fehler gemacht hat. Und wenn es scheinbar keine oder zumindest keine allzu großen Probleme gibt, dann wurden keine Fehler gemacht, dann ist keine grundlegende Änderung der Politik notwendig und dann gibt es auch keinen Grund, eine andere Partei zu wählen. Das Motiv der Politiker ist also in diesem Fall die von der Neuen Züricher Zeitung ins Feld geführte »Angst vor dem Bürger«. Da jedoch die bestehenden Probleme kaum vollständig geleugnet werden können, muss man sich als Politiker durchlavieren, indem man einerseits Zuversicht verbreitet, dass am Ende alles gut wird, und andererseits die Scheinlösung »Integration« propagiert. Auf diese Weise kann man versuchen, es irgendwie allen Recht zu machen: Man tut ja etwas und nimmt scheinbar die Probleme ernst, aber da ja eigentlich nicht wirklich etwas geändert wird, verdirbt man es sich gleichzeitig nicht mit denen, die von der gegenwärtigen Politik profitieren – und handelt ebenfalls nicht gegen die eigenen wirtschaftlichen Interessen.

Zweitens kann das Verhalten der etablierten Parteien und ihrer Vertreter auch die Folge des Wissens um die eigene Ohnmacht sein. Wir haben in Kapitel 4 schon darauf hingewiesen und werden in Kapitel 8 noch ausführlicher darauf eingehen: Die Reform der deutschen Flüchtlingspolitik ist auf rein nationaler Ebene so gut wie unmöglich; die deutsche Politik kann von sich aus dieses Problem nicht lösen. Von daher sehen sich die Parteien in einem Konflikt gefangen – dem Konflikt zwischen ihrem Gestaltungsanspruch und den Gestaltungserwartungen der Wähler einerseits und den begrenzten Gestaltungsmöglichkeiten andererseits. Die etablierten Politiker und Parteien werden kaum die eigene Ohnmacht zugeben, da sie fürchten müssen, sich den Unwillen der Wähler zuzuziehen – wegen ihrer Unfähigkeit, auf die flüchtlingspolitischen Präferenzen der Wähler einzugehen, aber auch wegen der Politik, die zu diesem Unvermögen geführt hat. So liegt es nahe, sich mit Symbolpolitik und substanzloser Rhetorik aus der Affäre zu ziehen.

Der Unterschied zwischen dem ersten und dem zweiten Erklärungsansatz besteht darin, dass sich im ersten Fall die Politiker bewusst für eine Politik entscheiden, die bestimmte gesellschaftliche Gruppen begünstigt, wohingegen sie im zweiten Fall zwar dieselbe Politik betreiben, aber dies deshalb tun, weil sie aufgrund von Sachzwängen und rechtlichen Vorgaben gar nicht anders können. In beiden Fällen liegt es aber in ihrem Interesse, dass die aus dieser Politik resultierenden Probleme nicht thematisiert und offen angesprochen werden. Das Ergebnis ist also dasselbe und beide Erklärungsansätze widersprechen sich nicht, sondern ergänzen sich.

Drittens kann die Ignoranz von Problemen und der Notwen-

digkeit von Reformen Ergebnis von Naivität sein.[137] Denn die
erwähnten »hehren Ideale« müssen ja nicht in jedem Fall nur
vorgetäuscht sein. Wenn man gute Absichten hat und nur das
Beste will, dann können die Resultate doch unmöglich schlecht
sein? Eine Politik, die Humanität, Solidarität, Wohltätigkeit
und Toleranz anstrebt, muss doch einfach genauso »gut« sein
wie die Motive, die hinter ihr stehen. Mit anderen Worten: Es
kann nicht sein, was nicht sein darf! Philosophisch geneig-
te Leser mögen hier an Max Weber und seine Unterscheidung
zwischen *Gesinnungsethik* und *Verantwortungsethik* denken.[138]
Stark vereinfacht könnte man diese wie folgt beschreiben: Für
den Gesinnungsethiker ist eine Handlung dann gut, wenn sie
einer »guten« Gesinnung entspringt, d. h. wenn sie durch bestimmte »gute« Prinzipien, Werte oder Ideale motiviert ist –
und zwar unabhängig von den Konsequenzen der Handlung.
Der Verantwortungsethiker dagegen konzentriert sich auf
eben diese Konsequenzen und übernimmt dafür die Verantwortung, weil er diese sich und seinen Handlungen zurechnen
lässt; dementsprechend ist eine Handlung dann gut, wenn sie
»gute« Ergebnisse zeitigt – und zwar unabhängig von der jeweiligen Intention.[139]

Wenn man Flüchtlings- und Migrationspolitik gesinnungs-
ethisch betreibt, dann interessieren ihre Konsequenzen prinzipiell nicht, wenn nur »gute« Absichten verfolgt werden
und das Handeln von ethisch wertvollen Prinzipien geleitet
wird. Diese Haltung habe ich wohlwollenderweise als »naiv«
bezeichnet. Man könnte sie aber auch »verantwortungslos«
nennen; man *muss* sie jedenfalls dann »verantwortungslos« nennen, wenn die (negativen) Konsequenzen nicht nur
aus Prinzip ignoriert, sondern bewusst geleugnet werden –
was im Übrigen sicher kein Zeichen einer besonders ethischen
Gesinnung wäre.

Ich wage zu behaupten, dass alle drei Erklärungen gleichzeitig zutreffen – mit welchen Gewichten in jedem Einzelfall
sei einmal dahingestellt. Ich kann mir nur schwer vorstellen,
dass bei allen oder auch nur den meisten politischen Akteu-

ren der reine Eigennutz die einzige Rolle spielt. Vielmehr bin ich durchaus bereit, ihnen auch ein gewisses Maß an Altruismus und Idealismus zuzugestehen – und diese altruistische und idealistische Motivation mag, zumindest zum Teil, dafür verantwortlich sein, dass man Probleme nicht sehen will und verdrängt. Allerdings vermag ich mir auch nicht vorzustellen, dass nicht *auch* das Eigeninteresse eine gewisse Rolle spielt. Für die Politiker der etablierten Parteien ist es natürlich sehr bequem, dass der gesinnungsethische Ansatz in ihrem Fall nicht im Widerspruch zu den Geboten des politischen Selbsterhaltungstriebs steht. Und es fällt natürlich dann besonders leicht, sich auf Werte und Ideale zu fokussieren und Konsequenzen zu vernachlässigen, wenn diese Konsequenzen für einen selbst vorteilhaft (oder zumindest nicht nachteilig) ausfallen – wenn also nicht die eigenen Kinder unter sich verschlechternden Unterrichtsbedingungen zu leiden haben, wenn man nicht von Mietsteigerungen betroffen ist, weil man im Eigenheim lebt, wenn nicht der eigene Arbeitsplatz und nicht das eigene Einkommen unsicher werden. Unter solchen Umständen kann man leicht Gesinnungsethiker sein.

Sollte es denn wirklich reiner Zufall sein, dass Menschen tendenziell Migranten und Flüchtlingen umso positiver gegenüberstehen, je mehr sie von diesen profitieren und je weniger sie durch diese verlieren? Und hat die positive Korrelation zwischen dem Niveau der Bildung und der Bereitschaft, Migranten und Flüchtlinge willkommen zu heißen, wirklich nichts damit zu tun, dass es die gut Ausgebildeten und Hochqualifizierten sind, die hohe Einkommen erzielen und sich deshalb keine Sorgen über den Zustrom gering qualifizierter Migranten machen müssen?

Man könnte in diesem Zusammenhang statt von Gesinnungsethik auch von Doppelmoral sprechen, wie dies Sahra Wagenknecht tut, die sich über diejenigen beklagt, die »ihr eigenes gutes Gefühl in einer Willkommenskultur pflegen, um dann die realen Verteilungskämpfe in ein Milieu zu verbannen, das sich weit weg vom eigenen Leben befindet«.[140]

Es lassen sich also durchaus verschiedene Gründe finden
für die Aversion, Probleme zu benennen und effektive Lösungen vorzuschlagen. Und diese Gründe mögen auch durchaus
nachvollziehbar und verständlich sein – aus Sicht der betroffenen Akteure. Dennoch kann es in einer liberalen Demokratie
nur von Nachteil sein, wenn die öffentliche Debatte und Mei-
nungsbildung *nicht* vorurteilsfrei und tabulos erfolgt, sondern
gewisse Tatsachen nicht offen angesprochen werden. Dies wi-
derspricht nicht nur dem Idealbild des mündigen Bürgers,
der sich gut informiert seine Meinung bildet und auf dieser
Grundlage politisch agiert, also insbesondere seine Stimme
abgibt, sondern auch dem Idealbild der responsiven Demokratie. Die Folge davon kann sein, dass bei den Bürgern nicht nur
Unzufriedenheit mit den etablierten Parteien, sondern auch
Verdruss mit unserem politischen System und der Demokratie
überhaupt hervorgerufen wird. Denn die dauerhafte Akzeptanz der repräsentativen Demokratie bei den Bürgern hängt
wesentlich davon ab, dass sie nicht nur repräsentativ, sondern
auch in hohem Maße responsiv ist. Insoweit das nicht (mehr)
der Fall ist, droht Gefahr für die Stabilität unserer Demokratie
und den Zusammenhalt unserer Gesellschaft.

DRITTER TEIL:
WEGE AUS DER KRISE

KAPITEL 7

Wie muss eine rationale Migrationspolitik aussehen?

Die Migrationspolitik ist dann rational (im ökonomischen Sinn), wenn sie auf konsistenten Zielen beruht und Maßnahmen bzw. Instrumente beinhaltet, die geeignet sind, diese Ziele *effektiv* und *effizient* zu erreichen.[141] »Effektiv« bedeutet, dass man die Ziele mit großer Wahrscheinlichkeit auch tatsächlich erreicht; »effizient« bezieht sich auf den Mitteleinsatz, d.h. die Ziele werden mit den geringstmöglichen Kosten erreicht. Diese Anforderungen gelten unabhängig davon, wie genau die Ziele definiert werden, also wie großzügig oder wie restriktiv die Migrationspolitik auch sein mag. Idealerweise sollte eine rationale Migrationspolitik also in zwei Schritten formuliert werden: erstens, die Zieldefinition, und zweitens, die Auswahl der am besten geeigneten Instrumente.

Diesen Verlauf werden wir im Folgenden anhand verschiedener Fragen nachvollziehen, die bei der Formulierung einer rationalen Migrationspolitik beantwortet werden müssen. Der erste Schritt, die Festlegung der Ziele, ist dabei zwangsläufig ein politischer: Ziele sind nicht objektiv oder wissenschaftlich ableitbar, sondern letzten Endes Wertentscheidungen, die politisch getroffen werden müssen. Dennoch beschränkt sich die Rolle der Wissenschaft im Allgemeinen und der Ökonomie im Besonderen *nicht* auf die Analyse der verschiedenen Instrumente zur Realisierung politisch vorgegebener Ziele. Vielmehr kann und muss sie auch einen Beitrag dazu leisten, dass diese Ziele auf Grundlage aller relevanten Informationen aus-

139

© Springer Fachmedien Wiesbaden GmbH, ein Teil von Springer Nature 2019
F. Söllner, *System statt Chaos*, https://doi.org/10.1007/978-3-658-25378-3_8

gewählt werden. Zu diesem Zweck sind insbesondere die Erreichbarkeit verschiedener möglicher Ziele und deren Vereinbarkeit miteinander sowie die Konsequenzen, die sich aus der Realisierung dieser Ziele ergeben, zu analysieren. Nicht zuletzt deshalb stellt die von mir gewählte Reihenfolge der Beantwortung der zentralen migrationspolitischen Fragen *keine* konkrete Handlungsempfehlung dar, an die sich Politiker sklavisch halten sollten – ganz im Gegenteil: Es ist sicher sinnvoll, migrationspolitische Instrumente zu analysieren, bevor die migrationspolitischen Ziele bestimmt werden. Zum einen ist es von Vorteil, schon bei der Zielformulierung zu wissen, welche Instrumente überhaupt zur Verfügung stehen – und damit, welche Ziele überhaupt erreichbar sind. Zum anderen werden unnötige Verzögerungen vermieden, wenn nach Abschluss der Zielfindungsphase schon eine Auswahl von Instrumenten zur Verfügung steht.

Für die folgenden Überlegungen sind zwei unserer Prämissen von zentraler Bedeutung, an die deshalb hier kurz erinnert sei (siehe Kapitel 1). *Erstens* werden wir »de lege ferenda« vorgehen, d. h. wir überlegen uns, wie eine rationale Migrationspolitik aussehen sollte, *ohne* auf die gegenwärtig existierenden rechtlichen Rahmenbedingungen Rücksicht zu nehmen. Diese beziehen wir im folgenden Kapitel 8 in unsere Überlegungen ein, wenn wir fragen, welche konkreten Schritte notwendig sind, um die deutsche bzw. europäische Migrationspolitik rational zu gestalten. *Zweitens* nehmen wir den nationalökonomischen Standpunkt ein, d. h. wir konzentrieren uns auf das Wohlergehen der Bevölkerung und die Entwicklung der Volkswirtschaft des Ziellandes der Migration, in unserem Fall also Deutschlands. Selbstverständlich ist dies nicht der einzige mögliche Standpunkt. Im abschließenden Kapitel 9 werde wir auch auf andere Sichtweisen eingehen.

BRAUCHEN WIR ÜBERHAUPT MIGRATIONSPOLITIK?

Nach all unseren bisherigen Überlegungen mag diese Frage überraschen, aber man muss sie sich dennoch stellen, um die Notwendigkeit der Migrationspolitik gegenüber denjenigen verteidigen zu können, die Migrationspolitik nicht nur nicht für notwendig, sondern sogar für schädlich halten. Diese Position ist keineswegs nur eine theoretische Möglichkeit, sondern wird in der deutschen Politik tatsächlich vertreten: »Wir fordern offene Grenzen für alle Menschen.« Mit dieser Forderung bekennt sich die Partei DIE LINKE in ihrem aktuellen Parteiprogramm, das 2011 verabschiedet wurde, zum Prinzip der globalen Freizügigkeit – eine Forderung, die erstaunlicherweise selbst nach dem Ausbruch der Flüchtlingskrise im Wahlprogramm für die Bundestagswahl 2017 bekräftigt wurde.[142] Es verwundert deshalb kaum, dass Sahra Wagenknecht in dieser Partei mit ihren migrationspolitischen Überlegungen auf verlorenem Posten steht ...

Nicht ohne Grund haben wir bei der Diskussion der Verantwortung für die Flüchtlingskrise am Ende von Kapitel 4 darauf hingewiesen, dass sich die »Schuldfrage« nur dann stellt, wenn man die Flüchtlingskrise auch als Krise auffasst, d. h. einen Zustrom von Migranten in diesem Ausmaß, in dieser Zusammensetzung und in dieser Geschwindigkeit ablehnt. Wenn man dagegen das Prinzip der globalen Freizügigkeit vertritt, also der Meinung ist, dass jeder zu jeder Zeit in jedes Land ziehen und sich dort niederlassen können soll, dann ist die Flüchtlingskrise natürlich *keine* Krise – oder nur insoweit als Migranten an der Einreise gehindert werden und sie dadurch in Lebensgefahr geraten. Und dann benötigt man ebenso natürlich *keine* Migrationspolitik – sondern allenfalls eine wie auch immer geartete Integrationspolitik. Aus *ökonomischer* Sicht könnte man eine solche Position mit den auf globaler Ebene positiven Wohlfahrtseffekten begründen. Allerdings sind diese, wie wir in Kapitel 2 gesehen haben, in der Realität nicht so exorbitant hoch, wie häufig von Apologeten der totalen Freizügigkeit behauptet wird. Aus *nationalökonomischer* Sicht interessiert außerdem nicht der globale Wohlfahrtssaldo, sondern die Wirkung auf das jeweilige Zielland. Da nicht nur positive, sondern auch negative Effekte auf die Bevölkerungen der Zielländer zu erwarten sind – letztere vor allem, aber nicht nur, was die Verteilung angeht – ist es klar, dass nur eine gesteuerte und begrenzte Migration im Interesse der Zielländer sein kann. Vom nationalökonomischen Standpunkt aus wird man also die Notwendigkeit einer Migrationspolitik mit an Sicherheit grenzender Wahrscheinlichkeit bejahen müssen. Eine kleine, nur theoretische Einschränkung ist allerdings zu beachten: Sollte die Bevölkerung eines Ziellandes so altruistisch sein, dass sie die Vorteile der potentiellen Migranten genauso hoch gewichtet wie die eigenen Nachteile, dann kann es auch im (entsprechend weit definierten) Interesse einer solchen Bevölkerung sein, unbegrenzte Migration zu erlauben und auf Migrationspolitik zu verzichten. Allerdings erscheint dieses Ausmaß an Altruismus und Hintanstellung der eigenen Interessen eher selten zu sein, sodass man diesen Sonderfall getrost vernachlässigen kann. Nicht ohne Grund wäre eine Politik der vollkommen offenen Grenzen in den Zielländern nicht mehrheitsfähig und damit politisch nicht durchsetzbar.

Aber es gibt eben nicht nur die ökonomische bzw. die nationalökonomische Perspektive: In Kapitel 9 werden wir auch andere, nichtökonomische Versuche kennenlernen, eine vollkommene Freizügigkeit zu rechtfertigen. Von daher wäre ein bewusster Verzicht auf Migrationspolitik auch *nur* vom nationalökonomischen Standpunkt aus *irrational* – und selbst dann nicht in jedem Fall, wie wir gesehen haben.

Für unsere Zwecke wollen wir aber annehmen, dass wir die Frage nach der Notwendigkeit der Migrationspolitik eindeutig bejahen können – eine Antwort, die sowohl mit der ökonomischen Vernunft als auch mit der politischen Realität am ehesten in Einklang steht. Und damit können wir uns nunmehr der

Ausgestaltung dieser Politik zuwenden. Die Migrationspolitik hat zwei Komponenten – die Einwanderungs- und die Flüchtlingspolitik. Aufgrund der jeweils unterschiedlichen Ziele, die mit ihnen sinnvollerweise verfolgt werden sollten, müssen diese beiden Bestandteile der Migrationspolitik grundsätzlich streng voneinander getrennt werden, obwohl es, wie wir sehen werden, einige wenige Berührungspunkte gibt.

WELCHE ZIELE SOLL DIE EINWANDERUNGS- POLITIK VERFOLGEN?

Um uns über die Ziele der Einwanderungspolitik verständigen zu können, müssen wir uns über die Konsequenzen verschiedener Ziele im Klaren sein. Hierfür werden wir auf die Erkenntnisse zurückgreifen, die wir uns in Kapitel 2 erarbeitet haben.

Wie wir gesehen hatten, *können* von der Einwanderung Vorteile für die Gesellschaft und die Volkswirtschaft des Ziellandes ausgehen: Demographische Probleme können gelöst, Engpässe am Arbeitsmarkt können vermieden, neue Ideen, Kenntnisse und Fähigkeiten können »importiert« werden. Hiervon können Wachstum und wirtschaftliche Entwicklung profitieren, was sich wiederum positiv auf die öffentlichen Haushalte und die Systeme sozialer Sicherung auswirkt. Alle diese möglichen positiven Effekte hängen ganz wesentlich von der Qualifikation der Einwanderer ab: Tendenziell wird die Wirtschaft – und damit die Bevölkerung – des Ziellandes umso mehr von Einwanderung profitieren, je höher qualifiziert die Einwanderer sind.

Allerdings existiert hier ein gewisser Interessenkonflikt innerhalb der einheimischen Bevölkerung, der die Verständigung auf die mit der Einwanderungspolitik zu verfolgenden Ziele erschweren kann – zumindest auf den ersten Blick. Da ja hochqualifizierte (niedrigqualifizierte) Einheimische von der Einwanderung Niedrigqualifizierter (Hochqualifizierter) profitieren und unter der Einwanderung Hochqualifizierter (Niedrigqualifizierter) leiden, werden sich die hochqualifizierten Einheimischen eher für die Einwanderung Niedrigqualifizierter und die niedrig qualifizierten Einheimischen eher für die Einwanderung Hochqualifizierter aussprechen. Dieser Interessenkonflikt verliert jedoch deutlich an Brisanz bei einer längerfristigen Betrachtung, also bei einer Betrachtung, die die längerfristigen Wachstumswirkungen der Einwanderung berücksichtigt. Denn dann ist es *auch* im Interesse der hochqualifizierten Einheimischen, wenn die Einwanderer so gut wie möglich qualifiziert sind. Die von diesen ausgelösten Wachstumsimpulse können nämlich dazu führen, dass *absolut* gesehen alle Einheimischen profitieren, obwohl sich die *relative* Position der Hochqualifizierten gegenüber den Niedrigqualifizierten verschlechtern wird. Dies wird genau dann der Fall sein, wenn der Wachstumseffekt größer als der Lohnstruktureffekt ist. Nehmen wir beispielsweise an, dass in der Ausgangssituation im Zielland die Hochqualifizierten ein Monatseinkommen von € 6 000 und die Niedrigqualifizierten eines von € 2 000 erzielen. Nehmen wir weiter an, dass die Einwanderung von qualifizierten Fachkräften zu einem Lohnstruktureffekt dergestalt führt, dass das Einkommen der Hochqualifizierten um 10 % sinkt und das der Niedrigqualifizierten um 10 % steigt, also auf € 5 400 bzw. € 2 200. Wenn aber durch die Wachstumseffekte gleichzeitig das durchschnittliche Pro-Kopf-Einkommen um 25 % steigen würde, also dann auf € 6 750 bzw. € 2 750, dann würden *alle* Einheimischen profitieren, da die Einkommen aller im Vergleich zur Ausgangssituation steigen würden. Angesichts dessen dürften die Hochqualifizierten die Verschlechterung ihrer relativen Einkommensposition leicht verkraften können: Sie verdienen jetzt nicht mehr das Dreifache, sondern »nur« noch das 2,45fache der Niedrigqualifizierten. Auch aus Sicht der Hochqualifizierten dürfte dieses Resultat dem einer Einwanderung von Niedrigqualifizierten vorzuziehen sein: Denn dann würde der Lohnstruktureffekt zwar zu ihren Gunsten ausfallen, aber der Wachstumseffekt würde für alle entfallen, sodass Hochqualifizierte dann €6600 (+10%) und Niedrigqualifizierte €1800 (−10%) pro Monat verdienen würden.[143]

Der angesprochene Interessenkonflikt lässt sich also überwinden – aber nur durch die Einwanderung von Hochqualifizierten. Einen zusätzlichen Vorteil könnte man, falls das Ziel der Vermeidung einer allzu großen Ungleichverteilung verfolgt wird, darin erblicken, dass die Einkommensverteilung durch die Einwanderung Hochqualifizierter tendenziell gleichmäßiger wird.[144] Außerdem würden auch die sonstigen Konsequenzen der Zuwanderung in dieselbe Richtung gehen, d.h. die einheimischen Niedrigqualifizierten bzw. Geringverdiener würden entweder entlastet, zumindest aber nicht zusätzlich belastet werden.[145]

Die positiven Verteilungs- und Wachstumseffekte sind tendenziell umso größer, je besser qualifiziert die Einwanderer sind. Es ist zu vermuten, dass dieser Zusammenhang hinter den Ergebnissen verschiedener Studien steckt, wonach sowohl hoch- als auch niedrigqualifizierte Einheimische generell der Zuwanderung von Hochqualifizierten wesentlich positiver gegenüberstehen als der von Geringqualifizierten.[146] Es liegt daher auf der Hand, dass zumindest ein Ziel der Einwanderungspolitik breite Zustimmung finden und allgemein akzeptiert werden wird: das Ziel, dass die Einwanderer möglichst gut qualifiziert sein sollen.

Die Bedeutung der Qualifikation wird sich in Zukunft durch den sich abzeichnenden Strukturwandel der Wirtschaft noch vergrößern: Im Zuge der fortschreitenden Digitalisierung (»Wirtschaft 4.0«) werden die Anforderungen an die Arbeitskräfte immer höher werden; viele Arbeitsplätze im Bereich von einfachen manuellen Tätigkeiten werden wegfallen und durch andere Arbeitsplätze ersetzt werden, für die eine gute Qualifikation benötigt werden wird. Deshalb sollte man bei der Qualifikation von Einwanderern nicht (nur) auf bestimmte, gegenwärtig gesuchte Anforderungsprofile abstellen, son-

dern auch auf wahrscheinlich in Zukunft erforderliche Qualifikationen oder das Potential zur Qualifizierung.

Ergänzend sollte man auch Wert legen auf eine gute Inte-
grierbarkeit, also auf eine nicht zu große kulturelle Distanz.
Ein Zielkonflikt scheint hier jedoch kaum zu bestehen: Denn
da mit höherer Qualifikation tendenziell auch bessere Sprachkenntnisse, geringere Traditionsverbundenheit und größere
Offenheit und Flexibilität einhergehen, also die Integrationsfähigkeit und -bereitschaft zunehmen, würde auch eine (an-
fänglich) große kulturelle Distanz einer zügigen und weitrei-
chenden Integration nicht im Wege stehen. Vollkommen außer
Acht lassen sollte man aber Faktoren wie Ethnizität bzw. Nationalität nicht, da sich ein deutlicher Zusammenhang zwischen Ethnizität auf der einen Seite und Arbeitsmarkterfolg
und Inanspruchnahme sozialer Leistungen auf der anderen
Seite nachweisen lässt – und zwar über mehrere Generationen
hinweg: »Die Ethnizität spielt eine Rolle und es scheint, als ob
sie für sehr lange Zeit eine Rolle spielt.«[147]

Neben diesen »qualitativen« Zielen muss man sich auch
noch auf das »quantitative« Ziel verständigen: Wie viele Einwanderer sollen eingeladen werden, auf Dauer im Zielland
zu leben und zu arbeiten, Familien zu gründen und Kinder
zu erziehen, Steuern und Abgaben zu zahlen und schließlich Bürger dieses Landes zu werden? Im Gegensatz zur »Ein-
wandererqualität« gibt es hier keine eindeutige Antwort. Das
quantitative Ziel hängt von den Verhältnissen jedes Ziellandes
ab, insbesondere von der demographischen Struktur und der
Reproduktionsrate der Bevölkerung sowie von der Erwerbsbeteiligung und der Arbeitskräfteproduktivität. Für Deutschland ist gemäß einer aktuellen Studie der Bertelsmann-Stiftung bis zum Jahr 2060 eine jährliche Nettozuwanderung von
260 000 Personen pro Jahr notwendig, um das für erforderlich
gehaltene Mindestniveau des Erwerbspersonenpotentials von
44,6 Millionen zu gewährleisten.[148] Insoweit das tatsächlich
erforderliche Erwerbspersonenpotential geringer sein sollte,
weil etwa die Arbeitskräfte infolge einer verbesserten Kapital-

ausstattung wesentlich produktiver sein sollten als vorherge-
sehen, sinkt natürlich die notwendige Nettozuwanderung.[149]

In Deutschland und in anderen EU-Ländern ist jedoch *nicht*
diese Nettozuwanderung Gegenstand der Einwanderungspolitik, sondern lediglich die *nach* der Nettozuwanderung
von EU-Ausländern eventuell noch für notwendig oder wünschenswert gehaltene Nettozuwanderung von Einwanderern
aus Drittstaaten. Denn Bürger von EU-Mitgliedsstaaten genießen in der gesamten EU vollkommene Freizügigkeit und können ohne Restriktion in jedes EU-Land ziehen, um dort zu leben und zu arbeiten. Sie können deshalb nicht Gegenstand der
Einwanderungspolitik sein und üben lediglich einen *indirekten*
Effekt auf diese aus: Die Zuwanderung von EU-Bürgern beeinflusst die Höhe der notwendigen bzw. erwünschten Zuwanderung aus Drittstaaten – und damit das quantitative Ziel der
Einwanderungspolitik. Die erwähnte Bertelsmann-Studie geht
von einer durchschnittlichen jährlichen Nettozuwanderung
aus EU-Staaten nach Deutschland von 114 000 Personen aus;
daraus ergibt sich ein »Restzuwanderungsbedarf« aus Drittstaaten von durchschnittlich 146 000 Personen pro Jahr.[150]

Abschließend sei noch darauf hingewiesen, dass mit der
Einwanderungspolitik und ihren Zielen selbstverständlich
auch kurzfristige, nicht auf Dauer angelegte Aufenthalte von
Ausländern zum Zweck der Erwerbstätigkeit vereinbar sind:
Auch wenn jemand nur temporär in Deutschland arbeiten will,
kann dies gesamtwirtschaftlich sinnvoll sein. Folglich muss
auch die Möglichkeit existieren, befristete Aufenthaltserlaubnisse zu vergeben – was aber nicht Gegenstand der eigentlichen Einwanderungspolitik ist.

WELCHE ZIELE SOLL DIE FLÜCHTLINGSPOLITIK VERFOLGEN?

Während es bei der Einwanderungspolitik ganz klar um die Wohlfahrt der Bevölkerung des Ziellandes geht, also um deren Eigeninteresse, bezieht sich die Flüchtlingspolitik ebenso klar auf das Wohlergehen anderer, nämlich das der Flüchtlinge. Dieses *kann* dann auch Gegenstand des Interesses der einheimischen Bevölkerung sein, falls und insoweit sie auch altruistische Präferenzen hat, d. h. falls und insoweit ihr neben dem eigenen auch das Wohlergehen anderer am Herzen liegt. Unter dieser Voraussetzung wird sie dazu bereit sein, Notleidenden in anderen Ländern zu helfen – indem Entwicklungshilfe oder bei Naturkatastrophen Nothilfe geleistet wird oder eben indem Flüchtlinge aufgenommen werden. Aus ökonomischer Sicht gibt es also *keinen* wie auch immer gearteten Anspruch auf Unterstützung oder Hilfe, sondern jedwede Unterstützung oder Hilfe leitet sich aus dem Wunsch und der Bereitschaft der einheimischen Bevölkerung ab, Unterstützung oder Hilfe zu leisten (siehe Kapitel 1): Daraus folgt unmittelbar, dass die Entscheidung darüber, wem, aus welchen Gründen wieviel und welche Hilfe gewährt wird, allein bei dem Land liegt, dass diese Hilfe gewährt, *nicht* bei den Hilfsbedürftigen bzw. Hilfesuchenden in anderen Ländern. Wie die altruistischen Präferenzen letztendlich motiviert sind – ob es sich um »echte« altruistische Präferenzen handelt oder ob doch das Eigeninteresse auch eine gewisse Rolle spielt –, ist dabei nicht wichtig. Sie können Mitgefühl mit dem Leiden anderer, der Anerkennung einer moralischen Pflicht zu helfen, dem Streben nach einer gerechteren Welt oder der Furcht vor terroristischen Bedrohungen entspringen.

Wir können davon ausgehen, dass die einheimische Bevölkerung jedes wohlhabenden Landes altruistische Präferenzen in einem gewissen Umfang hat. Wir müssen aber realistischerweise auch davon ausgehen, dass diese nicht so stark ausgeprägt sind, dass sie die auf das Eigeninteresse gerichteten Präferenzen dominieren. Bei den meisten Menschen wird wohl das eigene Wohlergehen und das der eigenen Angehörigen an erster Stelle stehen, sodass altruistische Neigungen nur in dem Maße gefolgt wird, als dadurch das Eigeninteresse nicht zu sehr beeinträchtigt wird.

Je nach Intensität dieser altruistischen Präferenzen bemisst sich das Ausmaß der Hilfeleistung für Menschen aus anderen Ländern, insbesondere aus Entwicklungsländern. Eine erste politische Entscheidung wäre demnach darüber zu treffen, wieviel Hilfe geleistet werden soll. Das könnte beispielsweise ein bestimmter Prozentsatz des Volkseinkommens bzw. des Bruttoinlandsprodukts sein. Dieser muss im Zeitablauf nicht konstant sein: Wenn ein Land wohlhabender wird, dürfte die Bereitschaft, etwas vom eigenen Wohlstand abzugeben, tendenziell steigen; und wenn das Ausmaß von Not und Elend in anderen Ländern infolge von Naturkatastrophen oder Kriegen zunimmt, wird wahrscheinlich die Hilfsbereitschaft ebenfalls zunehmen.

Die zweite Entscheidung betrifft die Aufteilung des »Hilfsfonds« auf Hilfe »vor Ort« in Form von Entwicklungs- und Nothilfe und auf Hilfe im Geberland durch die Aufnahme von Flüchtlingen. Die genaue Aufteilung wird von den jeweiligen Umständen bzw. der aktuellen weltpolitischen Lage abhängen; in jedem Fall wird man sich aber nicht auf eine der beiden Hilfsformen beschränken können. Auf der einen Seite ist Hilfe »vor Ort« unabdingbar. Da nicht alle von Armut, Katastrophen oder Kriegen betroffenen Menschen als Flüchtlinge aufgenommen werden können, muss versucht werden, ihre Lebensbedingungen im eigenen Land zu verbessern. Nur so kann man auch den Notleidendsten und Ärmsten helfen, da diese meist – aus finanziellen oder gesundheitlichen Gründen – nicht in der Lage sind, sich in ein weit entferntes Land auf den Weg zu machen. Abgesehen davon ist die Hilfe »vor Ort« auch in dem Sinn effizienter, als mit einem bestimmten Geldbetrag im Empfängerland mehr Menschen besser geholfen werden kann als im Geberland. Man überlege sich nur einmal, wie viele Menschen mit dem Geld, das nur für die Durchführung der Asylverfahren (also nur für Sachbearbeiter, Rechtsanwälte und Richter) in Deutschland ausgegeben wurde, ernährt und medizinisch versorgt hätten werden können … Auf der anderen Seite können nicht alle Hilfsleistungen »exportiert« werden; manchmal muss man die Hilfesuchenden »importieren«. Wenn politische Verfolgung stattfindet oder wenn ein Bürgerkrieg tobt, dann kann man den Betroffenen nur schwer im eigenen Land helfen, sondern muss diese als Flüchtlinge aufnehmen. In allen anderen Fällen, z. B. bei Naturkatastrophen, erscheint die Hilfe »vor Ort« sinnvoller, sodass man diejenigen *nicht* als Flüchtlinge aufnehmen sollte, die in ihrem Heimatland bleiben können und denen man dort Hilfe leisten kann – was für alle Wirtschaftsflüchtlinge gilt.

Wenn schließlich eine Entscheidung über die Höhe der zur Aufnahme von Flüchtlingen bestimmten Mittel getroffen wurde, ist als drittes festzulegen, wie großzügig diese Hilfe *pro Person* bemessen werden soll. Soll nur das Existenzminimum gesichert werden oder sollen Flüchtlingen dieselben Sozialleistungen wie Einheimischen gewährt werden? Von der Antwort auf diese Frage hängt ab, wie viele Flüchtlinge im Gastland mit einem bestimmten Budget versorgt werden können. Da man ja wahrscheinlich möglichst vielen Menschen helfen und möglichst viel Not lindern will, spricht einiges für die erste Alternative, d. h. die Beschränkung auf das Lebensnotwendige.[151] Hat man auf diese Weise die Zahl der Flüchtlinge, die im Aufnahmeland versorgt werden können, ermittelt, dann ergibt sich die Zahl der Flüchtlinge, die jedes Jahr aufgenommen werden können, aus der Länge der durchschnittlichen Aufenthaltsdauer der Flüchtlinge im Aufnahmeland: Je länger die Flüchtlinge bleiben, desto weniger Flüchtlinge können pro Jahr aufgenommen werden.[152] Schon allein deshalb sollte der Aufenthalt der Flüchtlinge so kurz wie nur möglich sein – damit andere Flüchtlinge, die einen akuten Fluchtgrund haben, für die Flüchtlinge »nachrücken« können, deren Fluchtgrund nicht mehr besteht. Im Übrigen liegt es in der Natur der Sache, dass Zuflucht nur vorübergehend gewährt wird: Bürgerkriege und andere Kriege dauern nicht ewig, Regierungen wechseln und politische Verfolgung hört auf. Wenn der Fluchtgrund nicht mehr besteht, gibt es aus der Sicht des Aufnahmelandes keinen Grund mehr, warum Flüchtlinge weiter im Land bleiben und nicht unverzüglich wieder in ihre Heimat zurückkehren sollten. Aus Sicht der Flüchtlinge mag es sehr wohl Gründe für einen längeren oder dauerhaften Aufenthalt im Gastland geben, aber diese können für die Entscheidung des Gastlandes, wem wie lange Zuflucht gewährt wird, keine Rolle spielen. Aus dessen Sicht ist ein Verbleib nach Wegfall des Fluchtgrundes nur dann zu rechtfertigen, wenn daraus *Vorteile für das Gastland* resultieren. Flüchtlinge können nämlich so gut qualifiziert sein, dass es im Interesse des Gastlandes ist, wenn sie auf Dauer bleiben. In solchen Fällen würde man den Betreffenden die Möglichkeit einräumen, als Einwanderer im Land zu bleiben; sie würden sich dann also nicht mehr in ihrer (alten) Rolle als Flüchtling, sondern in ihrer (neuen) Rolle als Einwanderer im Land aufhalten. Allen anderen Flüchtlingen, deren Aufenthalt nur Kosten verursachen und keine Vorteile für das Aufnahmeland mit sich bringen würde, darf die Einwanderungsoption natürlich nicht offeriert werden. Um es an dieser Stelle nochmals zu betonen: Flüchtlings- und Einwanderungspolitik verfolgen vollkommen unterschiedliche Ziele; sie müssen deshalb, abgesehen von dieser einen, gerade erläuterten Ausnahme, streng voneinander getrennt betrieben werden.

Grundsätzlich dürfen sich Flüchtlinge also nur vorübergehend in ihrem Gastland aufhalten, *nicht* auf Dauer. Von dieser Regel kann es nur in den Fällen Ausnahmen geben, in denen der Fluchtgrund auf absehbare Zeit bestehen bleiben wird. Wenn ein Dissident wegen regimekritischer Aktivitäten aus Nordkorea oder aus Saudi-Arabien fliehen muss, dann ist damit zu rechnen, dass er nie mehr in seine Heimat zurückkehren kann. Aber diese Fälle dürften zahlenmäßig einen verschwindend kleinen Anteil an allen Flüchtlingen ausmachen.

Es dürfte klar geworden sein, dass die Festsetzung einer

Obergrenze für die Aufnahme von Flüchtlingen unbedingt geboten ist. Einen Grund dafür haben wir schon angesprochen: Der Altruismus und die Hilfsbereitschaft der einheimischen Bevölkerung haben gewisse Grenzen, die beachtet werden müssen und die bei einer unbegrenzten Aufnahme von Flüchtlingen leicht überschritten werden können. Daneben gibt es noch zwei weitere Gründe: Erstens ist es faktisch nicht möglich, beliebig viele Flüchtlinge aufzunehmen. Unterstellen wir etwa, in Nigeria mit seinen über 160 Millionen Einwohnern würde ein Bürgerkrieg ausbrechen und es würden sich 20 oder 30 Millionen Flüchtlinge auf den Weg nach Deutschland machen. Niemand wird ernsthaft behaupten, wir könnten so viele Flüchtlinge aufnehmen. Zweitens impliziert die Aufnahme von Flüchtlingen ohne Obergrenze, dass *de facto nicht* der Deutsche Bundestag darüber entscheiden würde, wieviel Geld der Steuerzahler für Flüchtlinge ausgegeben werden soll, sondern die Flüchtlinge selbst: Je mehr sich zu einer Flucht nach Deutschland entscheiden, desto höher sind die flüchtlingsbezogenen Ausgaben. Auf diese Weise würde *de facto* eines der vornehmsten Rechte des Parlaments, das Haushaltsrecht, kompromittiert werden. Das wäre ungefähr so, als ob Heckler & Koch darüber entscheiden würde, welche und wie viele Sturmgewehre die Bundeswehr beschafft.

Eine rationale Flüchtlingspolitik würde also auf einer Zielhierarchie beruhen, im Rahmen derer die Höhe der Hilfs- und Unterstützungsleistungen, die Höhe der Mittel für die Flüchtlingsaufnahme, die Art und Weise der Flüchtlingsversorgung und schließlich die pro Jahr maximal aufzunehmende Zahl der Flüchtlinge festzulegen sind. Dabei versteht es sich von selbst, dass es sich bei den aufzunehmenden Flüchtlingen um »echte« Flüchtlinge, d. h. nicht um Wirtschaftsflüchtlinge, handeln soll. Idealerweise würde man außerdem versuchen, falls die Zahl dieser »echten« Flüchtlinge die festgelegte Obergrenze übersteigen sollte, die dringendsten Fälle auszuwählen, also die Fälle, in denen die Hilfeleistung des Aufnahmelandes den größten Nutzen stiften würde.

Nicht zuletzt aufgrund dieses Problems ist auch eine gewisse Flexibilität bei der Zielerfüllung notwendig: So muss die Aufnahmeobergrenze sicher nicht jedes einzelne Jahr peinlich genau eingehalten werden, sondern man könnte auch – aus welchen Gründen auch immer – in einem Jahr mehr Flüchtlinge aufnehmen und dafür dann in den Folgejahren entsprechend weniger. Auch sind die zahlenmäßig bestimmten Ziele der Flüchtlingspolitik selbstverständlich nicht als für alle Zeiten gültig zu verstehen. Die Präferenzen der einheimischen Bevölkerung können sich ändern, die Zahl und Schwere der Krisen und Katastrophen im Ausland können sich ändern und die weltpolitische Lage im Allgemeinen kann sich ändern. Dementsprechend können und sollen natürlich im Zeitablauf die einmal festgelegten Ziele und die einmal getroffenen Entscheidungen überprüft, hinterfragt und gegebenenfalls revidiert werden. Aber die *Art und Weise,* wie diese Ziele festgelegt und wie diese Entscheidungen getroffen werden, sollte – wenn man ökonomische Rationalität in der Flüchtlingspolitik anstrebt – dem von uns vorgeschlagenen Verfahren folgen – zumindest im Prinzip: Abweichungen an der einen oder anderen Stelle sind sicher möglich und können aus Gründen der Praktikabilität oder der politischen Vermittelbarkeit notwendig werden.[153] Entscheidend ist aber, *dass* Ziele explizit formuliert und *dass* dabei die Konsequenzen und Implikationen dieser Ziele systematisch berücksichtigt werden.

WIE KÖNNEN DIE ZIELE DER EINWANDERUNGS-POLITIK ERREICHT WERDEN?

Wenn die Ziele von sowohl Einwanderungs- als auch Flüchtlingspolitik bestimmt worden sind, ist zu überlegen, wie diese Ziele am besten realisiert werden können, d. h. welche Instrumente in der Einwanderungs- und Flüchtlingspolitik eingesetzt werden sollen. Diesen Überlegungen wollen wir uns nun zuwenden, wobei wir zunächst die Instrumente der Einwanderungspolitik diskutieren wollen.

In der öffentlichen Diskussion um die Einwanderung qualifizierter Fachkräfte geht es vor allem um die Frage der Selektion dieser Fachkräfte, also darum, wie die am besten geeigneten potentiellen Einwanderer ausgewählt werden können. Dabei kann man es aber nicht belassen, da man realistischerweise davon ausgehen muss, dass verschiedene potentielle Zielländer um dieselben potentiellen Einwanderer konkurrieren; schließlich ist Deutschland nicht das einzige Land, in dem aufgrund demographischer Probleme ein Fachkräftemangel droht und die Stabilität des Systems der sozialen Sicherung gefährdet ist. Deshalb muss Deutschland zunächst dafür sorgen, dass es attraktiv für potentielle Einwanderer ist und diese nach Deutschland kommen wollen. Erst im zweiten Schritt kann es darum gehen, eine Auswahl unter den Bewerbern zu treffen.

Wenden wir uns zunächst dem ersten Schritt zu: Was kann Deutschland, was kann überhaupt jedes Zielland dafür tun, um gut qualifizierte Einwanderer anzuziehen? Zum einen sind dafür natürlich gute Lebensbedingungen im Allgemeinen hilfreich; dazu gehören etwa stabile politische Rahmenbedingungen, eine starke Wirtschaft, eine saubere Umwelt, eine gut ausgebaute Infrastruktur, eine niedrige Kriminalitätsrate und ein attraktives Verhältnis zwischen Abgabenbelastung einerseits und Angebot öffentlicher Güter andererseits. Zum anderen könnte man versuchen, spezielle Anreize für potentielle Einwanderer zu schaffen. Beispielsweise könnte man kostenlose Deutschkurse anbieten – und zwar auch schon im Herkunftsland; dies könnten die im Ausland ansässigen Goethe-Institute organisieren. Oder man könnte mögliche Einwanderungshürden in Form von Visumgebühren und Umzugskosten aus dem Weg räumen: Die Visumbeantragung bzw. die Teilnahme an Auswahlverfahren könnte kostenlos sein (zumindest für die erfolgreichen Bewerber) und man könnte sogar den Einwanderern anbieten, die Umzugskosten (ganz oder zum Teil)

zu übernehmen. Auch wäre die Frage zeitlich befristeter Steu-
ervergünstigungen zu prüfen: Beispielsweise könnte man an
einen »Einkommensteuerrabatt« von 50 % für fünf Jahre denken. Dies wäre aus finanzwissenschaftlicher Sicht zwar problematisch, weil dadurch gegen den Grundsatz der Gleichmäßigkeit der Besteuerung verstoßen werden würde, aber für
einen begrenzten Zeitraum könnte dies vielleicht in Kauf genommen werden.[154] In diesem Zusammenhang muss auf einen Zielkonflikt aufmerksam gemacht werden, der zwischen
dem Umverteilungsziel, dessen Realisierung einen starken
Steuer- und Sozialstaat voraussetzt, und dem Ziel der Gewin-
nung möglichst gut qualifizierter Einwanderer existiert: Es
wird ja wohl so sein, dass mit zunehmender Qualifikation und
zunehmendem Einkommenserzielungspotential die Wahrscheinlichkeit, Sozialleistungen wie Sozialhilfe oder Arbeitslosengeld in Anspruch nehmen zu müssen, sinkt. Ein hoch
qualifizierter Auswanderer, der sich überlegt, in welches Land
er einwandern soll, wird sich im Zweifelsfall für ein Land entscheiden, das nur geringe Sozialleistungen und dafür auch eine
niedrige Steuer- und Abgabenbelastung hat, und nicht für ein
Land mit gut ausgebautem Sozialsystem, das aber hohe Abgaben zur Finanzierung dieses Systems erhebt. Denn er wird davon ausgehen, dass er Sozialleistungen höchstwahrscheinlich
nicht in Anspruch nehmen wird, sodass deren Höhe für ihn
unwichtig ist. Andererseits kann er damit rechnen, ein hohes
Einkommen zu erzielen und darauf Steuern und Sozialversicherungsbeiträge zahlen zu müssen; folglich spielt die Höhe
dieser Steuern und Beiträge eine wichtige Rolle für ihn. Nicht
ohne Grund sind Länder wie Australien, Kanada oder die USA
gerade bei Hochqualifizierten beliebter als die europäischen
Wohlfahrtsstaaten. Um attraktiver für potentielle Einwanderer zu werden, könnte ein solcher Wohlfahrtsstaat entweder seine Sozialleistungen und damit seine Abgabenbelastung
deutlich reduzieren – wodurch er aufhören würde, ein Wohlfahrtsstaat zu sein. Oder er könnte den Einwanderern gewisse Vergünstigungen bieten – auch wenn er dabei in den sauren

Apfel z. B. eines Verstoßes gegen das Prinzip der Gleichmäßigkeit der Besteuerung beißen müsste. Und wenn man keine *positiven* Anreize für potentielle Einwanderer schafft, dann muss man zumindest *negative* Anreize vermeiden, darf also keinesfalls Einwanderer gegenüber Einheimischen benachteiligen. Dies impliziert insbesondere, dass sie entweder sofort oder nach einer kurzen Übergangsfrist den uneingeschränkten Zugang zu allen Leistungen des Sozialstaats erhalten. Denn wenn die Einwanderer schon zur Finanzierung der Sozialleistungen beitragen sollen, dann ist es das Mindeste, dafür zu sorgen, dass sie nicht von ihnen ausgeschlossen sind, sollten sie diese wider Erwarten doch einmal benötigen.

Wenn der erste Schritt erfolgreich getan ist, und es genügend Interessenten für eine Einwanderung nach Deutschland gibt, kann man sich überlegen, wie man eine Auswahl unter diesen Interessenten trifft, d. h. wie man – entsprechend dem Hauptziel der Einwanderungspolitik – die am besten Qualifizierten bzw. Geeigneten auswählen kann.[155] Dabei kann man prinzipiell entweder *marktorientiert* oder *potentialorientiert* vorgehen – oder beides tun. Eine marktorientierte Vorgehensweise besteht darin, die Kandidaten ins Land zu lassen, die am Arbeitsmarkt tatsächlich nachgefragt werden, die also schon ein Arbeitsplatzangebot in der Tasche haben. Dieses Vorgehen ist sicher sinnvoll, doch ist zu bezweifeln, ob es ausreicht, lediglich kurzfristig zu agieren und sich darauf zu beschränken, nur die sich aktuell auftuenden Lücken beim Arbeitskräfteangebot ad hoc zu schließen. Vielmehr erscheint es auch notwendig, darüber hinaus zu gehen und für die Zukunft vorzusorgen, indem man das Potential hochqualifizierter Arbeitskräfte durch Einwanderung vergrößert, selbst wenn diese bei der Einreise (noch) keinen Arbeitsplatz haben sollten. Auf welche Weise könnte man nun die Einwanderungskandidaten gemäß ihres Potentials selektieren?

Ganz offensichtlich kommt das heute in den USA zum Teil verwendete Verfahren der Verlosung von Einreisevisa bzw. Arbeitserlaubnissen *nicht* in Frage, da es das genaue Gegenteil von selektiv ist. Es bleiben im Wesentlichen drei Instrumente übrig, von denen man zwei als »wettbewerblich« und eines als »bürokratisch« bezeichnen könnte. Bei letzterem handelt es sich um das bekannte Punktesystem, welches Kanada, Neuseeland und Australien einsetzen.[156] Prinzipiell funktioniert dieses System so, dass in dem Maß Punkte vergeben werden, in dem Bewerber gewisse als wünschenswert erachtete Eigenschaften aufweisen. Bei diesen Eigenschaften handelt es sich vor allem um die Qualität von Ausbildungs- und Berufsabschlüssen, Sprachkenntnisse, Berufserfahrung und Alter. Zusätzlich könnte man auch Faktoren wie Ethnizität bzw. Nationalität berücksichtigen, wenn man eine zu große kulturelle Distanz der Einwanderer vermeiden will. Sobald bestimmte Punkteschwellen überschritten sind, bekommt der potentielle Einwanderer entweder zunächst eine befristete oder gleich eine unbefristete Aufenthalts- und Arbeitserlaubnis. Sowohl die zugrunde gelegten Kriterien als auch die Methode der Punktevergabe und die Festlegung der Punktegrenzen können und sollen natürlich an die mit dem System im Lauf der Zeit gemachten Erfahrungen und an sich ändernde Verhältnisse und Anforderungen angepasst werden.

Die »wettbewerblichen« Instrumente beruhen darauf, dass der Markt in der einen oder anderen Weise die Auswahl übernimmt. Von daher ist es vielleicht nicht überraschend, wenn sie sich einer gewissen Beliebtheit bei Ökonomen erfreuen: Zum einen könnte man die Einwanderungsvisa versteigern; man offeriert eine gewisse Menge an Visa, die dann an die Höchstbietenden vergeben werden. Zum anderen könnte man die Visa verkaufen; man setzt einen Preis fest (eine Art »Aufnahmegebühr«) und verkauft so viele Visa, wie sich Käufer zu diesem Preis finden.[157] Die Grundidee ist in beiden Fällen dieselbe: Qualifizierte Bewerber würden sich durch Marktmechanismen gewissermaßen »selbst selektieren«, ohne dass es eine Auswahl durch das Zielland bedürfte. Da mit zunehmender *verwertbarer* Qualifikation auch das erzielbare Einkommen im Zielland steigt und ein Einwanderungsvisum für einen Bewerber umso mehr wert ist, je höher das Einkommen ist, das er zu erzielen erwartet, wächst die Zahlungsbereitschaft mit zunehmender Qualifikation und zunehmendem Einkommenserzielungspotential. Folglich werden bei einer Visaauktion die Höchstbietenden auch die Bestqualifizierten sein und den geforderten Preis beim Visaverkauf werden sich Bewerber umso eher leisten können und wollen, je besser qualifiziert sie sind. Beide Instrumente sind folglich eng miteinander verwandt: Bei der Auktion wird die Menge (d.h. die Zahl der zu versteigenden Visa) festgelegt und der Preis ergibt sich in Abhängigkeit von der Nachfrage (d.h. der Höhe der Gebote); beim Visaverkauf wird der Preis fixiert und die Menge resultiert aus der Höhe der Nachfrage zu diesem Preis. Es ist klar, dass die Qualifikation der erfolgreichen Bieter bzw. der den Kaufpreis zu zahlen bereiten Käufer umso größer sein wird, je kleiner die Zahl der zu versteigernden Visa bzw. je höher der geforderte Kaufpreis ist. In der Tat wären bei vollkommener Information, d.h. wenn man das Bieter- bzw. das Käuferverhalten genau kennen würde, beide Instrumente vollkommen äquivalent: Auktionspreis und Verkaufspreis wären gleich; in beiden Fällen würde die gleiche Menge an Visa vergeben und es würden die gleichen Einnahmen erzielt.[158] Bei unvollkommener Information sind Visaauktion und Visaverkauf nicht äquivalent und das Zielland muss sich entscheiden, ob es lieber die »Quantität« oder lieber die »Qualität« kontrollieren will. Im ersten Fall wäre die Auktion das Mittel der Wahl, da hier die Visamenge festgesetzt wird. Im zweiten Fall sollten die Visa verkauft werden, da man den Preis so festsetzen kann, dass nur die Interessenten zum Zuge kommen werden, die entsprechend hoch qualifiziert sind; annahmegemäß sind ja nur diese in der Lage und bereit, den geforderten Preis auch zu bezahlen.

Aus theoretischer Sicht können die beiden »wettbewerblichen« Instrumente durchaus überzeugen: Unter den an einer Einwanderung Interessierten können die Qualifiziertesten ohne bürokratischen Aufwand ausgewählt werden. Außerdem spart man nicht nur Kosten, sondern erzielt sogar Einnahmen, die z. B. für die Integration der Einwanderer verwandt werden können. Allerdings wurde keines dieser beiden Instrumente bisher in der Praxis angewandt, sodass bisher auch keine Erfahrungen mit ihnen gemacht werden konnten.[159] Das mag vor allem daran liegen, dass die theoretischen Vorteile von Visaauktion und Visaverkauf auf Annahmen beruhen, die in der Realität nicht erfüllt sind. Diese betreffen die Relation zwischen Zahlungsbereitschaft und Qualifikation bzw. Einkommenserzielungspotential, den Grad der »Markttransparenz« und die Äquivalenz von Zahlungsbereitschaft und Zahlungsfähigkeit. Es muss eben nicht sein, dass nur Hochqualifizierte bereit und in der Lage sind, sich ein Visum zu leisten; vielmehr kann es sich auch um Drogenhändler, Waffenschmuggler oder korrupte Beamte handeln, die ihre unrechtmäßig erzielten Gewinne gerne in Erste-Welt-Ländern genießen möchten. Und damit Auktion und Verkauf funktionieren wie gedacht, müssen die potentiellen Einwanderer eine ziemlich genaue und ziemlich verlässliche Vorstellung davon haben, wieviel ihre Qualifikation im Zielland wert ist, d. h. wie hoch ihr Einkommenserzielungspotential ist. Hiervon wird man aber realistischerweise nicht ausgehen können. Ebenso wenig kann man davon ausgehen, dass jeder, der eine verwertbare Qualifikation bzw. ein bestimmtes Einkommenserzielungspotential hat, auch über die Mittel verfügt, die zur Ersteigerung bzw. zum Kauf eines Visums notwendig sind. Aus der Tatsache, dass jemand *nach* der Einwanderung ein bestimmtes Einkommen erzielen kann, folgt ja noch nicht, dass ihm *vor* der Einwanderung entsprechende Summen zur Verfügung stehen.[160] Aber selbst wenn diese Annahmen alle erfüllt sein sollten, gibt es noch ein weiteres Problem: Im Wettbewerb um die bestqualifizierten Einwanderer wird die Attraktivität eines Landes nicht gerade erhöht, wenn dieses Land für die Erlaubnis einzuwandern die Zahlung eines mehr oder weniger hohen Betrags verlangt.

Diese Nachteile lassen das Punktesystem in einem besseren Licht erscheinen: Es mag zwar bürokratischer und aufwendiger sein, aber es kann gewährleisten, dass sowohl die Zahl als auch die Eigenschaften der akzeptierten Bewerber den Vorstellungen des Ziellandes entsprechen. Auch ohne die verschiedenen Selektionsmechanismen hier im Detail diskutiert zu haben, können wir doch zu dem Schluss kommen, dass für die Ziele einer rationalen und potentialorientierten Einwanderungspolitik ein – wie auch immer im Einzelnen ausgestaltetes – Punktesystem am besten geeignet erscheint.

Wie bereits oben erwähnt, kann in Deutschland oder in anderen EU-Mitgliedsländern das Punktesystem (oder ein anderer Selektionsmechanismus) nur auf eine »Restgröße« angewandt werden – nämlich die Zahl an Einwanderungsinteressenten aus Ländern außerhalb der EU.

Mit der Einwanderung von Fachkräften ist es allerdings noch nicht getan: Damit sich die erhofften positiven Wirkungen auf die Volkswirtschaft des Ziellandes auch im vollen Umfang einstellen, muss für eine möglichst schnelle und möglichst gute Integration der Neubürger gesorgt werden – und zwar *aller* Neubürger, also sowohl der aus der EU als auch der aus Drittstaaten stammenden Einwanderer. Es ist offensichtlich, dass die Aufgabe der Integration umso leichter ist, je bessere »Vorarbeit« bei der Einwanderungspolitik geleistet wurde, d. h. je mehr Wert bei der Auswahl der Einwanderer auch auf deren Integrationsfähigkeit gelegt wurde (wobei, wie erwähnt, Qualifikation und Integrationsfähigkeit häufig Hand in Hand gehen). Bei der Integrationspolitik selbst scheint eine auf Assimilation abzielende Strategie wesentlich erfolgversprechender zu sein als eine Strategie, die Multikulturalismus toleriert oder ermutigt. Dies legt eine Untersuchung des niederländischen Migrationsforschers Ruud Koopmans nahe, die die Integration muslimischer Migranten und deren Nachkommen in sechs westeuropäischen Ländern zum Gegenstand hat.[161] Es zeigte sich, dass der assimilierende Ansatz, der z. B. in Deutschland oder der Schweiz verfolgt wird, deutlich erfolgreicher ist, als der multikulturelle Ansatz, der in Ländern wie Belgien oder den Niederlanden dominiert. Insbesondere konnte Koopmans nachweisen, dass der Arbeitsmarkterfolg umso größer war, je stärker die soziokulturelle Assimilation ausfiel.[162]

Mit diesen Bemerkungen möchte ich es, was die Integrationspolitik angeht, belassen. Obwohl Migrations- und Integrationspolitik eng zusammenhängen, ist letztere dennoch ein Thema für sich – und erfordert auch ein Buch für sich.

WIE KÖNNEN DIE ZIELE DER FLÜCHTLINGS-POLITIK ERREICHT WERDEN?

Das für die eigentliche Flüchtlingspolitik maßgebliche Ziel besteht darin, die Einhaltung der festgelegten Obergrenze der Flüchtlingsaufnahme zu gewährleisten und dabei sicherzustellen, dass möglichst nur »echte« Flüchtlinge aufgenommen werden.

Dabei müssen zwei miteinander zusammenhängende Probleme gelöst werden: Erstens wird es immer mehr Flüchtlinge geben, als ein Land bereit ist aufzunehmen – gleichgültig, wie großzügig dieses Land auch sein mag.[163] Dies liegt vor allem daran, dass unter den Flüchtlingen sehr viele Wirtschaftsflüchtlinge sind, die sich durch die missbräuchliche Inanspruchnahme des Asylsystems das Aufenthaltsrecht in einem reichen Industrieland zu »erschleichen« versuchen. Zweitens ist es schwierig bis unmöglich, »echte« Flüchtlinge sicher von Wirtschaftsflüchtlingen zu unterscheiden. Beide Probleme müssen zusammen gelöst werden. Dabei dürfte eines klar sein: Es reicht nicht aus, lediglich eine Flüchtlingsobergrenze zu etablieren. Denn wie will man vorgehen, wenn man sich z. B. entschieden hat, bis zu 50 000 Flüchtlinge aufzunehmen, aber 200 000 an der Grenze Schlange stehen? Ohne weitere Maßnahmen wäre eine Obergrenze lediglich Symbolpolitik. Diese weiteren Maßnahmen müssen darauf abzielen, dass sich möglichst nur »echte« Flüchtlinge und möglichst keine Wirt-

schaftsflüchtlinge auf den Weg machen. Es müssen also solche Anreize für Flüchtlinge geschaffen werden, dass einerseits
Wirtschaftsflüchtlinge abgehalten und andererseits Menschen
mit einem legitimen Fluchtgrund nicht ferngehalten werden.
Gegenwärtig sind die Wanderungsanreize, vor allem für Wirtschaftsflüchtlinge, sehr hoch. Von diesen kann nur ein Teil von
den Zielländern beeinflusst werden, nämlich die von uns als
»endogen« bezeichneten Faktoren (siehe Kapitel 4); und an
diesem Teil muss die Politik ansetzen. Zu nennen sind hier die
Höhe der Sozialleistungen, deren wahrscheinliche Bezugsdauer und die Chance, trotz fehlenden legitimen Fluchtgrunds
als Flüchtling anerkannt zu werden oder auf andere Weise auf
Dauer im Zielland bleiben zu dürfen. Der Reihe nach: Da die
Sozialleistungen, insbesondere in Deutschland, im Verhältnis
zu den in den Herkunftsländern erzielbaren Einkommen sehr
hoch sind, stellen sie einen der wichtigsten Wanderungsanreize dar. Sie sollten deshalb *für Flüchtlinge* deutlich gesenkt werden – auf das zur Sicherung des Existenzminimums notwendige Niveau – und außerdem dadurch unattraktiver gemacht
werden, dass sie überwiegend als Sachleistungen gewährt
werden.[64] Diese Benachteiligung der Flüchtlinge gegenüber
der einheimischen Bevölkerung ist als Pendant zu sehen zur
Bevorzugung hochqualifizierter Einwanderer (z. B. bei der Besteuerung): *Beide* Maßnahmen dienen dazu, ein hohes Niveau
sozialer Sicherung aufrechtzuerhalten und dennoch eine rationale Migrationspolitik betreiben zu können. Die Alternative dazu bestünde darin, den Sozialstaat wesentlich zu verklei-
nern – indem Steuern und Sozialleistungen für alle deutlich
gesenkt werden (dazu gleich mehr in Kapital 8). Durch die
Kürzung von Sozialleistungen für Flüchtlinge würden einerseits die Wanderungsanreize für Wirtschaftsflüchtlinge verkleinert werden, andererseits wäre die Versorgung von »echten« Flüchtlingen mit allem Lebensnotwendigen weiterhin
gewährleistet. Niedrigere Sozialleistungen mögen zwar dazu
führen, dass es sich jemand, der »nur« auf der Suche nach besseren Lebensbedingungen ist, zweimal überlegt, bevor er eine

beschwerliche Reise auf sich nimmt, aber sie werden niemand, der politischer Verfolgung oder den Gefahren eines Kriegs ausgesetzt ist, davon abhalten, in dem betreffenden Gastland Zuflucht zu suchen. Diese Maßnahme hätte auch zur Folge, dass, wie oben erwähnt, mit einem gegebenen »Flüchtlingsbudget« eine größere Zahl von Flüchtlingen versorgt und so mehr Not gelindert werden kann.[165]

Bei gegebener Höhe der Sozialleistungen sind diese umso attraktiver, je länger sie voraussichtlich in Anspruch genommen werden können. Daraus folgt, dass alles unternommen werden muss, um die Asylverfahren zu beschleunigen. Über die Anerkennung bzw. Nichtanerkennung ist so schnell wie möglich zu entscheiden. Zu diesem Zweck sind nicht nur die Asylbehörden möglichst effizient zu organisieren, sondern auch die Möglichkeiten und die Anreize, den Rechtsweg zu beschreiten, sind auf das mit der Rechtsstaatlichkeit vereinbare Minimum zu reduzieren. Dabei wird die Dauer des Verfahrens nicht unwesentlich davon abhängen, was als Fluchtgrund akzeptiert wird – und was nicht. Unstrittig dürften Gründe wie Krieg oder politische Verfolgung sein. Weniger eindeutig sind aber Gründe wie eine nichtstaatliche Verfolgung. Wenn jemand in seiner Heimat durch nichtstaatliche Akteure verfolgt wird, dann ist es doch wohl in allererster Linie die Aufgabe des Heimatstaates, hier Abhilfe zu schaffen – und nicht die irgendwelcher Drittstaaten. Ganz abgesehen davon ist gerade nichtstaatliche Verfolgung sehr schwierig zu überprüfen und nachzuweisen – im Gegensatz zu staatlicher bzw. politischer Verfolgung. Allerdings ist auch dieser Fall nicht ganz ohne Probleme. So sollte man sich davor hüten, jede Strafverfolgung aufgrund von Gesetzen, die in Deutschland so nicht existieren, als politische Verfolgung zu interpretieren. Im Land X gibt es ein Gesetz, dass die Handlung Y unter Strafe stellt; im Land W gibt es so ein Gesetz dagegen nicht, sodass die Handlung Y zwar in X, nicht aber in W strafbar ist. Aber das heißt noch lange nicht, dass der Bürger Z des Landes X, der wegen der Handlung Y in seiner Heimat strafrechtlich belangt wird, ein politisch Verfolgter ist, der in *W* ein Recht auf Asyl hat – und zwar auch dann nicht, wenn die Handlung *Y* eine politische ist. Beispielsweise ist in Deutschland die Verwendung und die Zurschaustellung nationalsozialistischer Symbole und Kennzeichen verboten, wohingegen dies in den USA unter das Recht der freien Meinungsäußerung fällt. Könnte ein Neonazi, der am 20. April in seinem Vorgarten eine Hakenkreuzfahne hisst und der deshalb in Deutschland vor Gericht gestellt wird, in den USA Asyl wegen politischer Verfolgung beantragen? Doch wohl nicht! Wie dieses Beispiel zeigt, ist auch im (scheinbar problemlosen) Fall politischer Verfolgung genau zu klären, was darunterfällt – und was nicht. Grundsätzlich wird gelten, dass ein Land in Abhängigkeit von den Zielen seiner Flüchtlingspolitik bei der Anerkennung von Fluchtgründen verfahren wird: Je nachdem, ob eher eine großzügige oder eher eine restriktive Politik betrieben werden soll, wird man mehr oder weniger tolerant hinsichtlich der zu akzeptierenden Fluchtgründe sein.

Wenn das Asylverfahren mit der Nichtanerkennung endet, muss der Flüchtling so schnell wie möglich in sein Herkunftsland zurückkehren.[166] Und wenn es mit der Anerkennung endet? Dann muss dafür gesorgt werden, dass Flüchtlinge nach Wegfall des Fluchtgrundes unverzüglich heimkehren. Aus diesem Grund müssen Flüchtlinge auch nicht integriert werden – ja mehr noch: *Sie dürfen nicht integriert werden.* Sie zu integrieren wäre vollkommen widersinnig und würde den Zielsetzungen der Flüchtlingspolitik diametral zuwiderlaufen. Flüchtlinge müssen selbstverständlich ernährt, bekleidet und medizinisch versorgt werden; ihre Kinder müssen zur Schule gehen können – aber immer vor dem Hintergrund einer absehbaren Rückkehr in ihre Heimatländer. Deshalb wäre auch zu prüfen, ob Flüchtlinge nur in begrenztem Umfang erwerbstätig sein sollten: etwa indem sie nur gemeinnützige Tätigkeiten ausüben, z.B. bei der Pflege öffentlicher Anlagen oder der Unterrichtung von Flüchtlingskindern helfen. Dies gilt selbstverständlich *nicht* für die Flüchtlinge, die auf Dauer bleiben werden – also diejenigen politisch Verfolgten, deren Rückkehr praktisch ausgeschlossen ist oder die Hochqualifizierten, deren Rückkehr gar nicht gewollt ist (siehe oben). Diese – und nur diese! – müssen so gut und so schnell wie möglich integriert werden, wozu vor allem ein uneingeschränkter Zugang zum Arbeitsmarkt und zu den regulären Sozialleistungen gehört: nach Abschluss des Asylverfahrens im ersten Fall und nach Erlangung des Einwandererstatus im zweiten Fall.

Diese Vorgehensweise impliziert natürlich, dass es keine »Hintertürchen« geben darf, durch die man trotz Nichtanerkennung als Flüchtling oder trotz Wegfall des Fluchtgrundes im Gastland bleiben kann. Ein Mittel, dies zu verhindern, ist die Nichtintegration der Flüchtlinge. Ein anderes Mittel besteht darin, den Aufenthalt von (eigentlich) ausreisepflichtigen Flüchtlingen nicht zu dulden oder diese Duldung zumindest sehr restriktiv zu handhaben. Drittens ist unbedingt zu verhindern, dass die oben erwähnten beiden Ausnahmen missbräuchlich in Anspruch genommen werden: Es muss also genau geprüft werden, ob wirklich eine dauerhafte politische Verfolgung vorliegt; und die Voraussetzungen, als Einwanderer akzeptiert zu werden, müssen stets dieselben sein – gleichgültig, ob der »Umweg« über einen Asylantrag eingeschlagen wurde oder eben nicht. Falls für die Einwanderung ein Punktesystem angewandt wird, bedeutet dies, dass Flüchtlinge genau dieselben Punktehürden überwinden müssen wie andere Kandidaten, bevor sie als Einwanderer akzeptiert werden.

Durch die bisher genannten Maßnahmen lässt sich die Migration von Wirtschaftsflüchtlingen höchstwahrscheinlich deutlich eindämmen – aber ebenso wahrscheinlich nicht vollständig verhindern. Deshalb dürfen auch Kontrolle und Schutz der Grenzen nicht vernachlässigt werden. Denn aus Sicht eines Ziellandes ist es besser, wenn ein Flüchtling, der kein Recht auf Asyl hat oder dieses Recht verwirkt hat, schon an der Grenze abgewiesen werden kann. Denn sobald ein Flüchtling das Hoheitsgebiet seines Ziellandes betritt, erlangt er einen bestimmten Rechtsstatus; er hat dann also gewisse Rechte gegenüber dem Staat – Rechte, die sich im Fall von Deutschland beispielsweise aus dem Asylgesetz, dem Aufenthaltsgesetz oder dem Asylbewerberleistungsgesetz ergeben. Diese Rechte bringen es mit sich, dass eine Rückführung in den Herkunftsstaat nur in einem relativ zeitaufwendigen und kostenintensiven Verfahren durchgesetzt werden kann. Aber welche Flüchtlinge können bzw. sollen an der Grenze abgewiesen werden? Es sind hier verschiedene Möglichkeiten denkbar. Auf jeden Fall scheint es gerechtfertigt, dass diejenigen Flüchtlinge ihr Asylrecht verwirken, die versuchen, die Grenze illegal zu überwinden, die sich also nicht an der Grenze melden, sich registrieren lassen und Asyl beantragen, sondern sich von Schleppern und Schleusern ins Land schmuggeln lassen (wollen) – oder gar versuchen, gewaltsam Grenzanlagen zu überwinden. Wer dabei aufgegriffen wird, sollte umgehend außer Landes gebracht werden. Genauso könnte man auch in den Fällen verfahren, in denen Flüchtlinge keine Reisedokumente vorlegen oder sich nicht auf eine andere Art ausweisen können. Ohne Feststellung ihrer Identität ist ein geordnetes Asylverfahren und eine auch nur halbwegs zuverlässige Überprüfung ihrer Fluchtgründe schließlich nicht möglich. Außerdem könnte man Flüchtlinge dann als offensichtlich unberechtigt abweisen, wenn sie aus sicheren Drittstaaten einreisen wollen. Da diese Drittstaaten ja deswegen als »sicher« gelten, weil es keinen Grund gibt, aus ihnen zu fliehen, besteht auch keine Notwendigkeit, einem Flüchtling die Einreise zu gestatten, wenn er aus einem solchen Staat kommt.

Da Deutschland *nur* an sichere Drittstaaten grenzt, könnten mit dieser Begründung alle auf dem Landweg anreisenden Flüchtlinge abgewiesen werden. Diese Vorgehensweise würde, zusammen mit den anderen zuvor genannten Maßnahmen, dazu führen, dass die Zahl der Flüchtlinge, die überhaupt Gelegenheit dazu erhalten, in Deutschland Asyl zu beantragen, sehr gering sein würde. Höchstwahrscheinlich würde ihre Zahl sogar deutlich geringer sein als die Zahl, die Deutschland bereit sein dürfte aufzunehmen (es sei denn, die altruistischen

Präferenzen der deutschen Bevölkerung wären so schwach
ausgeprägt, dass man nur bereit wäre, sehr wenige Flüchtlingen aufzunehmen). Diesen Spielraum sollte man nutzen, um
im europäischen Rahmen eine Vereinbarung über die Verteilung der in Europa ankommenden Flüchtlinge zu erreichen.
Auf diese Weise könnten die Grenzstaaten der EU entlastet
werden, was nicht nur ein Gebot der europäischen Solidarität ist, sondern auch diese Staaten davon abhalten würde, die
bei ihnen ankommenden Flüchtlinge einfach »durchzuwin-
ken«, also unbehelligt in andere Länder weiterreisen zu lassen. Zwar könnten diese anderen Länder die Flüchtlinge dann
mit Verweis auf die Anreise aus einem sicheren Drittstaat wieder zurückweisen, aber ein solches Hin und Her wäre mit nicht
wenig Aufwand und Unannehmlichkeiten für alle Beteiligten
(nicht zuletzt für die Flüchtlinge!) verbunden. Von daher wäre
eine Vereinbarung zur Flüchtlingsverteilung sicher der bessere Weg – und ein wichtiger Schritt, um die Sekundärmigration, d. h. die Migration von einem EU-Staat in einen anderen,
zu verhindern. Ein weiterer, noch wichtigerer Schritt bestünde
darin, dass sich die EU-Staaten auf ein einheitliches Vorgehen
bei der Behandlung der Flüchtlinge und dabei vor allem auf
ein einheitliches (niedriges) Niveau der Flüchtlingen gewährten Sozialleistungen verständigen. Denn dann würden die
heute bestehenden Anreize zur Sekundärmigration aus weniger großzügigen Ländern in großzügigere Staaten wegfallen.

Abschließend müssen wir noch auf ein Problem eingehen,
dass zwar Deutschland nicht – oder zumindest nicht direkt –
betrifft, desto mehr aber die Grenzstaaten am Mittelmeer: die
Flucht nach Europa auf dem Seeweg. Prinzipiell besteht kein
Grund dafür, warum diese anders als die Flucht auf dem Landweg behandelt werden sollte. Wer versucht, illegal einzurei-
sen oder wessen Identität nicht ermittelt werden kann, sollte in den jeweiligen Herkunftsstaat zurückgeschickt werden.
Wer die Küste der EU erreicht und dort ordnungsgemäß Asyl
beantragt, sollte das übliche Asylverfahren durchlaufen. Die
Schwierigkeit besteht darin, wie mit Flüchtlingen zu verfah-

ren ist, die in Seenot geraten und gerettet werden. Passiert dies
im Küstenmeer, d. h. auf dem Territorium, eines EU-Mitglieds-
landes, dann sollte mit den Flüchtlingen so verfahren werden,
wie wenn sie die eigentliche Küste erreicht hätten. Wenn aber
die Seenotrettung außerhalb des Küstenmeers der EU bzw. auf
hoher See erfolgt, so spricht vieles dafür, die Geretteten an
die Küste des Landes zurückzubringen, von dem aus sie ihre
Fahrt angetreten haben. Denn so würde sowohl den Schleuser-
und Schlepperorganisationen die Geschäftsgrundlage entzo-
gen als auch die Zahl der Bootshavarien und Todesfälle gesenkt werden. Weniger Flüchtlinge werden das Wagnis einer
Fahrt mit seeuntüchtigen Booten auf sich nehmen, wenn sie
damit rechnen müssen, im Fall eines Schiffbruchs entweder
zu ertrinken oder an den Ausgangspunkt ihrer Fahrt zurückgebracht zu werden. Die meisten werden dann entweder ganz
auf eine Bootsfahrt verzichten oder, wenn sie sich die höheren
Überfahrtspreise leisten können, diese nur in Booten antreten,
von denen sie halbwegs sicher sein können, dass sie die Fahrt
auch überstehen. Dieser Fall ist ein gutes Beispiel für den von
uns im vorangegangenen Kapitel thematisierten Konflikt zwischen Gesinnungs- und Verantwortungsethik: Das Bestreben,
zu helfen und möglichst viele Flüchtlinge zu retten und dahin
zu bringen, wohin sie wollen, kann dazu führen, dass es mehr
Tote auf See gibt, als wenn man rigoros vorgeht und die Flüchtlinge wieder dorthin zurückbringt, wo sie hergekommen sind.
Denn im ersten Fall schafft man Anreize für Schlepper, bei den
Booten Geld zu sparen, da sie dies ihren Passagieren gegenüber mit der großen Wahrscheinlichkeit begründen können,
im Fall der Fälle gerettet und an ihr Ziel gebracht zu werden;
gleichzeitig steigt dadurch der Anreiz für die Flüchtlinge, sich
auf unsichere Transportmittel einzulassen. Im zweiten Fall
würde man dagegen genau die umgekehrten Anreize schaffen. Nicht nur die Zahl der Bootsüberfahrten und die Zahl der
Bootsunglücke würde durch ein solches Vorgehen reduziert
werden; außerdem würden die Grenzstaaten der EU dadurch

entlastet werden, dass weniger Flüchtlinge ihre Küsten erreichen würden.

Allerdings würden auf diese Weise nicht nur Wirtschaftsflüchtlinge, sondern auch »echte« Flüchtlinge abgeschreckt
werden. Dies könnte man nur dann rechtfertigen, wenn
Flüchtlinge nicht mehr unbedingt nach Europa kommen müssten, um dort Asyl zu beantragen. Man sollte ihnen deshalb
die Möglichkeit einräumen, im Herkunftsland oder in einem
Drittstaat einen Asylantrag zu stellen – nämlich in den Bot-
schaften oder konsularischen Vertretungen der europäischen
Länder. Eine Bearbeitung und Prüfung des Asylantrags im
Herkunftsland hätte zudem den Vorteil, dass »vor Ort« dessen
Berechtigung besser geprüft werden könnte als z. B. in Nürnberg (dem Sitz des Bundesamts für Migration und Flüchtlinge).
Auf diese Weise würde man Flüchtlingen die Möglichkeit geben, Asyl zu beantragen, auch ohne gefährliche und teure Reisen zu unternehmen – wovon natürlich hauptsächlich »echte«
Flüchtlinge und nicht Wirtschaftsflüchtlinge profitieren würden (deren Asylantrag in den meisten Fällen abgelehnt werden
würde). Aber das wäre ja auch der Sinn der Sache!

So könnten – und so ähnlich müssten – die Maßnahmen
und Verfahren einer ökonomisch rationalen Flüchtlingspolitik aussehen. Ob und inwieweit diese sich mit der gegenwärtigen Rechtslage in Deutschland und Europa vereinbaren lassen,
wollen wir im nächsten Kapitel diskutieren, in dem wir auch
die Realisierbarkeit unserer einwanderungspolitischen Vorschläge prüfen wollen.

Bevor wir aber damit beginnen, sei mir eine Klarstellung
gestattet. Aufmerksame Leser, die noch die Einführung im Ge-
dächtnis haben, werden sich vielleicht nach der Lektüre dieses
Kapitels fragen, ob ich nicht über mein Ziel hinausgeschossen
bin. Ich hatte ja angekündigt, die »grundlegenden Anforderungen« herauszuarbeiten, die *jede* rationale Migrationspolitik erfüllen muss – und zwar »unabhängig davon, ob diese
eher restriktiv oder eher liberal ausgerichtet ist.« Nun habe ich
aber, gerade was die Flüchtlingspolitik angeht, recht konkrete

und recht rigorose Vorschläge präsentiert. Wie ist das mit meiner Ankündigung in der Einführung zu vereinbaren? Ob eine Flüchtlingspolitik eher restriktiv oder eher liberal ausgerichtet ist, hängt aus meiner Sicht davon ab, wie viele Flüchtlinge ein Land bereit ist aufzunehmen. Und gleichgültig, ob diese Zahl nun 10 000 oder 1 000 000 pro Jahr betragen mag, eine ökonomisch rationale Flüchtlingspolitik muss bestimmte Anforderungen erfüllen, die ich versucht habe herauszuarbeiten. Dazu gehört insbesondere, dass nur legitime Flüchtlinge akzeptiert werden dürfen und auch diese nach Wegfall des Fluchtgrundes in ihre Heimat zurückkehren müssen. Denn wenn man anders vorgeht und sich bemüht, Flüchtlinge, vielleicht auch Wirtschaftsflüchtlinge, zu integrieren, betreibt man *keine* Flüchtlingspolitik, sondern Einwanderungspolitik. Und eine Einwanderungspolitik, die keine hohen Anforderungen an die Qualifikation der Einwanderer stellt, ist nicht liberal, sondern aus ökonomischer Sicht schlichtweg irrational. Ähnlich wie die Flüchtlingspolitik ist die Einwanderungspolitik liberal oder restriktiv in Abhängigkeit von der Zahl der erwünschten bzw. erlaubten Einwanderer – und ökonomisch rational ist sie, wenn hohe Qualifikationen von den Einwanderern verlangt werden.

KAPITEL 8

Lehren für die deutsche Politik

Nach vielen und langen Vorüberlegungen kommen wir nun zum entscheidenden Kapitel dieses Buches. Jetzt wollen wir – endlich, wird sich der eine oder andere Leser denken – die Frage beantworten, was sich konkret in der deutschen bzw. europäischen Migrationspolitik ändern muss, damit diese als rational bezeichnet werden kann. Welche Maßnahmen müssen also ergriffen werden, damit die Migrationspolitik den im vorangegangenen Kapitel formulierten Anforderungen genügt? Um diese Frage zu beantworten, muss der Ist- mit dem Sollzustand verglichen werden, damit klar wird, wo die Probleme liegen und wie diese gelöst werden können. Im Bereich der Flüchtlingspolitik haben wir bei unserer Diskussion der Flüchtlingskrise in den Kapiteln 4 bis 6 schon einiges an Vorarbeit geleistet und der aufmerksame Leser wird sich denken können, worauf unsere Vorschläge hinauslaufen werden. Für die Einwanderungspolitik schulde ich allerdings noch die Darstellung der aktuellen Lage und der geplanten Änderungen, bevor wir diese kritisieren und uns Gedanken zu Verbesserungsvorschlägen machen können. Diese Schuld will ich im ersten Abschnitt dieses Kapitels abtragen.

© Springer Fachmedien Wiesbaden GmbH, ein Teil von Springer Nature 2019
F. Söllner, *System statt Chaos*, https://doi.org/10.1007/978-3-658-25378-3_9

DIE DEUTSCHE »EINWANDERUNGSPOLITIK«

Warum steht »Einwanderungspolitik« in Anführungszeichen? Weil es eigentlich immer noch keine deutsche Einwanderungs- politik gibt, die diesen Namen auch tatsächlich verdient. Wie wir schon zu Beginn des fünften Kapitels festgestellt hatten, in dem es um die Flüchtlingskrise ging, werden in Deutsch- land Flüchtlings- und Einwanderungspolitik miteinander ver- mischt: Der Übergang von Flüchtlingen zu De-facto-Einwan- derern ist ein fließender und von der Politik nicht effektiv gesteuerter. Den viel diskutierten und viel kritisierten »Spur- wechsel« gibt es schon lange! Am deutlichsten zeigt sich die Nichttrennung von Flüchtlings- und Einwanderungspolitik vielleicht bei der Frage der Duldung abgelehnter Asylbewer- ber. Gehört diese zur Flüchtlings- oder zur Einwanderungs- politik? Eigentlich, so wäre man geneigt zu antworten, ist das ein flüchtlingspolitisches Problem. In Deutschland betrifft es aber auch die Einwanderungspolitik, da mit den Regeln zur Flüchtlingsduldung, wie wir gleich sehen werden, de facto Einwanderungspolitik betrieben wird. Die fehlende Trennung zwischen Flüchtlings- und Einwanderungspolitik wird nicht zuletzt an der Gesetzeslage deutlich: Einerseits regelt das Auf- enthaltsgesetz sowohl die Aufenthaltstitel bzw. die Duldung von Flüchtlingen (§§ 22–36a, 60–60a) als auch die Aufent- haltstitel von Ausländern, die zum Zweck der Erwerbstätigkeit nach Deutschland kommen wollen, also von potentiellen Ein- wanderern (§§ 18–21); es gibt sogar viele Regeln, die – zumin- dest prinzipiell – für beide Migrantenklassen gelten, z.B. die Bestimmungen zum Familiennachzug (§§ 27–36a). Anderer- seits existiert in Deutschland *kein* spezielles Einwanderungs- gesetz und es gibt den Rechtsstatus »Einwanderer« nicht. Es gibt lediglich verschiedene aufenthaltsrechtliche Titel, die nur für begrenzte Zeit erteilt werden und je nach Aufenthalts- dauer verlängert werden müssen. Im Lauf der Zeit kann nach Erfüllung bestimmter Voraussetzungen (z.B. ein rechtmäßiger Aufenthalt in Deutschland von mindestens fünf Jahren) eine

Niederlassungserlaubnis erteilt werden, die *unbefristet* den Aufenthalt und die Erwerbstätigkeit in Deutschland gestattet (§ 9 AufenthaltG). Als nächster (und letzter) Schritt kann dann, wiederum nach Erfüllung bestimmter Voraussetzungen (z. B. ein rechtmäßiger Aufenthalt in Deutschland von mindestens acht Jahren), die Einbürgerung erfolgen (§§ 8 – 10 Staatsangehörigkeitsgesetz). Frühestens mit Erteilung der Niederlassungserlaubnis, spätestens aber mit der Einbürgerung, wird der Prozess der Einwanderung abgeschlossen und ist rechtlich anerkannt – ein Prozess, der im Regelfall schon Jahre vorher begonnen hat. Im Vorfeld von Niederlassungserlaubnis oder Einbürgerung gibt es jedoch keinen zeitlich unbegrenzten Aufenthaltstitel, der Migranten ab der Einreise den Rechtsstatus »Einwanderer« verleihen würde (entsprechend z. B. der »Green Card« in den USA), selbst wenn diese mit der festen Absicht der Einwanderung nach Deutschland kommen. Wir wollen im Folgenden den Begriff »Einwanderungspolitik« dennoch verwenden (und zwar ab sofort ohne Anführungszeichen!), weil es schließlich im Endeffekt um Einwanderung geht und weil andere Bezeichnungen sowohl umständlich und ungebräuchlich sind als auch zu Missverständnissen Anlass geben können.

Wie also sieht die aktuelle Rechtslage aus? Bevor wir uns mit den einzelnen Regelungen befassen, muss zweierlei betont werden: Erstens, alle diese Regelungen gelten nur für EU-Ausländer; EU-Bürger genießen in Deutschland ohnehin vollkommene Freizügigkeit und das Recht zur Erwerbstätigkeit. Zweitens, es gibt – im Gegensatz zur Flüchtlingspolitik – *keine* europäische Einwanderungspolitik. Jeder EU-Mitgliedsstaat kann seine Einwanderungspolitik (noch?) selbst gestalten. Die einzige Ausnahme hiervon ist die Blaue Karte EU, die auf der Richtlinie 2009/50/EG vom 25. 5. 2009 beruht. Sie soll den Aufenthalt von Hochschulabsolventen aus Drittstaaten zum Zweck der Erwerbstätigkeit in der EU regeln. Inhaber einer Blauen Karte EU sind berechtigt, sich nicht nur in dem Mitgliedsstaat, das die Karte ausgestellt hat, aufzuhalten und erwerbstätig zu sein, sondern, nach Ablauf einer gewissen Frist, innerhalb der gesamten EU. Aber auch in diesem Fall kann man nicht wirklich von einer europäischen Einwanderungspolitik sprechen, da die Blaue Karte EU von den einzelnen Mitgliedsstaaten und gemäß deren Regeln vergeben wird.

Die Regelungen der deutschen Einwanderungspolitik sind noch komplizierter als die der Flüchtlingspolitik. Wir beschränken uns deshalb auf einen Überblick, den wir uns anhand von Tabelle 8.1 verschaffen werden. Da es ja kein Einwanderungsgesetz und keinen rechtlichen Status »Einwanderer« gibt, müssen wir dabei eine Vielzahl von Vorschriften berücksichtigen, die zwar prinzipiell kurzfristig angelegt sind (z.B. Ausbildungs- oder Studienaufenthalte), die aber in einen längeren Aufenthalt münden und schließlich mit der Niederlassung oder der Einbürgerung enden können. Nicht berücksichtigt werden aber die Regeln zur Arbeitnehmerentsendung innerhalb von multinationalen Unternehmen oder zu Forschungsaufenthalten.

Alle Aufenthaltserlaubnisse werden befristet vergeben; eine Verlängerung ist in allen Fällen möglich, außer bei den zur Arbeitsplatz- bzw. Ausbildungsplatzsuche erteilten Genehmigungen (§§ 16 V, 17 III, 18 c AufenthaltG); bei der Erlaubnis gemäß § 17a (Qualifikation zur Anerkennung ausländischer Berufsabschlüsse) ist nach erfolgter Anerkennung eine einmalige Verlängerung zur Arbeitsplatzsuche möglich. In den Fällen des § 17 I (berufliche Ausbildung), des § 18 III (unqualifizierte Beschäftigte aus bestimmten Herkunftsländern) und des § 18 IV (Erwerbstätigkeit von Hochschulabsolventen unterhalb der Gehaltsgrenzen der Blauen Karte EU) führt die Bundesagentur für Arbeit eine *Vorrangprüfung* durch, d.h. sie prüft, ob »bevorrechtigte« Bewerber (inländische Bewerber oder Bewerber aus dem EU-Ausland) für die betreffende Stelle zur Verfügung stehen; nur falls dies *nicht* der Fall ist, wird die entsprechende Aufenthaltsgenehmigung erteilt. Die aktuellen Regelungen kann man wie folgt zusammenfassen: Erstens, *ausländische Hochschulabsolventen* dürfen sich in Deutsch-

Tab. 8.1 Die deutsche Einwanderungspolitik – aktuelle Rechtslage[168]

	Mit Arbeits- bzw. Ausbildungs- oder Studienplatz	Ohne Arbeits- bzw. Ausbildungs- oder Studienplatz
Ausländer mit Hochschulabschluss	• Blaue Karte EU, falls bestimmte Gehaltsgrenzen erreicht werden (§ 19a) • Erwerbstätigkeit (§ 18 IV)	• Arbeitsplatzsuche nach Studium in Deutschland (§ 16 V) • Arbeitsplatzsuche (§ 18c)
Ausländer mit qualifizierter Berufsausbildung	Erwerbstätigkeit in Mangelberufen (§ 18 IV)	• Arbeitsplatzsuche nach Ausbildung in Deutschland (§ 17 III) • Qualifikation zur Anerkennung ausländischer Abschlüsse (§ 17a)
Ausländer ohne qualifizierte Berufsausbildung	• Berufliche Ausbildung (§ 17 I) • Studium (§ 16)	
Ausländer ohne qualifizierte Berufsausbildung aus bestimmten Herkunftsländern	Erwerbstätigkeit (§ 18 III)	
Geduldete Flüchtlinge	Aufenthaltserlaubnis, falls (§ 18a): • Abschluss einer beruflichen Ausbildung oder eines Studiums in Deutschland • ausländischer Hochschulabschluss und zweijährige angemessene Erwerbstätigkeit • dreijährige qualifizierte Erwerbstätigkeit	Aufenthaltserlaubnis bei guter Integration (§§ 25a, 25b)
Nicht geduldete Flüchtlinge	Duldung bei betrieblicher Ausbildung (§ 60a III)	

land sowohl aufgrund eines Arbeitsplatzangebotes als auch
zur Arbeitsplatzsuche aufhalten. Zweitens, *Ausländer mit einer
qualifizierten Berufsausbildung* dürfen zum Zweck der Erwerbstätigkeit nach Deutschland kommen, wenn sie in gewissen
»Mangelberufen« (z.B. Berufe in der Sanitär-, Heizungs- und
Klimatechnik) tätig sind;[168] sie dürfen eine Qualifikations-
maßnahme zum Zweck der Anerkennung eines ausländischen
Berufsabschlusses absolvieren; eine Aufenthaltserlaubnis zur
Arbeitsplatzsuche in Deutschland erhalten sie nur im An-
schluss an eine solche Qualifizierungsmaßnahme oder an
eine in Deutschland durchlaufene Berufsausbildung. Drittens, Ausländer dürfen *zum Zweck einer Berufsausbildung oder eines Studiums* nach Deutschland kommen. Viertens, *Ausländer
ohne Qualifikation,* die aus bestimmten Herkunftsländern kommen, mit denen zwischenstaatliche Vereinbarungen bestehen (z.B. Australien, Kanada, Neuseeland oder die USA), dürfen eine Beschäftigung ausüben (z.B. Saisontätigkeiten oder
Au-pair). Fünftens, *geduldete Flüchtlinge* bekommen eine Aufenthaltserlaubnis, wenn sie »gut integriert« sind, wobei ihre
Qualifikation überhaupt keine und ihre Erwerbstätigkeit nur
eine untergeordnete Rolle spielt;[169] wenn sie eine Berufsausbildung oder ein Studium in Deutschland absolviert haben;
wenn sie über einen ausländischen Studienabschluss verfügen
und mindestens zwei Jahre eine diesem Abschluss angemes-
sene Erwerbstätigkeit in Deutschland ausgeübt haben; oder
wenn sie mindestens drei Jahre eine qualifizierte Beschäftigung in Deutschland ausgeübt haben.[170] Sechstens, *nicht geduldete Flüchtlinge* erhalten eine Duldung, wenn sie eine betrieb-
liche Ausbildung absolvieren.[171] Es versteht sich von selbst,
dass in allen diesen Fällen mit dem Aufenthaltsrecht bzw. der
Duldung das Recht auf Erwerbstätigkeit einhergeht (zum Teil
mit gewissen Einschränkungen).

In welchem Umfang werden diese Möglichkeiten zur Zuwanderung genutzt? Im ersten Halbjahr 2018 wurden insgesamt 70 409 Aufenthaltserlaubnisse zum Zweck der Ausbildung bzw. des Studiums oder der Arbeitsplatzsuche erteilt.[172]

Davon gingen 20,9 % an Chinesen, 8,4 % an Inder und 4,3 % an Koreaner. Im gleichen Zeitraum wurden 65 755 Aufenthaltserlaubnisse zu Zwecken der Erwerbstätigkeit oder eine Blaue Karte EU erteilt – und zwar vor allem an Bürger von Indien (11,5 %), Bosnien und Herzegowina (10,3 %) und China (6,7 %).[173] An (unbefristeten) Niederlassungserlaubnissen zum Zweck der Erwerbstätigkeit wurden 7 110 erteilt, vor allem an Inder (15,9 %), Chinesen (13,0 %) und Russen (9,0 %). Wenn man davon ausgeht, dass genauso viele Aufenthaltstitel im zweiten Halbjahr 2018 erteilt wurden, dann kommt man für das Gesamtjahr 2018 auf 145 730 Aufenthaltstitel zum Zweck der Erwerbstätigkeit. Diese Zahl entspricht zwar ungefähr der für notwendig gehaltenen Nettozuwanderung aus Drittstaaten von 146 000 pro Jahr (siehe Kapitel 7). Jedoch kann man die Vergabe eines dieser Aufenthaltstitel *nicht* mit einer Nettozuwanderung gleichsetzen, da ja nur ein Teil der Nicht-EU-Ausländer, die einen Aufenthaltstitel erhalten, auch auf Dauer in Deutschland bleiben (man denke nur an die Saisonarbeitskräfte). Außerdem weisen nicht alle diese Zuwanderer das erwünschte Qualifikationsniveau auf; fast 30 % der 65 755 Nicht-EU-Ausländer, die im ersten Halbjahr 2018 eine Aufenthaltserlaubnis zum Zweck der Erwerbstätigkeit oder eine Blaue Karte EU erhielten, waren unqualifiziert (als Beispiel mögen Erntehelfer oder Au-pair-Mädchen dienen). Man muss also davon ausgehen, dass der voraussichtliche Bedarf an Einwanderern mit dem jetzigen Ausmaß an Zuwanderung und der jetzigen Qualifikation der Zuwanderer *nicht* gedeckt werden kann.

Zum Stichtag 30. Juni 2018 hielten sich insgesamt 216 364 Nicht-EU-Ausländer mit einem Aufenthaltstitel zum Zweck der Ausbildung bzw. des Studiums oder der Arbeitsplatzsuche in Deutschland auf (Abbildung 8.1), unter denen Chinesen (20,1 %), Inder (7,5 %) und US-Amerikaner (4,6 %) den größten Anteil hatten. Zum selben Stichtag hielten sich 241 703 Nicht-EU-Ausländer mit einem Aufenthaltstitel zum Zweck der Erwerbstätigkeit in Deutschland auf (Abbildung 8.2). Auch hier

Abb. 8.1 Nicht-EU-Ausländer mit Aufenthaltstitel für Ausbildung, Studium oder Arbeitsplatzsuche (30.6.2018)

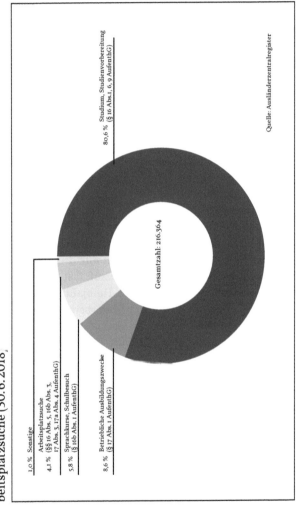

(Quelle: *Bundesamt für Migration und Flüchtlinge* 2018b, 26)

Abb. 8.2 Nicht-EU-Ausländer mit Aufenthaltstitel für Erwerbstätigkeit (30.6.2018)

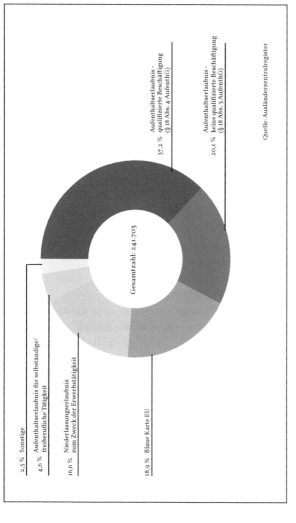

2,5 % Sonstige

4,6 % Aufenthaltserlaubnis für selbständige/
freiberufliche Tätigkeit

16,6 % Niederlassungserlaubnis
zum Zweck der Erwerbstätigkeit

18,9 % Blaue Karte EU

Gesamtzahl: 241.703

Aufenthaltserlaubnis -
qualifizierte Beschäftigung
(§ 18 Abs. 4 AufenthG)
37,2 %

Aufenthaltserlaubnis -
keine qualifizierte Beschäftigung
(§ 18 Abs. 3 AufenthG)
20,1 %

Quelle: Ausländerzentralregister

(Quelle: *Bundesamt für Migration und Flüchtlinge* 2018b, 28)

handelt es sich häufig um Inder (11,6 %) und Chinesen (9,5 %); auf dem dritten Platz folgen Bürger aus Bosnien und Herzegowina (7,8 %). Immerhin 20,1 % dieser 241 703 Nicht-EU-Ausländer waren unqualifiziert.

Die deutsche Einwanderungspolitik soll 2019 reformiert werden: Zu diesem Zweck hat die Bundesregierung am 19.12. 2018 zwei Gesetzentwürfe beschlossen: den Entwurf eines Fachkräfteeinwanderungsgesetzes und den Entwurf eines Gesetzes über Duldung bei Ausbildung und Beschäftigung.[174] Wird es in Kürze also doch ein Einwanderungsgesetz geben? Mitnichten: Beide Gesetze sind Artikelgesetze, d.h. deren einzelne Artikel ändern oder ergänzen lediglich schon bestehende Gesetze und Verordnungen (in diesen beiden Fällen vor allem das Aufenthaltsgesetz, aber auch bestimmte Sozialgesetzbücher, das Asylgesetz oder die Beschäftigungsverordnung), sodass es am Ende *kein* Fachkräfteeinwanderungsgesetz geben wird – und auch kein Duldungsgesetz. Obwohl man durch den missverständlichen Titel des Gesetzentwurfs und die Berichterstattung in den Medien einen anderen Eindruck bekommen könnte, wird Deutschland also auch weiterhin kein Einwanderungsgesetz haben.

Wenn wir einmal davon ausgehen, dass die zwei Gesetzentwürfe das übliche Gesetzgebungsverfahren ohne (nennenswerte) Änderungen durchlaufen, dann wird die Rechtslage in Kürze so aussehen, wie in Tabelle 8.2 dargestellt.

Was wird sich im Vergleich zur alten Rechtslage ändern? *Erstens* werden Ausländer mit Hochschulstudium und Ausländer mit qualifizierter Berufsausbildung mehr oder weniger als »ausländische Fachkräfte« gleichgestellt. In beiden Fällen dürfen sie sowohl zur Aufnahme einer Erwerbstätigkeit als auch zur Arbeitsplatzsuche nach Deutschland kommen; die bisherige Beschränkung auf Mangelberufe bei Ausländern mit einer qualifizierten Berufsausbildung entfällt; der einzige Unterschied zwischen den beiden Gruppen ausländischer Fachkräfte besteht darin, dass die Blaue Karte EU weiterhin nur an Hochschulabsolventen vergeben werden kann.

Zweitens müssen Interessenten für eine Berufsausbildung oder für ein Studium nicht schon einen Ausbildungs- bzw. Studienplatz haben, sondern dürfen auch zur Suche nach einem solchen einreisen. *Drittens* werden die Bedingungen, unter denen abgelehnte Asylbewerber eine Duldung erhalten, massiv ausgeweitet: Einerseits ist bei Auszubildenden nicht mehr unbedingt die Ausbildung in einem qualifizierten Beruf Voraussetzung, sondern es genügt schon eine Helferausbildung. Andererseits soll nun auch jede Art sozialversicherungspflichtiger Beschäftigung über einen Zeitraum von mindestens 18 Monaten (unabhängig von der für diese Beschäftigung notwendigen Qualifikation) einen Anspruch auf Duldung verschaffen; ja mehr noch: diese Duldung kann nach weiteren 30 Monaten durch eine Aufenthaltserlaubnis ersetzt werden (§ 25b VI AufenthaltG). Im Übrigen entfallen die bisher in einigen Fällen vorgesehenen Vorrangprüfungen durch die Bundesagentur für Arbeit.

WAS LÄUFT RICHTIG, WAS LÄUFT FALSCH IN DER MIGRATIONSPOLITIK?

Vergleicht man die deutsche Migrationspolitik mit den Anforderungen an eine rationale Migrationspolitik, die wir in Kapitel 7 formuliert haben, so stellt man schnell fest, dass es zwar etwas Licht, aber sehr viel mehr Schatten gibt. Insgesamt wird man die deutsche Migrationspolitik *nicht* als ökonomisch rational bezeichnen können, wobei, wie wir gleich sehen werden, die Hauptprobleme auf dem Gebiet der Flüchtlingspolitik liegen – wo sie aus verschiedenen Gründen nur sehr schwer zu lösen sein werden. Aber da Einwanderungs- und Flüchtlingspolitik in Deutschland nicht konsequent getrennt sind, können die Probleme der Flüchtlingspolitik sozusagen auf das Gebiet der Einwanderungspolitik »überschwappen«. Diese mangelhafte Trennung lässt es auch sinn-

Tab. 8.2 Die deutsche Einwanderungspolitik – künftige Rechtslage[176]

	Mit Arbeits- bzw. Ausbildungs- oder Studienplatz	Ohne Arbeits- bzw. Ausbildungs- oder Studienplatz
Ausländische Fachkräfte: • **mit Hochschulabschluss**	• Blaue Karte EU, falls bestimmte Gehaltsgrenzen erreicht werden (§ 18b II) • Erwerbstätigkeit (§ 18b I)	Arbeitsplatzsuche (§ 20)
• **mit qualifizierter Berufsausbildung**	Erwerbstätigkeit (§ 18a)	• Arbeitsplatzsuche (§ 20) • Qualifikation zur Anerkennung ausländischer Abschlüsse (§ 16d)
Ausländer ohne Hochschulabschluss oder qualifizierte Berufsausbildung	• Berufliche Ausbildung (§ 16a) • Studium (§ 16b)	• Ausbildungsplatzsuche (§ 17 I) • Studienplatzsuche (§ 17 II)
Ausländer ohne qualifizierte Berufsausbildung aus bestimmten Herkunftsländern	Erwerbstätigkeit (§ 19c I)	

| Geduldete Flüchtlinge | Aufenthaltserlaubnis, falls (§ 19d):
• Abschluss einer beruflichen Ausbildung oder eines Studiums in Deutschland
• ausländischer Hochschulabschluss und zweijährige angemessene Erwerbstätigkeit
• dreijährige qualifizierte Erwerbstätigkeit | Aufenthaltserlaubnis bei guter Integration (§§ 25a, 25b) |
| Nicht geduldete Flüchtlinge | • Duldung bei qualifizierter Berufsausbildung oder bei Helferausbildung (§ 60b)
• Duldung bei sozialversicherungspflichtiger Beschäftigung von mindestens 18 Monaten (§ 60c) | |

voll und notwendig erscheinen, dass wir uns beide in diesem Abschnitt zusammen vornehmen: Der Übergang ist ohnehin ein fließender.

Aber lassen Sie uns mit der Einwanderungspolitik beginnen; schließlich haben wir gerade deren Darstellung abgeschlossen, sodass sie uns noch parat ist. Bei unserer Kritik beziehen wir uns auf die Rechtslage *nach* der aktuellen Reform. Damit es nicht so aussieht, als wollten wir alles schlecht machen, beginnen wir mit den »Lichtseiten« der Einwanderungspolitik. Es ist sicher sinnvoll, dass Fachkräfte nicht nur mit einem Arbeitsvertrag in der Tasche, sondern auch zur Arbeitsplatzsuche einreisen dürfen. Auch die (weitgehende) Gleichstellung von Fachkräften mit akademischer Ausbildung und Fachkräften mit beruflicher Ausbildung ist zu begrüßen: Schließlich benötigen wir nicht nur Ingenieure und Informatiker, sondern auch Techniker und Programmierer. Außerdem ist es im Sinne einer langfristigen Potentialorientierung, dass es die Möglichkeit für Ausländer gibt, in Deutschland ein Studium oder eine Berufsausbildung zu absolvieren und sich währenddessen vielleicht auch Gedanken über einen dauerhaften Aufenthalt zu machen.

Und damit müssen wir leider auch schon zu den »Schattenseiten« der deutschen Einwanderungspolitik kommen. Die Reform geht eindeutig zu weit, wenn sie mehrmonatige Aufenthalte zum Zweck der Suche nach einem Ausbildungs- oder Studienplatz gestattet. Wenn es darum geht, (noch) nicht qualifizierten Ausländern ein Aufenthaltsrecht einzuräumen, muss restriktiv vorgegangen, also auf das Vorhandensein eines Ausbildungs- oder Studienplatzes bestanden werden, da andernfalls das Missbrauchspotential zu hoch ist. Aber das ist eine Kleinigkeit im Vergleich zu den zwei – miteinander zusammenhängenden – Hauptproblemen: der mangelnden Trennung von Flüchtlings- und Einwanderungspolitik und dem Fehlen eines »richtigen« Einwanderungsgesetzes. Das erste Problem äußert sich darin, dass man geduldeten Flüchtlingen ein Aufenthaltsrecht und nicht geduldeten Flüchtlingen eine Duldung gewährt, falls diese bestimmte Qualifikationen vorweisen können oder in einem bestimmten Umfang erwerbstätig sind. Ein solches Vorgehen ist sowohl aus flüchtlings- als auch aus einwanderungspolitischer Sicht höchst bedenklich: Einerseits werden dadurch Anreize geschaffen, in Deutschland um Asyl nachzusuchen, da man auch bei einer Ablehnung des Asylantrags noch durch verschiedene »Hintertürchen« zu einem längerfristigen oder dauerhaften Aufenthalt in Deutschland gelangen kann. Andererseits können sich auf diese Weise Personen in Deutschland niederlassen, deren Qualifikationen nicht den Ansprüchen einer rationalen Einwanderungspolitik genügen. Dies gilt vor allem für die Aufenthaltsrechtsgewährung bei guter Integration (§§ 25a, 25b AufenthaltG) und die Duldung im Fall einer Berufsausbildung oder einer Erwerbstätigkeit (§§ 60b, 60c AufenthaltG). Denn sowohl bei der Aufenthaltsrechtsgewährung als auch bei der Duldung existieren überhaupt keine Anforderungen an die Qualifikation. Die »fußballspielenden, ministrierenden Senegalesen« des Herrn Scheuer wird es freuen, die deutschen Steuerzahler und die deutschen Geringverdiener dagegen weniger, da so dem dauerhaften Aufenthalt nicht oder kaum qualifizierter Wirtschaftsflüchtlinge Tür und Tor geöffnet wird – mit den negativen Auswirkungen auf die einheimischen Geringverdiener, die deutschen Sozialkassen und den deutschen Staatshaushalt, die in Kapitel 5 ausführlich diskutiert worden sind. Die Möglichkeit, qualifizierten Geduldeten eine Aufenthaltserlaubnis zu erteilen (§ 19d AufenthaltG) ist zumindest überflüssig. Wenn Flüchtlinge gut qualifiziert sind, dann können sie sich auch ohne diese Sonderregelung um einen Aufenthaltstitel, wie andere ausländische Fachkräfte auch, bewerben. Ein solcher »Spurwechsel« wäre deshalb unproblematisch, weil Flüchtlinge die üblichen Anforderungen erfüllen müssten und ihr Flüchtlingsstatus ihnen keine Vorteile brächte. Die Sonderregelung ist dann nicht nur überflüssig, sondern schädlich, wenn die Anforderungen geringer sind – was vor allem aufgrund § 19d I Nr. 1c AufenthaltG der

Fall ist, da hier von einer qualifizierten Berufsausbildung oder einem Hochschulabschluss abgesehen wird.

Das zweite Hauptproblem ist sowohl Ursache als auch Folge des ersten: Wir haben kein Einwanderungsgesetz, weil Flüchtlings- und Einwanderungspolitik nicht voneinander getrennt werden, und weil Flüchtlings- und Einwanderungspolitik nicht voneinander getrennt werden, gibt es kein Einwanderungsgesetz. Wie die Bundesregierung angesichts dessen in ihrer Begründung zum Entwurf eines Fachkräfteeinwanderungsgesetzes davon sprechen kann, dass »der Grundsatz der Trennung zwischen Asyl und Erwerbsmigration (...) beibehalten« wird, muss deren Geheimnis bleiben.[176]

Ein Einwanderungsgesetz wird aus mehreren Gründen schmerzlich vermisst: *Erstens* würde die Verabschiedung eines Einwanderungsgesetzes Anlass dazu geben, sich endlich einmal über die genauen Ziele der Einwanderungspolitik – sowohl in qualitativer als auch in quantitativer Hinsicht – Klarheit zu verschaffen und diese explizit zu formulieren. Im Moment ist dies nicht der Fall: Der Entwurf des Fachkräfteeinwanderungsgesetzes spricht lediglich davon, »die Fachkräftesicherung durch eine gezielte und gesteuerte Zuwanderung von Fachkräften aus Drittstaaten zu flankieren und so einen Beitrag zu einem nachhaltigen gesellschaftlichen Wohlstand zu leisten«, bleibt also sehr vage und unverbindlich.[177] Abgesehen davon, und das dürfte klar geworden sein, ist die Zuwanderung, die auf der Grundlage dieses Gesetzes erfolgt, alles andere als »gezielt und gesteuert«. *Zweitens* würde Deutschland so attraktiver für hochqualifizierte potentielle Einwanderer werden. Denn es ist natürlich in deren Interesse, dass sie möglichst rasch eine dauerhafte Bleibeperspektive durch den rechtlichen Status »Einwanderer« erhalten können und nicht wie bisher eine Zeitlang mit befristeten Aufenthaltsgenehmigungen Vorlieb nehmen müssen. Dann könnte man *drittens* auch eine potentialorientierte Einwanderungspolitik, vorzugsweise mittels eines Punktesystems, betreiben. *Viertens* und letztens könnte man dadurch endlich die leidige Vermischung von Flüchtlings- und Einwanderungspolitik beenden.

Und damit wären wir auch schon bei der Flüchtlingspolitik angekommen, die wir nunmehr kritisch unter die Lupe nehmen wollen. Unsere Überlegungen zur Flüchtlingskrise haben gezeigt, dass hier einiges im Argen liegt. In der Tat fällt es auch bei genauerem Hinsehen schwer, irgendwelche Lichtseiten dieser Politik zu entdecken. Von daher müssen wir zwangsläufig mit den Schattenseiten beginnen ...

Einen Hauptkritikpunkt haben wir schon mehrmals erwähnt – die großen Anreize für Wirtschaftsflüchtlinge, nach Deutschland zu kommen und das Asylrecht missbräuchlich in Anspruch zu nehmen. Diese Anreize gehen vor allem von den großzügigen Asylbewerberleistungen und sonstigen Sozialleistungen aus; daneben spielen aber auch die zu erwartende lange Bezugsdauer dieser Leistungen und die Aussicht, auch bei Ablehnung des Asylantrags in Deutschland bleiben zu dürfen, eine Rolle. Die lange Bezugsdauer resultiert einerseits aus der langen Dauer der Asylverfahren, andererseits aus der Inkonsequenz bei der Rückführung abgelehnter Asylbewerber. Die lange Verfahrensdauer wird wiederum dadurch verursacht, dass viele mögliche Fluchtgründe und Abschiebungshindernisse anerkannt werden, die zum Teil sehr schwer überprüfbar sind. Was soll man etwa unter »psychischer Gewalt« verstehen (§ 3a AsylG) und unter welchen Umständen erfüllt diese den Tatbestand der Verfolgung? In derselben Norm ist von »gesetzlichen, administrativen, polizeilichen oder justiziellen Maßnahmen« die Rede, »die als solche diskriminierend sind oder in diskriminierender Weise angewandt werden«. Auch hier wird man sich aufgrund der Unbestimmtheit dieser Formulierung sehr schwer tun, das Vorliegen einer Verfolgungshandlung auszuschließen.[78] Problematisch erscheint außerdem der Fluchtgrund einer Verfolgung durch »nichtstaatliche Akteure« (§ 3c AsylG), der schwierig zu überprüfen ist. Sehr vage und sehr weitgefasst ist auch das Abschiebungsverbot gemäß § 60 V, VII AufenthaltG. Insbesondere die

Bezugnahme auf die Europäische Menschenrechtskonvention erlaubt es Flüchtlingen, eine Vielzahl von Gründen zu (er-) finden und vorzubringen, weswegen eine Abschiebung in ein bestimmtes Land nicht möglich sein soll. Denn die durch die Konvention geschützten Menschenrechte und Grundfreiheiten sind so umfassend und so allgemein formuliert, dass sich leicht Argumente für eine Verletzung dieser Rechte und Freiheiten finden lassen. Man denke nur an Artikel 5 (Recht auf Freiheit und Sicherheit), Artikel 14 (Diskriminierungsverbot) oder vor allem Artikel 3, der neben Folter auch »unmenschliche und erniedrigende Behandlung« untersagt. Wie weit sich gerade dieser Artikel auslegen lässt, zeigt ein Urteil des Europäischen Gerichtshofs für Menschenrechte vom 4. II. 2014, in dem die Rückführung einer afghanischen Flüchtlingsfamilie aus der Schweiz nach Italien (!) als Verstoß gegen die Europäische Menschenrechtskonvention – und zwar insbesondere gegen deren Artikel 3 – gewertet wurde.[179] Wenn man nicht einmal mehr nach Italien rückführen bzw. abschieben kann, wohin kann man dann überhaupt noch abgelehnte Asylbewerber zurückschicken?

Ich will an dieser Stelle die lange Liste – man ist fast versucht zu sagen: den Wildwuchs – der möglichen Fluchtgründe und Abschiebungshindernisse nicht weiter hinterfragen. Das Problem dürfte klar geworden sein. Neben diesem Problem ist noch ein anderer Faktor für die lange Verfahrensdauer verantwortlich: die Möglichkeit, gegen Asylentscheidungen durch mehrere Instanzen gerichtlich vorzugehen – und zwar ohne (großes) Kostenrisiko, da in Asylverfahren grundsätzlich keine Gerichtskosten erhoben werden (§ 83b AsylG) und die Anwaltskosten in vielen Fällen durch die großzügige Prozesskostenhilfe abgedeckt werden.

Wir hatten festgestellt, dass die lange Bezugsdauer von Asylbewerberleistungen und anderen Sozialleistungen auch aus der Inkonsequenz bei Abschiebungen resultiert. Hierfür sind vor allem die Vorschriften zur »Duldung« verantwortlich (§ 60a AufenthaltG; nach Verabschiedung des Gesetzes über Duldung bei Ausbildung und Beschäftigung: §§ 60a, 60b, 60c AufenthaltG). Angesichts der mehr als großzügigen Möglichkeiten, Asyl zu erhalten, ist es vollkommen unverständlich, warum selbst in den Fällen, in denen keine dieser Möglichkeiten zutrifft und deshalb eindeutig kein Anspruch auf Asyl besteht, nicht konsequent die Heimkehr der abgelehnten Asylbewerber durchgesetzt wird. Die Tatsache, dass sich Zehntausende von ihnen weiterhin in Deutschland aufhalten können und dies bei einem Großteil von ihnen sogar offiziell »geduldet« wird, erhöht nicht nur die Aufenthaltsdauer dieser Wirtschaftsflüchtlinge (und damit die von ihnen verursachten Kosten), sondern vergrößert auch die Anreize für (potentielle) Wirtschaftsflüchtlinge, nach Deutschland zu kommen.[180] Eine ähnliche Wirkung haben außerdem die Möglichkeit, Geduldeten die Erwerbstätigkeit zu gestatten, und die Chance, auf dem Umweg über die Duldung doch noch als »gut Integrierter« eine Aufenthaltserlaubnis zu erlangen (§§ 25a, 25b AufenthaltG). Und damit schließt sich der Kreis unserer Kritik: Mit der Duldung und den damit zusammenhängenden Vorschriften geht die Vermischung von Einwanderungs- und Flüchtlingspolitik einher, die wir schon bei der Einwanderungspolitik kritisiert hatten und die wir natürlich auch wieder bei der Flüchtlingspolitik kritisieren können und müssen.

Alles, was wir bisher gegen die aktuelle Flüchtlingspolitik vorgebracht haben, fällt unter den oben erwähnten »einen Hauptkritikpunkt«, nämlich die zu großen Anreize für Wirtschaftsflüchtlinge. Diese Formulierung lässt vermuten, dass es noch andere Kritikpunkte gibt. Und dem ist leider auch so: Zumindest zwei Kritikpunkte sind noch zu nennen. Der eine betrifft den Schutz der Grenzen, wobei es vor allem um den Schutz der EU-Seegrenze geht. Deutschland ist davon wegen der in Europa in großem Umfang stattfindenden Sekundärmigration nicht wenig betroffen. Problematisch ist hierbei vor allem, dass es kaum möglich ist, auf hoher See abgefangene oder gerettete Flüchtlinge an den Ausgangspunkt ihrer Überfahrt zurückzubringen. Was die Landgrenze betrifft, so gibt es heute schon die Möglichkeit, die Einreise, falls diese aus einem sicheren Drittstaat erfolgt, zu verweigern und unerlaubt Eingereiste »zurückzuschieben« (§ 18 AsylG).[181] Letzteres gilt allerdings nur, wenn der unerlaubt Eingereiste im grenznahen Raum und unmittelbar nach der Einreise aufgegriffen wird. Diese Einschränkung macht den Grenzbehörden die Arbeit unnötig schwer und belastet die Asylbehörden mit vielen vermeidbaren Fällen. Der andere, dritte Kritikpunkt besteht darin, dass es keine Obergrenze für die Flüchtlingsaufnahme gibt – was sowohl Ursache als auch Folge der verfehlten Flüchtlingspolitik ist: Die Flüchtlingspolitik ist allein deswegen verfehlt, weil es keine Obergrenze gibt; und es gibt keine Obergrenze, weil diese bei der gegenwärtigen Flüchtlingspolitik ohnehin sinnlos wäre. Daran, dass die Pseudo-Obergrenze im Koalitionsvertrag der aktuellen Bundesregierung vollkommen sinnlos ist, dürfte wohl kein Zweifel bestehen (siehe Kapitel 6).

Der Leser wird sich daran erinnern, dass ein ähnlicher, zweiseitiger Ursache-Folge-Zusammenhang auch bei der Einwanderungspolitik besteht – nämlich zwischen dem Fehlen eines Einwanderungsgesetzes und der Vermischung von Flüchtlings- und Einwanderungspolitik. So hängt bei der Migrationspolitik alles mit allem zusammen – weswegen auch eine punktuelle Reform hier oder eine punktuelle Reform dort kaum etwas bringt.

Gibt es denn gar kein gutes Wort über die deutsche Flüchtlingspolitik zu sagen? Ich will den Leser aus diesem Abschnitt zumindest mit einem kleinen Lichtblick entlassen: Der viel diskutierte Artikel 16a des Grundgesetzes, der politisch Verfolgten ein Asylrecht zugesteht, ist vollkommen unproblematisch: Einerseits sind die Anspruchsvoraussetzungen relativ eng gefasst; es muss sich um staatliche Verfolgung handeln. Andererseits ist der Asylanspruch deshalb eingeschränkt, weil er bei einer Einreise über sichere Drittstaaten nicht in Anspruch genommen werden kann (siehe Kapitel 4 und 6). Von daher ist es sehr unwahrscheinlich, dass sich Wirtschaftsflüchtlinge in nennenswertem Umfang erfolgreich auf dieses Grundrecht berufen können. Zumindest *diese* Vorschrift stellt also kein Problem dar – was immer auch Herr Merz behaupten mag.

WAS MUSS GEÄNDERT WERDEN?

Nach all dem Vorhergesagten dürfte es auf der Hand liegen, was geschehen muss, damit die deutsche Migrationspolitik die Bezeichnung »rational« verdient.

Fangen wir wieder mit der Einwanderungspolitik an. Vor allem ist es notwendig, dass wir ein Einwanderungsgesetz bekommen, das diesen Namen auch verdient. Darin wären, erstens, das Ziel der Einwanderungspolitik zu bestimmen und, zweitens, die Mechanismen und Maßnahmen zur Erreichung dieses Ziels festzulegen. Um ständige Gesetzesänderungen zu vermeiden und die notwendige Flexibilität zu gewährleisten, sollten allerdings die Details durch Verordnungen der Bundesregierung geregelt werden können. Neu zu schaffen wäre der Rechtsstatus »Einwanderer«. Dabei würde es sich um Ausländer handeln, die sofort eine (unbefristete) Niederlassungserlaubnis erhalten. Wir können davon ausgehen, dass das Ziel der Einwanderungspolitik darin besteht, hochqualifizierte Ausländer als Einwanderer für Deutschland zu gewinnen. Durch Rechtsverordnung wäre dann – entweder jährlich oder, vorzugsweise, für mehrere Jahre im Voraus – festzulegen, welche Zahl an Einwanderern angestrebt wird und welche Qualifikationen diese aufweisen sollten. Als Mittel zur Auswahl dieser Einwanderer bietet sich ein Punktesystem an, welches z. B. Art und Niveau des Berufs- bzw. Studienabschlusses, Alter, Sprachkenntnisse oder – falls dies gewollt ist – kulturelle Distanz berücksichtigen würde. Dieses System und die zu berücksichtigenden Faktoren wären im Gesetz zu regeln, wohingegen die genaue Festlegung, wie viele Punkte für welche

Ausprägung der zu berücksichtigenden Faktoren vergeben
werden und ab welcher Punkteschwelle ein Einwanderungsvisum erteilt wird, wiederum Gegenstand einer Rechtsverordnung wäre. Auf diese Weise könnte man gezielt auf den
Mangel an bestimmten Fachkräften reagieren und den unterschiedlichen volkswirtschaftlichen Nutzen verschiedener Be-
rufs- und Studienabschlüsse berücksichtigen. Aus heutiger
Sicht werden beispielsweise Elektriker und Heizungsinstal-
lateure dringender benötigt als Friseure oder Kosmetikerin-
nen und Ingenieure und Informatiker stärker nachgefragt als
Theaterwissenschaftler oder Ägyptologen oder – soll ich es zugeben? – Volkswirte. Im Übrigen wäre zu prüfen, ob Maßnahmen zur Steigerung der Attraktivität Deutschlands als Einwanderungsland (z. B. Steuervorteile oder die Erstattung von
Umzugskosten) notwendig sind. Das würde abhängen von der
Zahl und der Qualifikation der Interessenten und könnte außerhalb des Einwanderungsgesetzes geregelt werden.

Neben dieser potentialorientierten Ausrichtung sollte auch
die marktorientierte Ausrichtung nicht vernachlässigt werden.
Es sollte weiterhin möglich sein, dass ausländische Fachkräfte (also Ausländer mit einer qualifizierten Berufsausbildung
oder einem Hochschulabschluss) nach Deutschland kommen
dürfen, wenn sie entweder ein Arbeitsplatzangebot haben
oder einen Arbeitsplatz suchen wollen. Wie bisher sollten diese Aufenthaltserlaubnisse befristet werden, wobei sich an die
kurzfristige »Sucherlaubnis« natürlich im Erfolgsfall eine längerfristige »Arbeitserlaubnis« anschließen würde. Dabei sollte es keinen Unterschied machen, ob ein Ausländer seine Ausbildung oder sein Studium in Deutschland oder im Ausland
absolviert hat. Bei der Vergabe der Arbeitserlaubnisse müsste
aus offensichtlichen Gründen wie bisher darauf geachtet werden, dass Qualifikation und Arbeitsplatz zusammenpassen.
Für einen Kunsthistoriker, der eine Stelle als Museumslei-
ter antritt, träfe dies zu; für einen Kunsthistoriker, der einen
Job als Taxifahrer gefunden hat, dagegen nicht. Ein Spezialfall dieser befristeten Arbeitserlaubnisse stellt die Blaue Karte

EU dar, die ohne Probleme in die marktorientierte Politik integriert werden könnte (wie das schon jetzt der Fall ist). Ebenfalls wie bisher könnte dann nach Ablauf einer gewissen Frist eine (unbefristete) Niederlassungserlaubnis beantragt werden. Im Wesentlichen würden diese Regelungen den diesbezüglichen Normen des Aufenthaltsgesetzes entsprechen. Sie sollten allerdings ins neue Einwanderungsgesetz übernommen werden. Schließlich kann auch ein zunächst zeitlich begrenzter Arbeitsaufenthalt in eine Einwanderung münden – und schließlich besteht deswegen auch ein direkter Zusammenhang zwischen den beiden »Zweigen« der Einwanderungspolitik: Je mehr Ausländer eine Niederlassungserlaubnis auf dem Umweg über eine zeitlich befristete Aufenthaltserlaubnis erlangen, desto weniger Einwanderungsvisa sind bei einer bestimmten Zielgröße für die Einwandererzahl zu vergeben.

Ein solches Vorgehen, also die Trennung von eher kurzfristiger Marktorientierung und eher langfristiger Potentialorientierung ist aus zwei Gründen sinnvoll: Zum einen werden nicht alle Ausländer auf Dauer, sondern einige nur zeitweise in Deutschland arbeiten wollen, sodass diese nicht gleich eine Niederlassungserlaubnis benötigen bzw. anstreben. Und ohne diese Alternative müsste Deutschland auf solche zeitweisen Arbeitsaufenthalte verzichten, die ja durchaus auch von gesamtwirtschaftlichem Vorteil sein können (man denke nur an Saisonarbeitskräfte). Zum anderen sollte man die Vergabe eines Einwanderungsvisums, d. h. des Rechts, sich auf Dauer in Deutschland niederzulassen, *nicht* von den Entscheidungen der Arbeitgeber über Einstellung oder Nichteinstellung abhängig machen, da diese natürlich nur ihre privatwirtschaftlichen Interessen und keine übergeordneten, gesamtwirtschaftlichen Aspekte berücksichtigen. Aus diesem Grund sollte man bei dem marktorientierten Zweig der Einwanderungspolitik auch die Möglichkeit im Gesetz vorsehen, die Bundesagentur für Arbeit durch Rechtsverordnung zu Vorrangprüfungen und ähnlichen Interventionen zu ermächtigen, da das Auftreten arbeitsmarktpolitischer Probleme nicht ausgeschlossen werden kann.

Im Übrigen muss natürlich weiterhin die Möglichkeit bestehen, dass Ausländer in Deutschland ein Studium oder eine Berufsausbildung absolvieren können. Nicht zulässig darf allerdings die Einreise zum Zweck der Studienplatz- bzw. Ausbildungsplatzsuche sein, da hier die Missbrauchsgefahr zu hoch ist. Die diesbezüglichen Regelungen sollten im Aufenthaltsgesetz verbleiben, da sie nicht unmittelbar Gegenstand der Einwanderungspolitik sind.

Nicht ins Einwanderungsgesetz gehören und aus dem Aufenthaltsgesetz unbedingt zu entfernen sind die Regelungen zur Duldung abgelehnter Asylbewerber und zur Gewährung einer Aufenthaltserlaubnis für geduldete Flüchtlinge. Diese Regelungen sind nicht nur an sich verfehlt, sondern stehen auch einer sauberen Trennung zwischen Flüchtlings- und Einwanderungspolitik entgegen. Auf die Gründe hierfür müssen wir an dieser Stelle nicht noch einmal eingehen ... Einer solchen Trennung *nicht* entgegenstehen würde natürlich die Gleichbehandlung von Flüchtlingen und von Ausländern, die keine Flüchtlinge sind, bei der Vergabe der Einwanderungsvisa und der Aufenthaltsgenehmigungen zur Erwerbstätigkeit bzw. Arbeitsplatzsuche. Warum sollten Flüchtlinge, die entsprechend hoch qualifiziert sind, sich nicht längerfristig oder auf Dauer in Deutschland aufhalten dürfen? Dabei sollte es auch keine Rolle spielen, ob der Asylantrag abgelehnt oder akzeptiert wurde. Im Sinne einer konsequenten Trennung von Flüchtlings- und Einwanderungspolitik sollte man dies nicht explizit im Einwanderungsgesetz regeln; es würde vollkommen ausreichen, wenn Flüchtlinge nicht explizit ausgeschlossen sind. Und auf diese Art und Weise wäre auch gewährleistet, dass sie nicht schlechter, aber auch nicht besser behandelt werden als andere Ausländer – sodass *diese* Möglichkeit des »Spurwechsels« *keine* zusätzlichen Anreize für Wirtschaftsflüchtlinge schaffen würde.

Und damit sind wir auch schon mitten in der Flüchtlingspolitik. Was muss hier geändert werden? Eine ganze Menge! Wir können uns hier aber relativ kurz fassen, da wir Bezug auf die im letzten Abschnitt vorgetragene Kritik nehmen können. Zuallererst ist es wichtig, dass eine Obergrenze für die Aufnahme von Flüchtlingen etabliert wird. Diese wäre im Asylgesetz zu verankern, wobei die genauen Zahlen – ähnlich wie im Fall der Einwanderungspolitik – durch die Regierung auf dem Wege der Rechtsverordnung festzulegen wären. Auf der Grundlage einer solchen Obergrenze wären dann auch Verhandlungen über die Verteilung der in der EU um Asyl nachsuchenden Flüchtlinge auf die einzelnen Mitgliedsländer zu führen – wobei solche Verhandlungen umso problemloser wären, je weniger Flüchtlinge Asyl in der EU beantragen. Aus diesem Grund – und weil eine Obergrenze an sich noch nicht das Flüchtlingsproblem lösen würde – sind eine Reihe weiterer Maßnahmen unabdingbar. Dabei wäre insbesondere an folgende zu denken: *Erstens* sollten die den Asylbewerbern und den Asylberechtigten gewährten Leistungen deutlich reduziert und, zumindest zum Teil, in Form von Sachleistungen gewährt werden, um die Anreize für Wirtschaftsflüchtlinge zu senken. Dies setzt Änderungen im Asylbewerberleistungsgesetz und in verschiedenen Sozialgesetzbüchern voraus. *Zweitens* sollte das Asylgesetz mit dem Ziel einer Beschränkung auf nachvollziehbare, überprüfbare und objektiv vorhandene Fluchtgründe durchforstet werden – wozu hauptsächlich politische Verfolgung und Kriegshandlungen zählen. Dagegen erscheinen Gründe wie »psychische Gewalt« oder »Verfolgung durch nichtstaatliche Akteure« sowie gewisse Abschiebungsverbote eher problematisch. *Drittens* sollte die Asylverfahrensdauer auch dadurch verkürzt werden, dass der Rechtsweg anreizkompatibler ausgestaltet wird. Im Gegensatz zur jetzigen Regelung sollte eine gerichtliche Überprüfung nur in einer Instanz möglich sein, sollten Gerichtskosten grundsätzlich erhoben werden und sollte Prozesskostenhilfe grundsätzlich nicht gewährt werden. Dadurch würde sichergestellt, dass der Rechtsweg nur bei begründeter Aussicht auf Erfolg und nicht,

um Zeit zu gewinnen, beschritten wird. Da im Erfolgsfall der
Kläger die Gerichts- und Anwaltskosten erstattet bekommen
würde, erscheint ein solches Vorgehen rechtfertigbar.[182] Geändert werden müsste zu diesem Zweck das Asylgesetz und die
Zivilprozessordnung. *Viertens* sollte die Duldung abgelehnter Asylbewerber nicht mehr möglich sein, sodass die diesbezüglichen Vorschriften des Aufenthaltsgesetzes und alle damit
in Verbindung stehenden Regelungen entfallen müssten. Damit wäre ein weiterer wichtiger Schritt zur Reduktion der Anreize für Wirtschaftsflüchtlinge getan – und, wie schon mehrmals erwähnt, endlich die Trennung von Flüchtlings- und
Einwanderungspolitik realisiert. Dies muss selbstverständlich einhergehen mit der konsequenten und unverzüglichen
Rückführung abgelehnter Asylbewerber in ihre Heimat. *Fünftens* müssen der Grenzschutz und die Grenzkontrolle verbessert werden: Was die Grenzen der Bundesrepublik angeht, so
sollten Grenzbehörden oder andere Polizeiorgane ohne Einschränkungen unberechtigt oder illegal einreisende oder eingereiste Flüchtlinge außer Landes schaffen dürfen; Flüchtlinge
ohne gültige Reise- oder Ausweisdokumente wären (zumindest im Regelfall) an der Grenze abzuweisen; die entsprechende Regelung des Asylgesetzes wäre zu reformieren.[183] Und was
die Seegrenze der EU zum Mittelmeer angeht, so sollten Schif-
fe der Küstenwache oder der Marine von EU-Mitgliedsstaaten,
welche Flüchtlinge außerhalb der Küstengewässer der EU retten, diese an den (mutmaßlichen) Ausgangspunkt ihrer Überfahrt zurückbringen dürfen. Damit dadurch das Asylrecht
»echter« Flüchtlinge nicht zu sehr eingeschränkt wird, sollte die Möglichkeit geschaffen werden, auch in den diplomatischen Vertretungen der EU-Mitgliedsländer in Drittstaaten
Asyl zu beantragen. Im Fall von Deutschland müsste dazu das
Asylgesetz geändert werden. Die Art und Weise des Umgangs
mit Flüchtlingen auf hoher See ist dagegen nicht Gegenstand
des deutschen Rechts (zumindest nicht direkt). Die damit verbundenen rechtlichen Probleme werden wir im folgenden Kapitel ansprechen.

Auch wenn es so aussieht, als ob im Gebäude der deutschen Flüchtlingspolitik kein Stein auf dem anderen bleiben könnte, so muss doch deren Grundstein nicht verrückt werden: das Asylrecht gemäß Artikel 16a Grundgesetz. In seiner gegenwärtigen Form ist es problemlos mit einer rationalen Flüchtlingspolitik vereinbar.

WAS KANN GEÄNDERT WERDEN?

Nachdem wir im vorherigen Abschnitt unsere Forderungen zur Reform der Migrationspolitik ohne Rücksicht auf irgendwelche rechtlichen Hindernisse (»de lege ferenda«) vorgetragen haben, wollen wir uns jetzt überlegen, ob und inwieweit diese Forderungen aus rechtlicher Sicht überhaupt umsetzbar sind – oder mit anderen Worten: ob und inwieweit die gegenwärtige Rechtslage mit den von uns für sinnvoll und notwendig gehaltenen Reformen vereinbar ist (»de lege lata«).

Beginnen wir wieder mit der Einwanderungspolitik. Wenn wir einmal den Punkt »Wegfall der Duldung von abgelehnten Asylbewerbern«, der ja bei der Einwanderungs- und der Flüchtlingspolitik genannt wurde, hier ausklammern und später im Rahmen der Flüchtlingspolitik diskutieren, dann erscheint die Reform der Einwanderungspolitik vollkommen unproblematisch zu sein. Rechtliche Hindernisse für die von uns vorgeschlagene Einwanderungspolitik lassen sich jedenfalls nicht erkennen – zumindest nicht aus der Sicht eines Ökonomen und Nichtjuristen. Falls der notwendige politische Wille aufgebracht wird und die notwendigen politischen Mehrheiten gefunden werden, dann kann Deutschland die von uns vorgeschlagene Reform ohne weiteres umsetzen. Dies liegt vor allem daran, dass die Einwanderungspolitik (noch?) nicht »vergemeinschaftet« und deshalb die Sache der einzelnen EU-Mitgliedsstaaten ist. Deutschland ist also souverän hinsichtlich seiner Einwanderungspolitik. Dieser Einschätzung steht auch die Blaue Karte EU nicht entgegen, da die Mitgliedsländer über die Zahl der von ihnen zu vergebenden Karten und die Anforderungen, die an deren Vergabe gestellt werden, selbst entscheiden können.

Vollkommen anders liegt der Fall bei der Flüchtlingspolitik. Auch für Nichtjuristen ist klar erkennbar, dass die Umsetzung unserer (oder ähnlicher) Reformvorschläge auf große rechtliche Hindernisse stoßen würde – Hindernisse, die einerseits der »Vergemeinschaftung« der Flüchtlingspolitik in der EU, andererseits gewissen völkerrechtlichen Verpflichtungen geschuldet sind. Aber lassen Sie uns der Reihe nach vorgehen. Auch hier nehmen wir an, dass sich in der deutschen Politik die Überzeugung von der Notwendigkeit einer grundlegenden Reform der Flüchtlingspolitik durchgesetzt hat – zugegebenermaßen in diesem Fall eine heroische Annahme. Wie könnte es weitergehen? Auf der Ebene des deutschen Rechts scheint es keine unüberwindlichen Hindernisse für die Realisierung unserer Reformvorschläge zu geben. So dürfte sich auch das Benachteiligungsverbot des § 33c Erstes Sozialgesetzbuch nicht als problematisch erweisen, das eine Ungleichbehandlung zwar unter anderem aus Gründen der ethnischen Herkunft, nicht aber aus Gründen der Nationalität verbietet. Es ist aber infolge des in Kapitel 4 zitierten Urteils des Bundesverfassungsgerichts wahrscheinlich, dass § 1 Erstes Sozialgesetzbuch dahingehend geändert werden muss, dass bei Flüchtlingen nicht das »soziale«, sondern nur das »humanitäre« Existenzminimum abzusichern ist. Nur unter dieser Voraussetzung wird man die entsprechenden Leistungsgesetze ändern und die Sozialleistungen für Flüchtlinge kürzen können.

Wie sieht es mit unserem Grundgesetz aus? Aus meiner Sicht stehen die vorgeschlagenen Regelungen jedenfalls nicht in Widerspruch zu Artikel 1: Sie tasten also nicht die Menschenwürde an und verstoßen nicht gegen »unverletzliche und unveräußerliche« Menschenrechte. Auf den ersten Blick problematischer scheint der Fall des allgemeinen Diskriminierungsverbots von Artikel 3 III zu liegen, da ja Flüchtlinge und Einheimische beim Bezug sozialer Leistungen und bei der Gewährung von Prozesskostenhilfe unterschiedlich behandelt werden sollen. Und Artikel 3 III verbietet ausdrücklich, dass jemand »wegen (...) seiner Abstammung, seiner Rasse, seiner Sprache, seiner Heimat und Herkunft (...) benachteiligt oder bevorzugt« wird. Allerdings ist nach herrschender Meinung dieses Verbot nicht absolut zu verstehen, sondern setzt einer etwaigen Ungleichbehandlung nur hohe Hürden: Sie darf nicht willkürlich sein und sie muss legitim, angemessen und notwendig sein.[184] Meiner bescheidenen Meinung nach kann unser Reformvorschlag diese Hürden überwinden: Er bezweckt unter anderem den Schutz deutscher Grenzen und die Gewährleistung der Stabilität und Integrität des Systems der sozialen Sicherung; dabei handelt es sich zweifelsohne um sehr hohe Güter, die eine gewisse Ungleichbehandlung gerechtfertigt erscheinen lassen – vor allem dann, wenn sie (wie wir hoffen gezeigt zu haben) zur Erreichung dieser Ziele notwendig ist. Ob ich mit dieser Einschätzung richtig liege oder nicht, müssen Verfassungsrechtler entscheiden. Nicht zulässig ist jedenfalls, unsere Reformvorschläge mit dem bloßen Verweis auf die mit ihnen einhergehende Ungleichbehandlung pauschal als Diskriminierung zu verurteilen und abzulehnen. Eine differenzierte Betrachtungsweise ist notwendig, der man jedenfalls nicht gerecht werden kann, wenn man – wie leider in der politischen Debatte gang und gäbe – den Vorwurf der Diskriminierung als Totschlagargument (ähnlich dem Vorwurf des Rassismus) verwendet.

Zu diesem Punkt sei mir ein kleiner Exkurs gestattet: Das Verb »diskriminieren« stammt aus dem Lateinischen (»discriminare«) und bedeutet »unterscheiden«, ist also grundsätzlich wertfrei. In der Tat findet Diskriminierung *in diesem Sinn* im privaten und öffentlichen Leben ständig statt – ja mehr noch, privates und öffentliches Leben wären ohne sie nicht denkbar. Wenn ein Unternehmen nur Abiturienten als Bewerber für einen Ausbildungsplatz akzeptiert, diskriminiert es Haupt- und Realschüler. Wenn die Bundeswehr bei ihren Kampfjetpiloten maximale Sehschärfe verlangt, diskriminiert sie Fehlsichtige. Und wenn der Steuergesetzgeber Kapitaleinkünfte im Rahmen der Einkommensteuer bevorzugt behandelt, diskriminiert er die Bezieher von z. B. Einkünften aus unselbständiger Arbeit. Entscheidend dafür, ob Diskriminierung ungerecht oder rechtswidrig ist, ist mithin nicht die Tatsache der Ungleichbehandlung, sondern der damit verfolgte Zweck. Verwerflich erscheint eine Ungleichbehandlung nur dann, wenn es für sie keine übergeordneten Gründe gibt, sondern sie Selbstzweck ist, also nur der Schädigung und Benachteiligung bestimmter Gruppen dient. Bei unseren Beispielen ist das offenbar nicht der Fall, sodass eine Ungleichbehandlung gerechtfertigt werden kann – obwohl die meisten Finanzwissenschaftler im Fall des Steuerbeispiels die für die Ungleichbehandlung verschiedener Einkunftsarten vorgebrachten Gründe nicht als wirklich überzeugend ansehen.

Aber zurück zu unserem Thema: Ohne das Ergebnis der verfassungsrechtlichen Prüfung unserer Vorschläge vorwegnehmen zu wollen, gehen wir für den Zweck unserer Diskussion nun davon aus, dass es für unsere Reform keine Hindernisse durch das Grundgesetz gibt. Aber damit ist die Reform der Flüchtlingspolitik noch nicht in trockenen Tüchern – bei weitem nicht. Eine Änderung des deutschen Rechts mit dem Ziel der Reform der Flüchtlingspolitik in der von uns vorgeschlagenen Richtung würde mit den Vorschriften des Gemeinsamen Europäischen Asylsystems kollidieren, also mit den drei Asylrichtlinien, die in Kapitel 4 vorgestellt wurden. Diese gewähren Flüchtlingen unter anderem denselben Zugang zu Sozialleistungen wie Einheimischen und das Recht auf unentgeltliche Rechtsberatung und Rechtsvertretung zumindest in erstinstanzlichen Asylverfahren. Es ist klar, das wegen solcher und ähnlicher Regelungen eine wirklich grundlegende Reform der Flüchtlingspolitik auf nationaler Ebene nicht möglich ist. Der Spielraum der einzelnen Mitgliedsländer für rein nationale Maßnahmen ist zwar nicht gleich Null,

aber viel zu klein. Und die durch das Gemeinsame Europäische Asylsystem gemachten Vorgaben einfach zu ignorieren,
ist auch keine Option. Dessen Richtlinien entfalten zwar keine unmittelbare Rechtswirkung in den einzelnen Mitgliedsstaaten, aber Verstöße gegen diese Richtlinien würden nicht
ohne Folgen bleiben. Wenn ein Mitgliedsland unter Missach-
tung der Asylrichtlinien seine Flüchtlingspolitik reformieren
sollte, würde es erstens ein Vertragsverletzungsverfahren gegen sich vor dem Europäischen Gerichtshof provozieren, das
zu hohen Bußgeld- und Zwangsgeldzahlungen führen würde. Zweitens würde sich ein solches Land wahrscheinlich einer Vielzahl von Klagen auf Schadenersatz ausgesetzt sehen,
die die Begünstigten der Richtlinien, gegen die verstoßen wurde, also die Flüchtlinge, erheben könnten.

Von daher muss eine Reform der deutschen Flüchtlingspolitik zwangsläufig einhergehen mit einer Reform der europäischen Flüchtlingspolitik: Erstere kann nur im Rahmen von
letzterer stattfinden. Aber was wäre, wenn das Gemeinsame
Europäische Asylsystem – was man kaum zu hoffen wagt – so
reformiert werden würde, dass es einer ökonomisch rationalen Flüchtlingspolitik nicht länger im Wege stehen würde?
Oder was wäre, wenn das Gemeinsame Europäische Asylsystem abgeschafft und die Flüchtlingspolitik renationalisiert
werden würde? Wäre dann der Weg frei für die Umsetzung unserer Reformvorschläge in deutsches Recht?

Diese Frage muss man verneinen, da die zwei völkerrechtlichen Regelwerke, die zum einen das Gemeinsame Europäische Asylsystem wesentlich beeinflusst haben und zum anderen auch direkt Eingang in das deutsche Asylrecht gefunden
haben, weiterhin bestehen bleiben würden: die Genfer Flüchtlingskonvention und die Europäischen Menschenrechtskonvention (siehe Kapitel 4).[185]

Ich komme nun zum kontroversesten und provozierends-
ten Teil meiner Ausführungen. Denn die folgenden Überlegungen stellen die Zeitgemäßheit dieser beiden Konventionen
in Frage, die ja das Fundament der deutschen und der europä-

ischen Asylpolitik bilden. Ich bitte den Leser, das Buch nicht gleich voll Empörung in die nächste Ecke zu schleudern, sondern sich solange zurückzuhalten, bis ich meine Gründe für dieses Sakrileg vorgetragen habe. Lassen Sie mich zunächst einen kurzen Blick auf die Entstehungsgeschichte beider Konventionen werfen. Die Genfer Flüchtlingskonvention wurde am 28.7.1951 verabschiedet und trat am 22.4.1954 in Kraft. Sie wurde zur Bewältigung der Flüchtlingsproblematik im Gefolge des Zweiten Weltkriegs geschaffen; deswegen beschränkt Artikel 1 ihren Anwendungsbereich explizit auf Fluchtgründe, die vor dem 1.1.1951 eingetreten sind. Mit dem Protokoll vom 31.1.1967 (in Kraft getreten am 4.10.1967) wurde diese Beschränkung gestrichen, sodass ab diesem Zeitpunkt die Konvention für alle Flüchtlinge ohne jegliche zeitliche (oder räumliche) Begrenzung gilt. Die Europäische Menschenrechtskonvention ist ebenfalls dem Zweiten Weltkrieg mit seinen massiven Menschenrechtsverletzungen geschuldet. Sie wurde am 4.11.1950 verabschiedet und trat am 3.9.1953 in Kraft. Bis heute wurde sie durch bislang 16 Zusatzprotokolle ergänzt. Wie aber sah die Flüchtlingsproblematik in dieser Zeit aus?

Wie aus Abbildung 8.3 ersichtlich ist, wurden von 1953 (dem Jahr, in dem erstmals die Zahl der Asylanträge in Deutschland erfasst wurde) bis 1967 (dem Jahr, in dem das Protokoll zur Genfer Flüchtlingskonvention verabschiedet wurde und in Kraft trat), also in einem Zeitraum von 15 Jahren, insgesamt 60 091 Asylanträge registriert, mithin ca. 4 000 pro Jahr.[186] Man vergleiche damit die aktuellen Zahlen: In den vier Jahren von 2015, als die aktuelle Flüchtlingskrise begann, bis 2018 wurden 1 630 730 Asylanträge gestellt, also ca. 407 700 pro Jahr (siehe Abbildung 8.3). Die jahresdurchschnittlichen Asylantragszahlen haben sich also mehr als verhundertfacht! Und nicht nur das: In den 50er und 60er Jahren des 20. Jahrhunderts bewegten sich Flüchtlinge überwiegend von Osten nach Westen und zwar innerhalb Europas; ihr Fluchtgrund war fast immer ein politischer. Beispielsweise war der Anstieg der

Asylantragszahlen im Jahr 1956 auf den Volksaufstand in Ungarn und dessen Niederschlagung durch die Rote Armee zurückzuführen. Heute dagegen verlaufen die Flüchtlingsströme von Süden nach Norden und über Kontinente hinweg, wobei vor allem wirtschaftliche Motive die treibende Kraft sind. Berücksichtigt man außerdem, dass die kulturelle Distanz zwischen Flüchtlingen und der Bevölkerung ihrer Zielländer im Durchschnitt früher wesentlich geringer war als heute, so wird klar, dass die frühere und die heutige Flüchtlingssituation einander diametral entgegengesetzt sind. Angesichts dessen ist es meines Erachtens durchaus gerechtfertigt, dass man sich einmal leidenschaftslos und nüchtern – oder, wie der Lateiner sagt, *sine ira et studio* – überlegt, ob Konventionen heute noch angemessen und zeitgemäß sind, die zu einer Zeit verabschiedet wurden, als die Flüchtlingsproblematik (sofern man überhaupt davon sprechen kann, dass damals eine solche vorlag) ein viel geringeres Ausmaß und einen völlig anderen Charakter hatte als die heutige Flüchtlingsproblematik. Zumindest diese Überlegung sollte doch erlaubt sein …

Zu diesem Zweck müssen wir zunächst klären, ob und inwieweit die Regelungen der Genfer Flüchtlingskonvention und der Europäischen Menschenrechtskonvention einer grundlegenden Reform der Flüchtlingspolitik entgegenstehen. Beginnen wir mit der Genfer Flüchtlingskonvention. Hier sind es vor allem drei Artikel, die man als problematisch ansehen wird. In Artikel 16 II verpflichten sich die Vertragsstaaten, Flüchtlingen »hinsichtlich des Zugangs zu den Gerichten einschließlich des Armenrechts und der Befreiung von Sicherheitsleistung für Prozesskosten dieselbe Behandlung« wie den eigenen Staatsangehörigen zukommen zu lassen. Artikel 23 gewährt Flüchtlingen »auf dem Gebiet der öffentlichen Fürsorge und sonstigen Hilfeleistungen die gleiche Behandlung« wie den Staatsangehörigen des jeweiligen Aufnahmelandes. Und Artikel 34 verpflichtet die Vertragsstaaten, »so weit wie möglich die Eingliederung und Einbürgerung der Flüchtlinge [zu] erleichtern.« Gerade die letztgenannte Vorschrift ist

Abb. 8.3   Entwicklung der jährlichen Asylantragszahlen von 1953 bis 2018

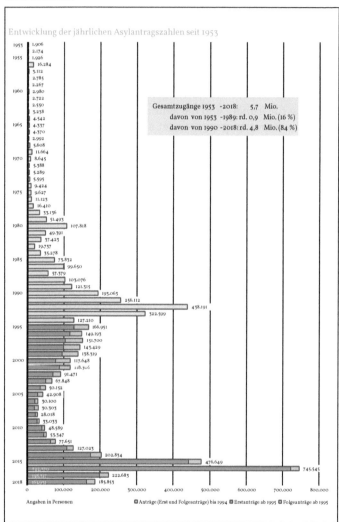

(Quelle: *Bundesamt für Migration und Flüchtlinge* 2019a, 3)

höchst problematisch: Sie schließt praktisch die notwendige Trennung zwischen Einwanderungs- und Flüchtlingspolitik aus. Ihre Entstehung ist nur vor dem Hintergrund der politischen Verfolgungen nach Ende des Zweiten Weltkriegs und während des Kalten Kriegs zu verstehen: Flüchtlinge, die vor der Repression kommunistischer Regimes aus Osteuropa nach Westeuropa flohen, konnten nicht damit rechnen, irgendwann in ihre Heimat zurückkehren zu können. Diese drei Artikel stehen in deutlichem Widerspruch zu wesentlichen Elementen der von uns vorgeschlagenen Reform.

Wie sieht es mit der Europäischen Menschenrechtskonvention aus? Es gibt auch hier einige Normen, die für die Flüchtlingspolitik und ihre Reform relevant sind: Zu nennen wäre zuallererst das Diskriminierungsverbot. In seiner ursprünglichen Fassung in Gestalt von Artikel 14 war zwar die Diskriminierung unter anderem wegen der nationalen Herkunft untersagt; auch enthielt die Liste unzulässiger Diskriminierungsgründe die sehr allgemeine Formulierung, wonach niemand »wegen (...) eines sonstigen Status« diskriminiert werden darf. Aber Artikel 14 bezog sich nur auf die von der Konvention »anerkannten Rechte und Freiheiten«. Der Anwendungsbereich des Diskriminierungsverbots wurde durch das Protokoll Nr. 12 vom 4.11.2000 wesentlich erweitert und auf »jedes gesetzlich niedergelegte Recht« ausgedehnt; außerdem darf niemand »von einer Behörde« diskriminiert werden (Art. 1 Protokoll Nr. 12). Die von uns vorgeschlagene Ungleichbehandlung von Flüchtlingen und einheimischer Bevölkerung in Bezug auf Sozialleistungen und Prozesskostenhilfe ist damit offensichtlich nicht vereinbar. Daneben finden sich ebenfalls sehr allgemeine Formulierungen in Artikel 3 (Verbot »unmenschlicher oder erniedrigender Behandlung«) und Artikel 5 (»Recht auf Freiheit und Sicherheit«), die so weit ausgelegt und so großzügig interpretiert werden können, dass, wie erwähnt, selbst die Abschiebung von Flüchtlingen aus der Schweiz nach Italien als Verstoß gegen die Europäische Menschenrechtskonvention gewertet werden kann. Deshalb ist damit zu rech-

nen, dass auch gewisse der von uns vorgeschlagenen Maßnahmen, wie etwa die Einschränkung der anzuerkennenden
Fluchtgründe, die strengere Handhabung des Abschiebungs-
verbotes oder der Ausschluss der Duldung, das Missfallen der
Richter des Europäischen Gerichtshofs für Menschenrechte
hervorrufen würden. Ein besonderes Problem stellt schließlich die Ausdehnung des Geltungs- und Anwendungsbereichs
der Konvention vom Hoheitsgebiet der Vertragsstaaten auf internationale Gewässer dar (siehe Kapitel 4): Damit wird ausgeschlossen, dass auf dem Mittelmeer gerettete Bootsflücht-
linge wieder an den Ausgangspunkt ihrer Fahrt, also in den
meisten Fällen an die nordafrikanische Küste, zurückgebracht
werden. Denn dies würde vor allem gegen den erwähnten Artikel 3 sowie den Artikel 4 (»Verbot der Kollektivausweisung«)
des Protokolls Nr. 4 vom 16.9.1963 verstoßen.[87] Die europäischen Staaten werden so vor ein Dilemma gestellt – das Dilemma, sich zwischen Seenotrettung und effektivem Grenzschutz entscheiden zu müssen. Es gibt zwar keine rechtliche
Verpflichtung, im Mittelmeer zu patrouillieren, um zur Rettung von Schiffbrüchigen bereitzustehen. Aber wenn man dies
tut, dann müssen die Geretteten nach Europa gebracht werden. Der Mittelweg, auf dem man Seenotrettung und Grenzschutz in Einklang bringen könnte, nämlich die Rettung und
Rückführung von seebrüchigen Flüchtlingen, ist Europa damit
verwehrt.

Wir können also festhalten, dass sowohl die Genfer Flüchtlingskonvention als auch die Europäische Menschenrechtskonvention zu zentralen Elementen der von uns vorgeschlagenen Reformen im Widerspruch stehen. Würde das aber
diese oder eine ähnliche Reform unmöglich machen? An
dieser Stelle kann und will ich nicht ausführlich auf die ju-
ristische Diskussion um den rechtlichen Rang beider Konventionen und auf deren Konsequenzen für die deutsche Ge-
setzgebung und Rechtsprechung eingehen. Ich begnüge mich
mit der Feststellung, dass beide Konventionen, wie andere völkerrechtliche Verträge auch, entsprechend Artikel 59

Grundgesetz auf jeden Fall den Rang einfacher Bundesgesetze haben. Nach ständiger Rechtsprechung des Bundesverfassungsgerichts sind sie außerdem im Rahmen der Auslegung von Gesetzen zu berücksichtigen, was mit dem Grundsatz der Völkerrechtsfreundlichkeit des Grundgesetzes begründet wird. Im Fall der Europäischen Menschenrechtskonvention wurde sogar zum Zweck ihrer Durchsetzung der Europäische Gerichtshof für Menschenrechte in Straßburg geschaffen, dessen Urteile zu befolgen die Vertragsstaaten sich in Artikel 46 der Konvention verpflichtet haben. Mit diesen Urteilen können Vertragsstaaten dazu verpflichtet werden, Verstöße gegen die Konvention abzustellen und der verletzten Partei eine »gerechte Entschädigung« (Art. 41) zu zahlen. Von daher erscheint es insbesondere im Fall der Europäischen Menschenrechtskonvention, aber auch im Fall der Genfer Flüchtlingskonvention äußerst fraglich, ob der »Lex-posterior«-Grundsatz angewandt werden kann, nach welchem ein späteres einem früheren Gesetz gleichen Ranges vorgeht. Vielmehr muss man davon ausgehen, dass die Regelungen der beiden Konventionen *nicht* ohne weiteres durch später verabschiedete einfache Bundesgesetze »erledigt« werden können. Und folglich muss man auch davon ausgehen, dass eine grundlegende Reform der Flüchtlingspolitik *gegen* die beiden Konventionen *nicht* möglich ist. Oder anders ausgedrückt: Eine Reform der Flüchtlingspolitik setzt eine Reform dieser Konventionen voraus. Eine moderne, den heutigen Verhältnissen entsprechende Flüchtlingspolitik ist jedenfalls auf der Grundlage dieser über ein halbes Jahrhundert alten völkerrechtlichen Verträge nicht möglich. In der Genfer Flüchtlingskonvention ist explizit eine Revisionsklausel (Art. 45) vorgesehen, die es so in der Europäischen Menschenrechtskonvention nicht gibt; hier müssten etwaige Änderungen auf dem Weg über ergänzende Protokolle vorgenommen werden. Und schließlich kann man sich als Vertragsstaat von den Verpflichtungen beider Konventionen auch durch Kündigung befreien – mit einer Frist von einem Jahr im Fall der Genfer

Flüchtlingskonvention (Art. 44) und mit einer Frist von einem halben Jahr im Fall der Europäischen Menschenrechtskonvention (Art. 58).[188]

Man muss also eine Wahl treffen: zwischen den beiden Konventionen in ihrer jetzigen Form und einer ökonomisch rationalen Flüchtlingspolitik. Ich beeile mich hinzuzufügen, dass diese Wahl *auch aus Sicht der Ökonomie* so oder so getroffen werden kann. Denn schließlich ist das Ziel der Verwirklichung einer rationalen Flüchtlingspolitik sicher kein unwichtiges, aber doch nur eines von vielen Zielen – zwischen denen eine Abwägung erforderlich ist. Ökonomisch gesehen verursacht das Festhalten an den beiden Konventionen Kosten – und zwar in Höhe der Nutzengewinne, die Deutschland dadurch entgehen, wenn es die Flüchtlingspolitik nicht modernisiert. Es ist selbstverständlich möglich, dass die deutsche Bevölkerung bereit ist, diesen Preis zu bezahlen, dass ihr also das Festhalten an Genfer Flüchtlingskonvention und Europäischer Menschenrechtskonvention mehr wert ist als die ökonomischen Vorteile infolge einer grundlegend reformierten Flüchtlingspolitik. Eine solche Entscheidung wäre nachvollziehbar, rechtfertigbar und deshalb in keiner Weise irrational. Und aus diesem Grund hätte ich auch als Ökonom mit einer solchen Entscheidung kein Problem – ebensowenig wie mit einer Entscheidung gegen die beiden Konventionen und für eine grundlegende Reform der Flüchtlingspolitik. Womit ich aber Probleme hätte, und zwar als Ökonom und als Staatsbürger, wäre, wenn gar keine explizite Entscheidung getroffen werden würde – weil eine Hinterfragung und kritische Bewertung beider Konventionen nicht stattfindet und an ihnen unreflektiert festgehalten wird. Eine solche Verabsolutierung von Rechtsnormen, gleich welcher Art, und eine solche Verweigerung jeglicher Kosten-Nutzen-Analyse wäre aus Sicht der Ökonomie nicht akzeptabel. Allerdings – und auch das beeile ich mich hinzuzufügen – gibt es außer der ökonomischen Sichtweise noch andere Sichtweisen, auf Grundlage derer man zu einer anderen Einschätzung gelangen kann.

Auf diese anderen Sichtweisen werde ich im nächsten und letzten Kapitel dieses Buches eingehen. Zuvor möchte ich aber dieses lange und inhaltsreiche Kapitel noch kurz zusammenfassen.

ERGEBNISSE UND SCHLUSSFOLGERUNGEN

Die wichtigsten Resultate unserer Überlegungen zur deutschen Migrationspolitik und zu deren Reform lassen sich wie folgt zusammenfassen:

- Die deutsche Migrationspolitik entspricht aus einer ganzen Reihe von Gründen nicht den Anforderungen an eine ökonomisch rationale Migrationspolitik.
- In der Einwanderungspolitik fehlen klar definierte Ziele. Sie ist ausschließlich marktorientiert und lässt eine langfristige Potentialorientierung mittels eines Punktesystems vermissen. Beiden Problemen sollte im Rahmen eines Einwanderungsgesetzes Rechnung getragen werden.
- In der Flüchtlingspolitik existiert keine effektive Obergrenze für die Flüchtlingsaufnahme; werden zu viele und zu schwer überprüfbare Fluchtgründe anerkannt; sind die Anreize für Wirtschaftsflüchtlinge, das Asylrecht missbräuchlich in Anspruch zu nehmen, zu hoch; und wird die Rückführung abgelehnter Asylbewerber nicht konsequent betrieben. Außerdem werden die europäischen Außengrenzen nur unzureichend geschützt.
- Trotz vollkommen unterschiedlicher Ziele werden Flüchtlings- und Einwanderungspolitik vermischt – indem man sich um die Integration von Flüchtlingen unabhängig von deren Qualifikation bemüht, anstatt dafür zu sorgen, dass abgelehnte Asylbewerber unverzüglich und Asylberechtigte nach Wegfall des Fluchtgrundes in ihre Heimat zurückkehren.

○ Eine Reform der deutschen Einwanderungspolitik ist rein national möglich, wohingegen eine Reform der deutschen Flüchtlingspolitik sowohl eine Reform des Gemeinsamen Europäischen Asylsystems als auch eine Reform von Genfer Flüchtlingskonvention und Europäischer Menschenrechtskonvention voraussetzt – und deshalb sehr schwierig sein wird.

KAPITEL 9

Der Nationalstaat – ein Auslaufmodell?

Ich befürchte, dass der ein oder andere Leser nicht mit allem einverstanden ist, was ich in den ersten acht Kapiteln dieses Buches vorgetragen habe. Aber ich wage auch zu behaupten, dass meine Argumente nachvollziehbar und meine Schlussfolgerungen korrekt sind. Woran kann es also liegen, wenn sie nicht auf allgemeine Zustimmung stoßen? Die Antwort auf diese Frage ist in Kapitel 1 zu suchen, also bei den Prämissen, von denen ich bei meiner Analyse ausgegangen bin. Es ist klar, dass jemand, der diese Prämissen nicht teilt, auch mit den Schlussfolgerungen einer Diskussion, die auf eben diesen Prämissen aufbaut, nicht einverstanden sein wird. Entscheidend dabei ist der *nationalökonomische Standpunkt,* den ich ausdrücklich eingenommen habe. Dieser hat zur Folge, dass bei der Migrationspolitik die Interessen und die Wohlfahrt des Ziellandes, in unserem Fall also Deutschlands, im Mittelpunkt stehen. Diese Position kann man akzeptieren, muss es aber nicht. Denn es gibt auch alternative Standpunkte und Sichtweisen, wie ich schon an der einen oder anderen Stelle angedeutet habe. Zu nennen sind hier der *globalökonomische* Standpunkt und verschiedene *nichtökonomische* Standpunkte. Was darunter jeweils zu verstehen ist, welche Implikationen diese alternativen Sichtweisen haben und wie man sie rechtfertigen kann – damit wollen wir uns in diesem letzten Kapitel beschäftigen.[189]

Wenn sich Leser über den Titel dieses Kapitels wundern

211

sollten, bitte ich sie um etwas Geduld: Der Grund für die Wahl gerade dieses Titels wird bald deutlich werden.

DER GLOBALÖKONOMISCHE STANDPUNKT

Diese Sichtweise ist eine ökonomische, da sie sich der Methode und der Argumentationsweise der Ökonomie bedient (siehe Kapitel 1). Folglich ist sie auch konsequenzialistisch; schließlich beurteilt die Ökonomie Politikalternativen gemäß ihren Konsequenzen. Mit Max Weber könnte man auch von Verantwortungsethik sprechen (siehe Kapitel 6). Grundlage für die Bewertung der Konsequenzen sind die Nutzen der Individuen, die für politische Fragestellungen zu einem Gesamt- oder Kollektivnutzen aggregiert werden müssen. In der angewandten Ökonomie wird zu diesem Zweck meist die utilitaristische Methode herangezogen, gemäß welcher die Nutzen aller Individuen aufaddiert werden und die so ermittelte Nutzensumme als Maßstabe für den Vergleich verschiedener politischer Alternativen verwendet wird. Das Ziel besteht darin, diese Nutzensumme zu maximieren. Da jedoch der Nutzen sehr schwer zu messen ist, werden für wirtschaftspolitische Fragestellungen meist Geldgrößen herangezogen. Statt des Nutzens betrachtet man das Einkommen und statt der Nutzensumme das Sozialprodukt.

Der Unterschied zwischen der national- und der globalökonomischen Sichtweise besteht nun darin, dass im ersten Fall nur der Nutzen bzw. das Einkommen der einheimischen Bevölkerung zählt, im zweiten Fall dagegen der Nutzen bzw. das Einkommen der Weltbevölkerung. Oder anders ausgedrückt: Im ersten Fall besteht das Ziel in der Maximierung der nationalen Wohlfahrt bzw. des nationalen Sozialprodukts, im zweiten Fall in der Maximierung der globalen Wohlfahrt bzw. des globalen Sozialprodukts. Beide Betrachtungsweisen haben wir in Kapitel 2 schon kennengelernt, als wir bei der Ermittlung des »Migrationsüberschusses« zuerst die »globale Perspektive« und dann die »Perspektive des Ziellandes« (also die nationale Perspektive) eingenommen haben. Und wie wir in diesem Kapitel auch gesehen haben, sind die Konsequenzen der Migration durchaus unterschiedlich zu beurteilen, je nachdem, welchen Standpunkt man einnimmt. Es gibt also nicht *die* ökonomische Sichtweise, sondern verschiedene ökonomische Sichtweisen, die zu vollkommen unterschiedlichen Bewertungen führen können.[190]

Dabei besteht eine gewisse migrationspolitische Asymmetrie zwischen beiden Sichtweisen. Vom globalökonomischen Standpunkt aus *muss* die Migration vollkommen frei sein, da so nicht nur das Weltsozialprodukt maximiert werden, sondern auch die globale Ungleichheit abnehmen würde; de facto bräuchte man nicht nur keine Migrationspolitik, sondern diese wäre auf jeden Fall schädlich.[191] Beim nationalökonomischen Standpunkt sind die migrationspolitischen Konsequenzen dagegen nicht eindeutig, sondern hängen von den jeweiligen Umständen ab: Das nationale Sozialprodukt kann durch die Zuwanderung zunehmen, und zwar umso mehr, je besser qualifiziert die Zuwanderer sind. Andererseits kann Zuwanderung dazu führen, dass die wirtschaftliche Leistungsfähigkeit durch steigende Transaktionskosten beeinträchtigt wird und Verteilungsprobleme auftreten. In der heutigen Situation, die durch Migration von meist Niedrigqualifizierten von Süden nach Norden gekennzeichnet ist, empfiehlt sich daher eine eher restriktive Migrationspolitik. Aber das muss nicht immer so sein: Beispielsweise war in der Situation, in der sich die USA im 19. Jahrhundert befanden, eine liberale Migrationspolitik in deren nationalem Interesse.

Für welchen Standpunkt – den nationalökonomischen oder den globalökonomischen – man sich entscheidet, ist keine ökonomische Frage, sondern letztlich eine politische Wertentscheidung. Vertreter der globalökonomischen Sichtweise führen dabei meist Gerechtigkeitsargumente ins Feld.[192]

»Die Einwanderungspolitik [hat] eindeutig von den Inter-

essen sämtlicher Betroffenen auszugehen (...). Wo die Interessen verschiedener Gruppen miteinander in Konflikt treten,
sollten wir alle im gleichen Maß berücksichtigen, was bedeuten würde, dass dringlichere und grundlegendere Interessen
Vorrang vor weniger grundlegenden hätten.«[193]

Zu diesen Argumenten kann man so oder so stehen. Aber es
stellt sich in jedem Fall die Frage nach der politischen Durchsetzbarkeit des globalökonomischen Standpunkts und seiner
migrationspolitischen Implikationen. Darauf werden wir weiter unten noch näher eingehen.

NICHTÖKONOMISCHE STANDPUNKTE

Wenn wir vereinfachend »ökonomisch« und »konsequenzialistisch« gleichsetzen, dann sind nichtökonomische Ansätze vor allem eines: nicht konsequenzialistisch, sondern *deontologisch,* also an Pflichten orientiert. Bei der Bewertung von
Politikalternativen dient als Maßstab nicht eine Konsequenz
derselben (z.B. der aus ihnen resultierende Nutzengewinn
bzw. Nutzenverlust), sondern der Grad der Übereinstimmung
mit bestimmten Prinzipien oder Idealen. Man argumentiert
also nicht mit Kosten oder Nutzen, sondern mit Rechten und
Pflichten. In der Weberschen Terminologie würde man von
Gesinnungsethik sprechen.

Lassen Sie mich zur Illustration kurz auf die am Ende von
Kapitel 8 diskutierte Frage der Beibehaltung oder Nichtbei-
haltung von Genfer Flüchtlingskonvention und Europäischer
Menschenrechtskonvention zurückkommen. Aus ökonomischer bzw. konsequenzialistischer Sicht würde man die Vorteile, die man sich von der Beibehaltung dieser Konvention ver-
spricht, mit den Vorteilen vergleichen, die aus deren Aufgabe
und der so möglichen grundlegenden Reform der Flüchtlingspolitik resultieren würden – und sich entsprechend entscheiden. Aus deontologischer Sicht interessieren die Konsequen-

zen prinzipiell nicht und ein solcher Vergleich würde nicht durchgeführt werden. Stattdessen würde man auf den ethischen oder moralischen Wert der in diesen Konventionen niedergelegten Rechte und Pflichten abstellen. Wenn man im Fall der Genfer Flüchtlingskonvention beispielsweise das Recht der Flüchtlinge auf gleichen Zugang zu den Sozialleistungen wie die Bevölkerung der jeweiligen Gastländer und die Pflicht der Gastländer, Flüchtlinge zu integrieren und deren Einbürgerung zu erleichtern, als moralisch und ethisch zwingend notwendig erachtet, dann steht die Beibehaltung der Genfer Flüchtlingskonvention außer Frage – unabhängig von den Konsequenzen. Überzeugte Gesinnungsethiker würden sogar jede Diskussion um die Beibehaltung und Nichtbeibehaltung dieser Konvention als unmoralisch und verwerflich ansehen.

Welche deontologischen Argumente lassen sich nun im Zusammenhang mit der Migrationspolitik anführen? *Erstens* könnte man sich auf den Standpunkt des *Libertarismus* stellen, nach welchem nur ein Minimalstaat mit ganz wenigen, eng gefassten Kompetenzen mit den individuellen Rechten und Freiheiten der Menschen vereinbar ist.

»Da die Funktion eines libertären Staates strikt auf den Schutz der moralischen Rechte der Individuen beschränkt ist, die ausschließlich aus Eigentums- und Vertragsrechten bestehen, sind Migrationsbeschränkungen, die den *Wert* von Eigentumsrechten – geschweige denn weitergefasste kulturelle Werte – schützen sollen, jenseits seiner rechtmäßigen Autorität.«[194]

Aus libertärer Sicht ist der Staat genauso wenig berechtigt, den Zuzug von Ausländern zu verhindern, wie er berechtigt ist zu verhindern, dass der Bürger *A* sein Haus an die Person *B* verkauft.

Zweitens könnte man *demokratietheoretisch* gegen die staatliche Grenzhoheit und das Recht, die Migration zu beschränken, argumentieren. Zu diesem Zweck wird das »Autonomieprinzip« vorausgesetzt, gemäß welchem die Menschen frei und gleich sind und deshalb für die Ausübung von Zwang Rechtfertigung notwendig ist. Aus Sicht der Demokratietheorie kann diese Rechtfertigung nur in der tatsächlichen Partizipation der dem Zwang unterworfenen Individuen an den diesen Zwang begründenden politischen Prozessen bestehen. Entscheidend dabei ist, dass die Notwendigkeit einer solchen Rechtfertigung prinzipiell nicht begrenzt ist und nicht an der Staatsgrenze endet. Da aber jedes Grenzkontrollregime eines Staates sowohl dessen Bürger als auch und vor allem die Bürger anderer Staaten Zwängen unterwirft, schuldet dieser Staat auch den Bürgern anderer Staaten eine demokratische Rechtfertigung. Diese sind jedoch nicht an der politischen Willensbildung des betreffenden Staates beteiligt, sodass ein Grenzkontrollregime aus diesem Grund nicht gerechtfertigt werden kann.[195]

Drittens, und dies scheint mir das wichtigste Argument zu sein, kann man wiederum von der Prämisse ausgehen, dass alle Menschen den gleichen moralischen Wert haben, und daraus die Folgerung ableiten, dass es insbesondere *keine Bevorzugung von Inländern gegenüber Ausländern* geben darf, wie sie jede restriktive Migrationspolitik, ja überhaupt jede Migrationspolitik, mit sich bringt. Aus diesem Grund vergleicht der kanadische Politologe Joseph H. Carens Beschränkungen der Freizügigkeit mit feudalen Klassenprivilegien:[196] Durch den Zufall der Geburt ist man entweder Bürger eines reichen Industrielandes oder eines armen Entwicklungslandes – genauso wie man früher als Bauer oder als Adeliger geboren wurde. Wenn die Überwindung der feudalen Klassenschranken als ein wichtiger Schritt zu mehr Gerechtigkeit und Chancengleichheit angesehen wird, wie kann man dann die noch bestehenden Schranken rechtfertigen und verteidigen? Denn die Freizügigkeit stellt ein wichtiges Recht dar, dessen Begrenzung gerechtfertigt werden muss. Aber die einzige mögliche Rechtfertigung besteht in der Verteidigung der Privilegien der Bürger der Industrieländer und ist deshalb – aufgrund der Gleichheit aller Menschen – inakzeptabel. Umgekehrt können dieselben Gründe, die zugunsten der innerstaatlichen Freizügigkeit, welche ja als ein allgemeines Menschenrecht anerkannt ist, angeführt werden, auch zugunsten der zwischenstaatlichen Freizügigkeit angeführt werden, sodass, wenn man erstere anerkennt, man auch letztere anerkennen muss. Freizügigkeit ist aber nicht nur an und für sich wichtig und wertvoll; sie dient auch zur Beförderung anderer Werte: Freizügigkeit stellt eine wichtige Voraussetzung für Chancengleichheit dar, denn »man muss dorthin ziehen können, wo die Chancen sind, um sie sich zunutze zu machen.«[197] Außerdem kann sie einen Beitrag zu einer gerechteren Welt leisten, da sie zu einer Verringerung der sozialen und ökonomischen Ungleichheit auf globaler Ebene beitragen kann.[198]

»Die Ausgrenzung so vieler armer und verzweifelter Menschen scheint schwer zu rechtfertigen, wenn man eine Perspektive einnimmt, die die Ansprüche aller Individuen als freie und gleiche moralische Personen ernst nimmt.«[199]

Deontologische Argumente können jedoch nicht nur *zugunsten* der globalen Freizügigkeit bzw. der unbegrenzten Migration vorgetragen werden. Es existieren auch aus deontologischer Sicht ernstzunehmende Gründe *gegen* eine solche Freizügigkeit. Zwei von ihnen erscheinen mir besonders bemerkenswert. *Erstens* könnte man von der *Prämisse der nationalen Souveränität* ausgehen. Zur Erfüllung seiner Aufgaben benötigt ein Staat zwangsläufig territoriale Rechte.

»Und diese Autorität muss das Recht mit einschließen, [eine Person] zur Ausreise zu zwingen, da ein System territorialer Autorität ohne ein gewisses Maß an Kontrolle darüber, wer in seinen Geltungsbereich fällt, nicht funktionieren kann.«[200]

Zweitens ist es möglich, auf Grundlage des *Prinzips der Assoziationsfreiheit* zu argumentieren.[201] Menschen haben ein Recht, sich zu Gemeinschaften zusammenzuschließen; dieses Recht beinhaltet auch das Recht der Nichtassoziation: Die Mitglieder von Gemeinschaften können darüber entscheiden, wen sie aufnehmen wollen – und wen nicht. Dies gilt nicht nur für Vereine, an deren Beispiel das Prinzip der Assoziationsfreiheit häufig erläutert wird, sondern auch für politische Gemeinschaften und hier insbesondere auch für Staaten. Deren Bürger haben das Recht, über die Aufnahme neuer »Mitglieder«, d. h. neuer Bürger, völlig frei zu entscheiden, also eine Migrationspolitik in ihrem Interesse zu betreiben. Denn Einwanderung in einem nennenswerten Umfang beeinflusst zwangsläufig die weitere Entwicklung des betreffenden Staates auf verschiedene Art und Weise. Und wenn die Bürger eines Staates über dessen Schicksal selbst bestimmen wollen, müssen sie auch und vor allem über die Zuwanderung in ihren Staat selbst bestimmen können. Dabei spielt die Bewahrung der Kultur eine wichtige Rolle:

»Zulassung und Ausschluss sind der Kern, das Herzstück von gemeinschaftlicher Eigenständigkeit. Sie sind es, die der Selbstbestimmung einen tieferen Sinn verleihen. Ohne sie gäbe es keine *spezifischen Gemeinschaften,* keine historisch stabilen Vereinigungen von Menschen, die einander in einer speziellen Weise verbunden und verpflichtet sind und die eine spezielle Vorstellung von ihrem gemeinsamen Leben haben.«[202]

Aus dieser Sicht kann es selbstverständlich kein Recht auf Einwanderung geben. Ein solches lässt sich auch nicht aus dem allgemein anerkannten Recht auf Ausreise bzw. Emigration ableiten.

»Aus der Tatsache, dass Individuen ihr eigenes Land rechtmäßig verlassen können, folgt andererseits keineswegs das Recht auf Einwanderung in ein anderes Land. Immigration und Emigration sind moralisch asymmetrisch.«[203]

Um ein triviales Beispiel zu nennen: Wenn ich jemand als Gast in mein Haus eingeladen habe, dann hat er natürlich jederzeit das Recht, wieder zu gehen. Daraus folgt aber noch lange nicht, dass ich jeden, der das will, in mein Haus einladen muss. Und wenn es kein Recht auf Einreise bzw. Einwanderung gibt, kann logischerweise das Recht auf innerstaatliche Freizügigkeit nicht automatisch das Recht auf zwischenstaatliche Freizügigkeit nach sich ziehen – wie dies Carens behauptet. Vielmehr verhält es sich aus Sicht der Vertreter des Prinzips der Assoziationsfreiheit gerade umgekehrt: Innerstaatliche Freizügigkeit ist nur möglich, wenn es *keine* zwischenstaatliche Freizügigkeit gibt.

»Nachbarschaften können nur dann offen sein, wenn die Länder, in denen sie angesiedelt sind, zumindest potenziell geschlossen sind. (...) Die Mauer des Staates niederreißen heißt nicht, (...) eine Welt ohne Mauern zu schaffen, sondern vielmehr tausend kleine Festungen zu errichten.«[204]

Man möge nur an das Mittelalter denken: Es gab keine Grenzkontrollen und keinen Grenzschutz, ja die Grenzen selbst zwischen den einzelnen »Ländern« waren nicht genau definiert – aber jede Stadt war mit einer Mauer umgeben.

Manche Autoren gehen noch einen Schritt weiter und verneinen auch eine Pflicht zur Aufnahme von Flüchtlingen. Denn selbst wenn man eine moralische Pflicht zur Hilfe bei Katastrophen, Kriegen, Not und Verfolgung anerkennen würde, so bliebe doch den wohlhabenden Gesellschaften die Wahl, wie sie diese Pflicht erfüllen wollen, d.h. wie sie Hilfe leisten wollen. Eine Pflicht zur Aufnahme von Flüchtlingen, so wird argumentiert, würde aus der Pflicht zur Hilfe jedenfalls nicht folgen.[205] Andere Autoren bejahen dagegen diese Pflicht, zumindest unter bestimmten Umständen, verneinen aber entschieden, dass damit die Flüchtlinge auch ein Recht auf Einwanderung haben.[206] Es muss an dieser Stelle betont werden, dass die auf dem Prinzip der territorialen Souveränität und dem Prinzip der Assoziationsfreiheit beruhenden Positionen *keine* bestimmte Migrationspolitik implizieren. Sie begründen lediglich das Recht der Nationalstaaten, über ihre Migrationspolitik frei zu entscheiden. *Wie* diese aussehen soll, ist dann der Gegenstand weitergehender – vermutlich konsequenzialistischer – Überlegungen. Es existiert also zwischen den deontologischen Positionen *pro* und *contra* globale Freizügigkeit dieselbe politische Asymmetrie wie zwischen der national- und der globalökonomischen Position: Die »Pro-Positionen« bejahen das Recht auf ungehinderte Migration und fordern deshalb ganz klar offene Grenzen; dagegen verneinen die »Contra-Positionen« dieses Recht, sodass die Grenzen zwar geschlossen werden können, aber nicht geschlossen werden müssen.

DIE FRAGE DER POLITISCHEN DURCHSETZBARKEIT

Lassen Sie mich an dieser Stelle unsere bisherigen Überlegungen zusammenfassen: Globale Freizügigkeit lässt sich sowohl konsequenzialistisch, nämlich durch das globalökonomische Argument, als auch deontologisch, nämlich durch die Anerkennung eines individuellen Rechts auf diese Freizügigkeit begründen. Umgekehrt kann man auch sowohl konsequenzialistische als auch deontologische Gründe gegen dieses Recht und für das Recht der Nationalstaaten, ihre Migrationspolitik im eigenen Interesse zu gestalten, anführen.

Ich fürchte, dass man hier durch wissenschaftliche Überlegungen nicht zu einem eindeutigen Ergebnis gelangen wird – sondern dass es letztendlich wieder Werturteile sind, die getroffen werden müssen: Entscheidungen darüber, welche Sichtweise die »richtige« oder zumindest eine »vertretbare« ist, welche Rolle ökonomische und nichtökonomische Prinzipien spielen sollen, welche Rechte und Pflichten anerkannt werden sollen – und welche nicht.

Diese Entscheidungen sind politisch zu treffen, sodass

sich – auf jeden Fall in Demokratien – die Frage der politischen Durchsetzbarkeit der einen oder der anderen Position
stellt. Und da die politischen Entscheidungen (direkt oder indirekt) zum allergrößten Teil auf der nationalstaatlichen Ebene getroffen werden, würde die Verwirklichung globaler Freizügigkeit voraussetzen, dass sich politische Mehrheiten für
eben diese Politik finden lassen – und zwar in den Zielstaaten
der Migration, die ja die Hauptakteure in der Migrationspolitik sind (siehe Kapitel 1). So wäre eine Aufgabe des nationalökonomischen und eine Akzeptanz des globalökonomischen
Standpunkts nur bei einem sehr hohen Grad an Altruismus
in der Bevölkerung der Zielländer denkbar, d.h. wenn diese
bei ihren Entscheidungen das eigene Wohlergehen nicht höher gewichtet als das der potentiellen Migranten. Dann und
nur dann würden sich die Bürger der Zielländer für eine Politik aussprechen, die die globale Wohlfahrt bzw. das globale Sozialprodukt maximiert – unabhängig davon, ob und inwieweit
der eigene Nutzen bzw. das eigene Einkommen davon betroffen werden würde.[207]

Die Situation ist nicht wesentlich anders, wenn man nicht
ökonomisch, sondern deontologisch argumentiert. Denn wie
überzeugend ein deontologisches Argument auch immer sein
mag, es wird die praktische Politik nur dann beeinflussen
können, wenn die Konsequenzen der von diesem Argument
abgeleiteten Politik für gut – oder zumindest für akzeptabel – befunden werden. Dies ist allein deshalb der Fall, weil
trivialerweise mit jeder Entscheidung gewisse Konsequenzen
verbunden sind, die man, wenn die Entscheidung einmal getroffen ist, zwangsläufig akzeptieren muss. Diese Konsequenzen kann man zwar für unwichtig halten und sie vielleicht
auch ignorieren, aber ihre Existenz kann man nicht in Abrede
stellen – weshalb sie sinnvollerweise bei Entscheidungen berücksichtigt werden müssen. Ich kann das Recht auf globale
Freizügigkeit für ethisch überzeugend und moralisch geboten
halten. Werde ich mich aber auch dafür aussprechen, wenn ich
weiß, dass dadurch über kurz oder lang mein Einkommen sin-

ken und mein Arbeitsplatz in Gefahr geraten wird? Vielleicht ja, vielleicht nein; aber gleichgültig, wie ich mich entscheide – ich werde auf jeden Fall die möglichen Konsequenzen meiner Entscheidung in diese mit einbeziehen. Eine rein deontologisch motivierte Politik ist nicht nur nicht sinnvoll, sondern eigentlich gar nicht vorstellbar (oder entzieht sich zumindest meiner beschränkten Ökonomenvorstellung).[208] Dass man in der politischen Auseinandersetzung häufig rein deontologisch argumentiert und so tut, *als ob* man Konsequenzen außer Acht lassen würde (siehe Kapitel 6), ist natürlich eine ganz andere Frage ...

Und aus diesen Gründen würde sich die Anerkennung eines Rechts auf Freizügigkeit nur durchsetzen lassen, wenn dieses Recht nicht nur als moralisch richtig, sondern auch als ökonomisch nützlich gesehen wird. Damit stehen wir vor demselben Problem wie beim Konflikt zwischen national- und globalökonomischer Sichtweise. Es ist eindeutig im Interesse der Bevölkerung der Zielländer, dem Recht auf Selbstbestimmung und Nichtassoziation den Vorrang zu geben vor dem Recht auf Freizügigkeit und Einwanderung. Alles andere würde wiederum im höchsten Maße altruistische Präferenzen voraussetzen.

Es ist klar, dass derart altruistische Präferenzen nicht nur sehr unwahrscheinlich, sondern praktisch ausgeschlossen sind. Folglich wäre eine globalökonomische Migrationspolitik oder die Anerkennung des Rechts auf Freizügigkeit auf nationaler Ebene *nicht* durchsetzbar – sondern nur auf globaler Ebene, auf der die Interessen aller Menschen, also auch die der potentiellen Migranten, in die politischen Entscheidungen mit eingehen würden. Mit anderen Worten: Die Verwirklichung von Migrationsfreiheit und globaler Freizügigkeit ist nur möglich durch eine Weltregierung in der einen oder anderen Form.

Diese Einschätzung der Dinge werden überzeugte Gesinnungsethiker als zu einseitig und typisch ökonomisch kritisieren. Sie werden mir entgegenhalten, dass Menschen durchaus fähig sind, idealistisch zu handeln und sich zu bestimmten Werten und Prinzipien unabhängig von deren Konsequenzen

zu bekennen. Als Beleg hierfür könnten sie die Existenz von
völkerrechtlichen Verträgen, wie der Genfer Flüchtlingskonvention und der Europäischen Menschenrechtskonvention,
anführen, die beide von uns schon ausführlich gewürdigt worden sind (siehe Kapitel 4 und 8). Dadurch hätten schließlich
potentielle Zielländer gewisse Verpflichtungen auf sich genommen und Flüchtlingen gewisse Rechte eingeräumt, deren
Konsequenzen eindeutig nicht mit dem Eigeninteresse dieser
Länder vereinbar sind.

Dazu ist zu sagen, dass ich als Ökonom keineswegs die Fähigkeit und Bereitschaft der Menschen, über ihr Eigeninteresse hinwegzusehen und Opfer zugunsten von Idealen zu bringen, in Abrede stelle. Ich bin allerdings der Überzeugung, dass,
erstens, die Menschen dabei immer auch die Konsequenzen
dieser Ideale im Blick haben und dass, *zweitens*, Entscheidungen gegen ihr Eigeninteresse immer die Ausnahme bleiben
werden. Zur Begründung kann ich das oben genannte Argument einfach umdrehen.[209] Zur Zeit der Entstehung und der
Erweiterung von Genfer Flüchtlingskonvention und Europäischer Menschenrechtskonvention, also in den 1950er und
1960er Jahren, war das Flüchtlingsproblem viel weniger viru-
lent als heute, vor allem, weil die Flüchtlingszahlen nur einen
Bruchteil der heutigen ausmachten. Damals kostete es also wenig, moralisch zu handeln und humanitäre Ideale zu verfolgen.
Heute ist das nicht mehr der Fall. Und deshalb habe ich ernste Zweifel, ob diese beiden Konventionen heute nochmals so
abgeschlossen werden würden, ob die Zielländer der globalen
Migration diesen Konventionen in ihrer gegenwärtigen Form
heute noch beitreten würden. Im Fall Deutschlands halte ich es
zumindest für möglich, ja mehr noch, für wahrscheinlich, dass
sich keine politischen Mehrheiten für die Unterzeichnung und
Ratifikation dieser Konventionen mehr finden lassen würden. Man denke nur an den Widerstand, auf den die Unterzeichnung des UN-Migrationspakts gestoßen ist, obwohl dieser keine ausdrücklichen völkerrechtlichen Verpflichtungen
beinhaltet. Allerdings rechne ich nicht ernsthaft damit, dass

diese Konventionen von Deutschland (oder anderen Zielländern) gekündigt werden – allein schon deshalb, weil eine offene Debatte über ihre Zeitgemäßheit (noch?) mit einem politischen Tabu belegt ist.

DER NATIONALSTAAT IM SPANNUNGSFELD
VON GLOBALISIERUNG UND MASSENMIGRATION

Die Frage der globalen Freizügigkeit bzw. eines Rechts auf
Einwanderung hängt eng zusammen mit der Funktion und
dem Wesen des Nationalstaats: Einerseits wäre, wie wir gerade gesehen haben, globale Freizügigkeit nur auf globaler
Ebene politisch durchsetzbar, also von einer Art Weltregierung. Dies würde natürlich das Ende der Nationalstaaten implizieren – oder zumindest einen erheblichen Bedeutungsverlust derselben, da sie in jedem Fall wichtige Kompetenzen an
eine inter- oder transnationale Institution abgeben müssten.
Andererseits wäre globale Freizügigkeit gleichbedeutend mit
einer Einschränkung der Souveränität der Nationalstaaten,
da sie nur noch eine sehr eingeschränkte Kontrolle über ihre
Grenzen bzw. ihr Territorium mehr hätten und das Recht auf
Ausschluss von nicht zum Staatsvolk gehörenden Personen
von ihrem Staatsgebiet verlieren würden. Globale Freizügigkeit wäre demnach sowohl Ursache als auch Folge einer Einschränkung oder eines Verlustes der staatlichen Souveränität
und damit einer Abnahme der Bedeutung des Nationalstaats.
   Das wäre nicht unbedingt etwas Schlimmes oder Verwerf-
liches; man muss sich aber klarmachen, dass globale Freizügigkeit das Ende des Nationalstaats, so wie wir ihn kennen,
bedeutet, und dass derjenige, der globale Freizügigkeit fordert, damit auch das Ende der Nationalstaaten in ihrer bisherigen Form fordert oder zumindest billigend in Kauf nimmt.
Für überzeugte Internationalisten und Globalisten mag dies
ein zusätzlicher Grund sein, sich für globale Freizügigkeit

einzusetzen; andere (die ich nicht als Nationalisten bezeichnen möchte) mögen sich dagegen in ihrer Skepsis gegenüber den Rechten von Migranten bestärkt sehen. Diese Skepsis erscheint mir berechtigt, weil globale Freizügigkeit nicht nur in jedem Fall mit einem Kompetenz- und Bedeutungsverlust des Nationalstaates einhergehen würde, sondern auch dessen Funktionsfähigkeit beeinträchtigen könnte und höchstwahrscheinlich beeinträchtigen würde.

Diese Behauptung können wir anhand der in den Kapiteln 2 und 3 angestellten Überlegungen rechtfertigen. In Kapitel 2 haben wir den Begriff des »Sozialkapitals« kennengelernt; wir haben damit die nicht-materielle Infrastruktur eines Landes bezeichnet, also die Gesamtheit der sozialen, rechtlichen und politischen Institutionen, die das Zusammenleben und die Zusammenarbeit der Bürger erleichtern, ja zum Teil erst ermöglichen. Und in Kapitel 3 haben wir gesehen, wie durch Migration inkompatible bzw. dysfunktionale Normen und Verhaltensweisen »importiert« werden können, die die Integrität und Funktionsfähigkeit des Sozialkapitals der Zielländer beeinträchtigen.

Diese Gefahr ist umso größer, je größer die kulturelle Distanz der Zuwanderer zur einheimischen Bevölkerung ist, und je größer der Umfang der Zuwanderung ist. Globale Freizügigkeit bzw. das Recht auf Einwanderung schließt eine Kontrolle sowohl der Zahl als auch der kulturellen Distanz der Zuwanderer aus. Folglich können die Zielländer der Migration nicht verhindern, dass die Diversität zu groß und ihr Sozialkapital dadurch entwertet wird. Dies hat entsprechend negative Konsequenzen für die Fähigkeit dieser Länder, die staatlichen Aufgaben zu erfüllen. Es wird nicht nur die wirtschaftliche Leistungsfähigkeit und damit die Finanzierungsgrundlage des Staates geschwächt, sondern es wird auch zunehmend schwieriger, politische Entscheidungen zu treffen und sich auf politische Ziele zu einigen. Dies gilt, wie wir auch in Kapitel 3 erfahren haben, vor allem für das Ziel der Umverteilung: Mit Zunahme der Diversität wird das Bewusstsein einer gemeinsamen nationalen Identität abnehmen und die Bereitschaft zur Solidarität mit anderen Bürgern schwinden.

Es gibt also gute Gründe, globale Freizügigkeit und das Recht auf Einwanderung abzulehnen – *falls* man den Nationalstaat in seiner jetzigen Form bewahren und sicherstellen will, dass er seine Aufgaben weiterhin erfüllen kann. Aber, so könnte man einwenden: Warum sollte man unbedingt am Nationalstaat festhalten? Er hat schließlich nicht schon immer existiert und es gibt keinen zwingenden Grund, warum man ihn bis in alle Zukunft beibehalten sollte. Es hat in der Vergangenheit andere Formen politischer Organisation und staatlicher Verfassung gegeben. Warum also sollte der Nationalstaat nicht in Zukunft durch eine andere Institution abgelöst werden – sei es durch einen Welteinheitsstaat oder sei es durch eine globale Föderation? Damit würde nicht nur ein wesentliches Argument gegen globale Freizügigkeit entkräftet werden, sondern dieses »Contra-Argument« ließe sich als »Pro-Argument« verwenden: Globale Freizügigkeit könnte so nicht nur als Zweck an sich, sondern auch als Mittel zum Zweck dienen – zum Zweck, die weltweiten politischen Beziehungen und Institutionen zu reformieren und neu zu organisieren.

Von daher könnte man die Debatte um die Migrationspolitik und die Frage der globalen Freizügigkeit als einen Teil eines umfassenderen und weitreichenderen Konflikts ansehen: des Konflikts zwischen der Bewahrung des Nationalstaats und dem Bestreben nach weiterer Globalisierung und Internationalisierung. Und aus diesem Blickwinkel erscheint die internationale Migration nur als eine von vielen Kräften, die an den Grundfesten des Nationalstaats rütteln und dessen Status in Frage stellen. Neben dem zunehmenden Gewicht internationaler Organisationen und des Völkerrechts in den zwischenstaatlichen Beziehungen spielen die Globalisierung der Güter-, Kapital- und Finanzmärkte, die kulturelle Globalisierung, der Einfluss multinationaler Konzerne, die von weltweiten Umweltproblemen ausgehenden Gefahren und eben auch die internationale Migration wichtige Rollen in dem komplexen und vielschichtigen Prozess, der allgemein als »Globalisierung« bezeichnet wird.[210] Das Thema Migration ist folglich im Zusammenhang mit der zukünftigen politischen Organisation der Welt zu sehen. Wenn die Globalisierung weiter fortschreitet und die politische Globalisierung das Ausmaß erreicht, das die wirtschaftliche heute schon hat, dann werden wir über kurz oder lang globale Freizügigkeit haben. Es wird dann genauso problemlos sein, von Venezuela nach Deutschland zu ziehen, wie es heute ist, von Baden-Württemberg nach Bayern zu ziehen. Eine Migrationspolitik im eigentlichen Sinne wird überflüssig sein. Wenn es dagegen zu einer Renationalisierung und zu einer Rückverlagerung von Kompetenzen auf die Nationalstaaten kommt, dann wird dadurch globale Freizügigkeit ausgeschlossen und das Recht der Nationalstaaten auf eine Migrationspolitik im eigenen Interesse gestärkt werden. Umgekehrt würde natürlich auch, wie oben angedeutet, eine national ausgerichtete Migrationspolitik die Stellung der Nationalstaaten stärken und die Durchsetzung der globalen Freizügigkeit die Globalisierung voranbringen. Der Zusammenhang ist ein zweiseitiger.

Es ist hier nicht die Stelle, den Prozess der Globalisierung ausführlich zu diskutieren. Und es ist hier auch nicht die Stelle, darüber zu spekulieren, wie der Konflikt zwischen der Bewahrung der Nationalstaaten und dem Streben nach Globalisierung und Internationalisierung enden wird. Ich will hier mit der Feststellung schließen, dass alle, die am Nationalstaat festhalten *wollen,* dessen Recht, seine Migrationspolitik selbst und im eigenen Interesse zu bestimmen, verteidigen *müssen.*

AUSBLICK

Der Vater aller Lösungen

Wie der Leser unschwer anhand der Überschrift dieses Aus-
blicks erkennen wird, möchte ich an dieser Stelle den Bogen
zurück zum Anfang dieses Buches schlagen und so den Kreis
unserer Diskussion schließen.

Unsere Überlegungen haben uns zu der Schlussfolgerung
geführt, dass die aktuelle deutsche Migrationspolitik alles andere als ökonomisch rational ist, und sie haben uns gezeigt,
was getan werden müsste, damit diese Politik die Bezeichnung »ökonomisch rational« verdienen könnte. Es stellt sich
nun natürlich die Frage, wie man erreichen kann, dass das,
was getan werden müsste, auch tatsächlich getan wird. Mit
anderen Worten: Es stellt sich die Frage nach der politischen
Durchsetzbarkeit. Die erste und wichtigste Voraussetzung besteht darin, sich auf das Ziel einer ökonomisch rationalen Migrationspolitik zu verständigen und dieses klar zu benennen.
Wie sonst sollte man vernünftig Migrationspolitik gestalten
können?

In einer liberalen Demokratie wie der unseren muss dieses
Ziel (wie jedes andere politische Ziel auch) als Ergebnis eines
politischen Prozesses formuliert werden – eines Prozesses, in
dem verschiedene Ziele, Werte und Ideale miteinander wett-
streiten und um politische Mehrheiten ringen. Unabdingbar
hierfür ist eine öffentliche Debatte, in der die unterschiedlichen Meinungen und Positionen vertreten und die jeweiligen
Argumente vorgetragen und – idealerweise sachlich – disku-

229

© Springer Fachmedien Wiesbaden GmbH, ein Teil von Springer Nature 2019
F. Söllner, *System statt Chaos*, https://doi.org/10.1007/978-3-658-25378-3_11

tiert werden können. Wie wir in der Einführung beklagt haben,
fehlt eine solche Debatte auf dem Gebiet der Migrationspolitik
bislang in Deutschland. Die öffentliche Auseinandersetzung
wird vielmehr durch Emotionen, Vorurteile und Tabus geprägt.

Von daher ist eine offene, sachliche, tabulose und vorurteilsfreie Debatte, in der alle Interessen berücksichtigt werden und
alle Positionen Gehör finden, zwar noch keine hinreichende,
aber auf jeden Fall eine notwendige Bedingung für die Realisierung einer rationalen Migrationspolitik – einer Migrationspolitik, die sich nicht durch Chaos, sondern durch System auszeichnet.

ANMERKUNGEN

Kapitel 1: Wie Ökonomen denken

1 Das Zitat ist dem vierten Kapitel des Romans »Das Bildnis des Dorian Gray« entnommen.

2 *Robbins* (1932, 15; meine Übersetzung, F. S.).

3 Leser, die sich mit der Ökonomie der Migration näher beschäftigen wollen, seien als leicht zugängliche Übersichtsaufsätze *Borjas* (1994; 1995), *Edo et al.* (2018) und *Hatton* (2014) sowie als sich an ein breites Publikum wendendes Buch *Collier* (2013) empfohlen. Eher für Fachkollegen geeignet ist dagegen *Borjas* (2014).

4 Wenn man nicht Haushalte bzw. Individuen, sondern Unternehmen betrachtet, dann nimmt man als Zielfunktion eine Gewinnfunktion an. Nebenbedingungen können in diesem Fall z.B. die Preise von Produktionsfaktoren wie Arbeit oder Kapital sein. Desungeachtet ist die Annahme der Nutzenmaximierung die zentrale Verhaltensannahme in der Ökonomie, da sich andere Zielfunktionen (unter bestimmten zusätzlichen Annahmen) von dieser ableiten lassen – etwa die Annahme der Gewinnmaximierung von der Annahme der Nutzenmaximierung der Unternehmenseigner oder der Unternehmensleitung.

5 Ungeachtet dessen wird für viele konkrete Fragestellungen häufig angenommen, dass die Menschen nur egoistische bzw. materielle Präferenzen haben. Es hat sich gezeigt, dass auf diese Weise viele Verhaltensweisen erklärt werden können: Offensichtlich wird das Verhalten der meisten Menschen in den meisten Fällen durch ihr Eigeninteresse und die Sorge um das eigene Wohlergehen determiniert.

231

© Springer Fachmedien Wiesbaden GmbH, ein Teil von Springer Nature 2019
F. Söllner, *System statt Chaos*, https://doi.org/10.1007/978-3-658-25378-3

6 Aus diesem Grund hat die Rationalitätsannahme auch nur dann einen Erklärungswert, wenn die Nutzenfunktion näher bestimmt wird, sodass sie nicht mehr vollkommen allgemein und beliebig ist. Denn wenn das nicht der Fall ist, lässt sich *jedes* Verhalten als »rational« beschreiben, da immer eine zum jeweils beobachteten Verhalten »passende« Nutzenfunktion spezifiziert werden kann. Und wenn jedes Verhalten so »erklärt« werden kann, kann letztlich überhaupt kein Verhalten erklärt werden.

7 *Smith* (1776).

8 Es sei an dieser Stelle daran erinnert, dass im internationalen Recht zwar jeder Staat das Recht hat, Asyl zu gewähren, aber nicht jedes Individuum das Recht hat, Asyl zu erhalten.

9 *Bundesamt für Migration und Flüchtlinge* (2018b; 2019a).

10 Ausländische Bürger, die zwar mit dem Einverständnis eines anderen Landes in dieses kommen, sich dort aber nur kurzfristig als *Gäste* aufhalten (also z. B. als Gaststudenten oder Gastprofessoren) sollen selbstverständlich *nicht* als Zuwanderer gelten. Sie spielen in unserer Diskussion keine Rolle.

11 Allerdings wird sich zeigen, dass die innereuropäische Migration einen *indirekten* Effekt auf die Migrationspolitik hat (vgl. Kapitel 7). Freizügigkeit in Deutschland genießen neben den Bürgern der EU auch die Bürger von Island, Liechtenstein und Norwegen (im Rahmen des Europäischen Wirtschaftsraums) sowie die Bürger der Schweiz; wenn im Folgenden von der »Freizügigkeit innerhalb der EU« die Rede ist, sind stets auch diese vier Länder gemeint, ohne dass sie gesondert erwähnt werden.

12 Selbstverständlich beziehe ich mich hier nur auf die Wanderung von EU-Bürgern, *nicht* auf die Wanderung von Migranten von außerhalb der EU zwischen verschiedenen EU-Mitgliedsstaaten. Letztere stellt sehr wohl ein großes Problem dar und ist einer der Hauptgründe dafür, dass eine Koordination der Migrationspolitik innerhalb Europas notwendig ist. Im Übrigen möchte ich nicht so verstanden werden, also ob die innereuropäische Freizügigkeit überhaupt keine Probleme verursachen würde: Insoweit es sich um Arbeitnehmer handelt, gibt es durchaus Fragen, die nicht unumstritten sind und die z. B. den Mindestlohn oder den Bezug von Sozialleistungen betreffen.

Kapitel 2: Die Konsequenzen der Migration: Gewinner und Verlierer

13 Ökonomische »Gesetze« sind nicht mit Naturgesetzen zu vergleichen; sie gelten nur im Durchschnitt oder im Regelfall und sollten daher besser als Gesetzmäßigkeiten bezeichnet werden.

14 Wer sich mit grundlegenden ökonomischen Zusammenhängen etwas näher beschäftigen möchte, dem sei die bewährte Einführung von *Bartling und Luzius* (2014) empfohlen.

15 Die Begriffe »Sozialprodukt« und »Volkseinkommen« sind Synonyma. Darunter ist die Menge aller in einem bestimmten Land in einer bestimmten Periode (in der Regel einem Kalenderjahr) erzeugten Güter bzw. deren Wert zu verstehen. Auf die Details der volkswirtschaftlichen Gesamtrechnung brauchen wir nicht einzugehen: Wir werden keine Differenzierungen hinsichtlich Inlands- oder Inländerkonzept, Brutto- oder Nettosozialprodukt sowie verschiedener Verteilungsbegriffe vornehmen.

16 Unter einer »besseren« Kapitalausstattung kann man eine größere Kapitalmenge, eine höhere Kapitalqualität oder beides verstehen. In unserem einfachen Modell würde sich jede dieser Möglichkeiten in einer weiter oben liegenden Arbeitskräftenachfragekurve niederschlagen. In der Realität wird die Kapitalausstattung im typischen Zielland sowohl umfangreicher als auch höherwertiger als im typischen Herkunftsland sein.

17 Die hier angenommene Gleichheit der Steigung der Arbeitskräftenachfragekurve in beiden Ländern ist nicht notwendig; das Modell »funktioniert« auch mit unterschiedlichen Steigungen. Wesentlich ist dagegen die unterschiedliche Lage beider Kurven.

18 Eine veränderliche Kapitalausstattung würde sich in einer Verschiebung der Arbeitskräftenachfragekurve niederschlagen: Zusätzliche Investitionen würden diese nach oben verschieben und das Sozialprodukt erhöhen. Schließlich würde in den betreffenden Unternehmen pro Arbeitskraft mehr oder moderneres Kapital zur Verfügung stehen, sodass jede dieser Arbeitskräfte mehr erwirtschaften könnte.

19 Da die Gesamtzahl der Arbeitskräfte in beiden Ländern annahmegemäß konstant ist, muss selbstverständlich $B_Z^1 + B_H^1 = B_Z^2 + B_H^2$ gelten.

20 Dieser Migrationsüberschuss kann auf zwei unterschiedliche ökonomische Effekte zurückgeführt werden: Erstens gab es in der Ausgangssituation relativ zur Arbeitskräftenachfrage »zu viele« Arbeitskräfte im Land H und dieses Ungleichgewicht wurde durch die »Umverteilung« der Arbeitskräfte beseitigt. Zweitens, und dies ist der weitaus wichtigere Effekt, erwirtschaften die gewanderten Arbeitskräfte im Land Z aufgrund dessen besserer Kapitalausstattung wesentlich mehr als im Land H.

21 Zwischen internationalem Handel, internationalem Kapitalverkehr und internationaler Migration gibt es vielfältige Wechselwirkungen. Auf diese kann im Rahmen des vorliegenden Buches nicht eingegangen werden. Lesern, die sich dafür interessieren, seien als Einstieg *Borjas et al.* (1997), *Felbermayr et al.* (2015) und *Straubhaar* (1992) empfohlen.

22 *Borjas* (2015, 964–966).

23 Zinst man diesen Strom künftiger Migrationsüberschüsse auf die Gegenwart ab, so ergibt sich bei einem Zins von 5 % ein Barwert von 800 Billionen US-$ (40 Billionen US-$ ÷ 0,05).

24 Dies erkennt man daran, dass sich sehr viele Menschen, trotz Einkommensunterschieden, die größer als die Transportkosten sind, *nicht* dazu entschließen zu wandern – sowohl innerhalb eines Landes als auch zwischen verschiedenen Ländern. Man denke etwa an die vielen Ostdeutschen, die trotz besserer Verdienstmöglichkeiten in Westdeutschland in ihrer Heimat bleiben. Das bedeutet, dass die erwähnten »psychischen« Kosten mindestens genauso hoch sein müssen wie die Differenz von möglichem Mehrverdienst und Umzugskosten.

25 *Borjas* (2015, 968).

26 Der gesamte Migrationsüberschuss $G'DEH'$ in Abb. 2.1 ist genau doppelt so hoch; die Hälfte davon kommt dem Teil der Bevölkerung von H zugute, der nach Z auswandert. Die genau hälftige Aufteilung des Gesamtüberschusses resultiert aus der Annahme gleicher Steigungen der Arbeitskräftenachfragekurven N_H und N_Z.

27 Für die Bevölkerung des Herkunftslandes stellt sich die Situation umgekehrt dar: Der Einkommensgewinn aller Arbeitnehmer (also derjenigen, die auswandern und derjenigen, die im Land bleiben) ist *größer* als der auf dieses Land entfallende Migrationsüberschuss. Die Differenz kommt durch eine Umverteilung zugunsten der Arbeitnehmer und zu Lasten der Kapitaleigner zustande.

28 Je steiler die Arbeitskräftenachfragekurve N verläuft, desto stärker sinken die Löhne und desto höher ist der Migrationsüberschuss.

29 Jedes Wachstum des Kapitalstocks wirkt sich in der angegebenen Weise aus. Unser Beispiel ist allerdings dahingehend ein Sonderfall, dass genau so viel investiert wird, wie erforderlich ist, um das Lohnniveau vor Beginn der Zuwanderung wiederherzustellen. Wenn weniger (mehr) investiert wird, würde der Lohn entsprechend weniger (mehr) steigen.

30 Genau deshalb wird die eben beschriebene Situation nicht auf Dauer Bestand haben: Schließlich ist jetzt der Lohn im Zielland wieder höher als im Herkunftsland, sodass erneut ein Wanderungsanreiz besteht; es käme zu weiteren Wanderungen; der Lohn im Zielland würde wieder sinken, der im Herkunftsland wieder steigen; eventuell kommt es zu weiteren Investitionen im Zielland, sodass dort der Lohn wieder steigt … Im Extremfall würde sich diese Entwicklung so lange fortsetzen, bis die gesamte Bevölkerung des Herkunftslandes in das Zielland gewandert ist. Da dem jedoch verschiedene Faktoren, die wir zum Teil im vorangegangenen Abschnitt angesprochen haben, entgegenwirken, wollen wir diese Überlegungen hier nicht weiter verfolgen.

31 Für ein einfaches formales Modell mit heterogenem Arbeitskräfteangebot vgl. *Söllner* (1999).

32 Ökonomen sprechen im ersten Fall von einem Substitutionalitätsverhältnis und im zweiten Fall von einem Komplementaritätsverhältnis zwischen zugewanderten und einheimischen Arbeitskräften.

33 Es würde nur dann keine Verlierer im Zielland geben, wenn sehr hoch qualifizierte Arbeitskräfte kämen, d.h. Arbeitskräfte, die über Fähigkeiten und Kenntnisse verfügen, die im Zielland überhaupt nicht vorhanden sind. Dies war beispielsweise der Fall, als nach dem Zweiten Weltkrieg Wernher von Braun mit seinem Ingenieursteam in die Vereinigten Staaten ging. An diesem Beispiel erkennt man auch, dass solche Fälle die absolute Ausnahme und quantitativ unbedeutend sind.

34 Vgl. z.B. *Borjas* (1994; 1995; 2014, Kap. 3) *Collier* (2013, Kap. 4) und *Edo et al.* (2018, 5–14).

35 *Borjas und Monras* (2016), *Borjas* (2017). Dieser Absatz wurde aus *Söllner* (2018a, 472) entnommen.

36 *Furtado* (2016, 38).

37 Vgl. z. B. *Edo et al.* (2018, 26–27), *Hansen und Legge* (2016, 8) oder *Mayda* (2006).

38 Vgl. z. B. *Edo et al.* (2018, 26–27), *Hainmueller und Hiscox* (2007) oder *Hainmueller et al.* (2014).

39 *World Economic Forum* (2013, 41; meine Übersetzung, F. S.).

40 Empirische Untersuchungen bestätigen regelmäßig den Einfluss der Migration auf Haus- und Wohnungspreise (*Felbermayr et al.* 2015, 970).

41 Ökonomen sprechen in diesem Fall von einer hohen Preiselastizität des Angebots, d. h. eine Ausweitung des Angebots ist möglich, ohne dass es zu nennenswerten Preiserhöhungen kommt.

42 Es handelt sich hier um sogenannte »Überfüllungsexternalitäten«. Der Begriff »öffentliche Güter« wird hier im Sinn von »vom Staat angebotene Güter« verwandt, also *nicht* im finanzwissenschaftlichen Sinn.

43 Zu dieser Methode vgl. z. B. *Bahnsen et al.* (2016) oder *Manthei und Raffelhüschen* (2018).

44 Unter Abgaben versteht man Steuern, Gebühren und Beiträge (insbesondere Beiträge zur Sozialversicherung).

45 Genaugenommen muss man hier zwei Effekte einander gegenüberstellen: Einerseits vergrößern die Zuwanderer infolge ihrer negativen Nettozahlungsposition die Nachhaltigkeitslücke, andererseits verteilt sich die Belastung durch die Nachhaltigkeitslücke auf eine größere Bevölkerung. Nur wenn der erste Effekt den zweiten überwiegt, kommt es zu der erwähnten Mehrbelastung der einheimischen Bevölkerung.

Kapitel 3: Diversität: Segen oder Fluch?

46 *Focus online* (2005).

47 *Collier* (2013, 76–77).

48 In den Vereinigten Staaten fand die Verschmelzung allerdings nur zwischen den verschiedenen Kulturen der Einwanderer statt; die einheimische Kultur der Indianer wurde dagegen praktisch vollständig

ausgelöscht. Die Reduktion der Diversität kann also auch dadurch erfolgen, dass die Neuankömmlinge die einheimische Kultur verdrän-
gen bzw. zerstören – indem die Einheimischen verfolgt und getötet
werden oder indem diesen die fremde Kultur aufgezwungen wird.
Ersteres passierte nicht nur in den Vereinigten Staaten, sondern auch
in Australien und Neuseeland, letzteres war der Fall nach der Eroberung Albaniens durch die Türken.

49 Die möglichen langfristigen Wachstumswirkungen des »Imports«
von im Zielland überhaupt nicht vorhandenen Qualifikationen haben
wir in Kapitel 2 außer Acht gelassen, in welchem wir uns auf auf die
Beschäftigungs- und Lohneffekte der Zuwanderung von Migranten
unterschiedlicher Qualifikation konzentriert haben.

50 *Collier* (2013, 65).

51 *Fisman und Miguel* (2007).

52 *Putnam* (2007).

53 Dies lässt sich anhand von Modellen der evolutorischen Spieltheo-
rie zeigen (*Brandt und Svendsen* 2019).

54 *Alesina et al.* (2001).

55 *Alesina et al.* (2019).

56 *Mueller* (2009).

57 *Alesina und La Ferrara* (2005, 772). Als Beleg für die behauptete positive ökonomische Wirkung von ethnischer Vielfalt wird vor allem
die Städte in den USA vergleichende Studie von *Ottaviano und Peri*
(2006) angeführt, die eine positive Korrelation zwischen Diversität
und Produktivität bzw. Lohnhöhe der einheimischen Arbeitskräfte festgestellt hat. Allerdings kann dieser Zusammenhang auch dadurch erklärt werden, dass sich Immigranten, deren Anteil an der
Bevölkerung der betrachteten Städte als Maßstab für die jeweilige
ethnische Diversität dient, bevorzugt in dynamischen, wirtschaftlich
prosperierenden Städten mit entsprechend guten Verdienstmöglichkeiten niederlassen – die Kausalitätsrichtung mithin eine andere als
behauptet ist. Die Autoren versuchten zwar, dieses »Endogenitäts-
problem« mit Hilfe bestimmter statistischer Methoden zu lösen und
die »umgekehrte« Kausalität auszuschließen; ob dies auch tatsächlich
gelungen ist, kann aber bezweifelt werden (*Söllner* 2018a, 475).

58 *Söllner* (2018b, 278).

59 In der Wohlfahrtsökonomie, d. h. dem Zweig der Ökonomie, der sich mit der Formulierung wirtschaftspolitischer Empfehlungen beschäftigt, stößt dieser methodische Grundsatz an seine Grenzen: Sollen wirklich auf Neid, Missgunst oder Hass basierende Präferenzen mit in die Analyse eingehen und gleichberechtigt mit anderen Präferenzen die Wirtschaftspolitik beeinflussen? Die Mehrzahl der Wohlfahrtsökonomen würde diese Frage verneinen und solche »asozialen« Präferenzen ausschließen.

60 Das soll nicht heißen, dass nicht auch rassistische Einstellungen hinter bestimmten Präferenzen stehen können. Dies wäre dann der Fall, wenn man Zuwanderer anderer Kulturen nicht aufgrund drohender oder befürchteter Inkompatibilitäten von deren Werten und Verhaltensweisen mit denen der einheimischen Bevölkerung ablehnen würde, sondern weil man Vertretern anderer Kulturen eine genetisch bedingte »Minderwertigkeit« unterstellt. Zugegebenermaßen ist es nicht immer einfach, in der Praxis eine klare Grenze zwischen rassistischen und nicht-rassistischen Diversitätspräferenzen zu ziehen.

Kapitel 4: Der perfekte Sturm

61 *International Organization for Migration* (2017, 15); *United Nations* (2017, 1).

62 *United Nations* (2017, 1–3).

63 *Organisation for Economic Co-operation and Development* (2018, 342–343). In den USA betrugen die entsprechenden Prozentsätze 12,4 % (2007) und 13,5 % (2017).

64 *Statistisches Bundesamt* (2019).

65 *Organisation for Economic Co-operation and Development* (2018, 71, 235).

66 Die für die Migrationspolitik relevante Grenze Europas verläuft nicht am Bosporus, sondern zwischen der Türkei und der EU; erstere zählen wir also in ihrer Gesamtheit zu Kleinasien.

67 Europa: 2,0 % – (– 0,4 %) = 2,4 %; Deutschland: 1,3 % – (– 0,4 %) = 1,7 %

68 Die große Differenz zwischen diesen beiden Zahlen resultiert daraus, dass Deutschland mit 1,3 % deutlich langsamer wächst als die EU insgesamt mit 2,0 %.

69 *European Court of Human Rights* (2012). Die »Europäische Konvention zum Schutz der Menschenrechte und Grundfreiheiten« wurde am 4.11.1950 verabschiedet und trat am 3.9.1953 in Kraft; seither wurde sie durch verschiedene Protokolle und Zusatzprotokolle erweitert.

70 *Klingst* (2016).

71 Der Begriff »Genfer Flüchtlingskonvention« bezeichnet das »Abkommen über die Rechtsstellung der Flüchtlinge vom 28.7.1951« (in Kraft getreten am 22.4.1954) zusammen mit dem »Protokoll über die Rechtsstellung der Flüchtlinge vom 31.1.1967« (in Kraft getreten am 4.10.1967).

72 Gemäß dem allgemeinen Sprachgebrauch bezeichnen wir mit dem Begriff »Flüchtling« *alle* Schutz- bzw. Asylsuchenden, d.h. nicht nur die Flüchtlinge im Sinn der Genfer Flüchtlingskonvention, sondern auch die Asylberechtigten gemäß Art. 16a GG und die subsidiär Schutzberechtigten im Sinn der Europäischen Menschenrechtskonvention sowie *auch* diejenigen Schutz- bzw. Asylsuchenden, die *nicht* asyl- bzw. schutzberechtigt sind. Bei der letztgenannten Gruppe handelt es sich um die *Wirtschaftsflüchtlinge* (vgl. auch die Begriffsabgrenzung in Kapitel 1).

73 Aufgrund der Umsetzung der Anerkennungsrichtlinie in deutsches Recht spielt es praktisch keine Rolle, ob und inwieweit die Genfer Flüchtlingskonvention und die Europäische Menschenrechtskonvention unmittelbar im »Innenverhältnis« zwischen dem deutschen Staat und Schutzsuchenden gilt.

74 Vgl. z.B. *Reese und Vogt* (2015).

75 Die massenweise Aufnahme von Flüchtlingen in Deutschland, für die eigentlich andere EU-Mitgliedsstaaten zuständig gewesen wären, stellte also *keinen* Verstoß gegen die Dublin-III-Verordnung dar, war also *nicht* unrechtmäßig; die entsprechende Bestimmung im Asylgesetz findet sich in § 18 IV Nr. 2.

76 Aufgrund einer Ausnahmeregelung sind die drei genannten Richtlinien für Dänemark *nicht* verbindlich. Allerdings hat auch Dänemark die Genfer Flüchtlingskonvention und die Europäische Menschenrechtskonvention unterzeichnet und sich damit verpflichtet, deren Bestimmungen einzuhalten.

77 *Bundesverfassungsgericht* (2012).

78 *Klingst* (2016).

79 *Spiegel online* (2016). Das Zitat wurde hinsichtlich Satzbau und Zeichensetzung an den Satz, in dem es angeführt wird, angepasst.

80 Eine Reform des Gemeinsamen Europäischen Asylsystems setzt nicht nur voraus, dass sich die EU-Mitgliedsstaaten einigen können, sondern auch, dass Genfer Flüchtlingskonvention und Europäische Menschenrechtskonvention modernisiert werden (siehe Kapitel 8).

Kapitel 5: Das Dilemma der Integration

81 Dieses Kapitel basiert zum Teil auf *Söllner* (2018a). Wörtlich übernommene Passagen wurden nicht besonders gekennzeichnet.

82 *Konar et al.* (2017, 14).

83 Die Zahl der *Erstanträge* auf Asyl entspricht (bis auf minimale Abweichungen) der Zahl der Einreisen von Asylbewerbern. Folgeanträge werden von den Asylbewerbern gestellt, deren Erstantrag entweder unanfechtbar abgelehnt oder zurückgenommen wurde – mithin von Asylbewerbern, die sich schon mehr oder weniger lang in Deutschland aufhalten.

84 *Bundesamt für Migration und Flüchtlinge* (2019a). Wenn nicht anders angegeben, stammen die im Folgenden aufgeführten Zahlen aus dieser Quelle.

85 *Deutscher Bundestag* (2018b, 20; 2019b, 3).

86 *Worbs und Bund* (2016, 8)

87 Bei diesen Zahlen handelt es sich jeweils um die *Gesamtzahl* der Entscheidungen. Dazu gehören einerseits *Sachentscheidungen,* bei denen es um die Überprüfung des Rechts auf Asyl geht, und andererseits *formelle Entscheidungen,* die z.B. in der Verfahrenseinstellung aufgrund der Antragsrücknahme des Asylantragstellers bestehen (*Bundesamt für Migration und Flüchtlinge* 2019b, 34).

88 In jedem Fall bestätigen diese Zahlen unsere Vermutung in Kapitel 4, wonach bei steigenden Fallzahlen mit einer höheren Anerkennungsquote zu rechnen ist – und umgekehrt: Schließlich haben sich die Verhältnisse in den Herkunftsländern zwischen 2015 und 2018 nicht wesentlich geändert.

89 *Bundesamt für Migration und Flüchtlinge* (2019b, 43). Ein letztinstanzlich abgeschlossenes Verfahren hat zu einer unanfechtbaren Entscheidung geführt – entweder, weil gegen die Entscheidung der Behörde nicht geklagt wurde oder weil geklagt und das entsprechende Gerichtsverfahren abgeschlossen wurde.

90 *Bundesamt für Migration und Flüchtlinge* (2019b, 45, 48). Ende 2014 (2009) betrug die Zahl der anhängigen Verfahren »nur« 52 585 (15 028). Gegen begünstigende Bescheide wird vor allem deswegen geklagt, weil die Asylbewerber häufig nicht mit dem ihnen zuerkannten Schutzstatus einverstanden sind, also z. B. nicht als subsidiär Schutzberechtigte, sondern als Flüchtlinge gemäß § 3 AsylG anerkannt werden wollen. Das Hauptmotiv hierfür dürfte in der Schlechterstellung der subsidiär Schutzberechtigten beim Familiennachzug liegen.

91 Eine »Ausreiseentscheidung« liegt dann vor, wenn letztinstanzlich die Gewährung eines Aufenthaltstitels oder eine Duldung abgelehnt und der Betroffene zur Ausreise aufgefordert wurde.

92 Eine unfreiwillige Ausreise erfolgt auf dem Weg der Abschiebung. Freiwillige Ausreisen liegen vor, wenn abgelehnte Asylbewerber Deutschland von sich aus, d. h. ohne eine Abschiebung, verlassen – und zwar unabhängig davon, ob eine Ausreiseentscheidung getroffen wurde oder nicht (ist ersteres der Fall, kann man eigentlich kaum von einer freiwilligen Ausreise sprechen).

93 *Deutscher Bundestag* (2018a, 52, 55, 57; 2018c, 79, 81; 2019a, 60, 63, 65; 2019c, 70, 74).

94 *Statistisches Bundesamt* (2019).

95 *Bundesamt für Migration und Flüchtlinge* (2018a, 21).

96 *Bundesamt für Migration und Flüchtlinge* (2019b, 19, 23).

97 *Bundesamt für Migration und Flüchtlinge* (2018a, 20).

98 *Brücker et al.* (2016). Die Einstufung als »aussagekräftig« bezieht sich auf die Methodik dieser Untersuchung, *nicht* auf die Glaubwürdigkeit der Befragungsergebnisse (vgl. dazu Anmerkung 101).

99 *Schmidt* (2018); vgl. auch *Rich* (2016) und *Neske* (2017).

100 *Geis* (2018, 21). Bei diesen acht Ländern, die von der Bundesagentur für Arbeit als »Kriegs- und Krisenländer« bezeichnet werden, handelt es sich um Afghanistan, Eritrea, Irak, Iran, Nigeria, Pakistan, Somalia und Syrien.

101 Auch kann nicht ausgeschlossen werden, dass die Interviewer selbst die Ergebnisse »beschönigen« – wie im Fall der oben zitierten Studie von *Brücker et al.* (2016) geschehen (*Seibt* 2018).

102 *Augustin* (2018).

103 Die relativ geringen Pro-Kopf-Ausgaben 2015 sind darauf zurückzuführen, dass die meisten Asylbewerber erst ab dem Sommer dieses Jahres einreisten, die Leistungen also nicht das ganze Jahr in Anspruch nahmen.

104 *Augustin* (2018).

105 *Bundesrat* (2018, 36).

106 *Bok* (2017).

107 *Hentze* (2017b).

108 1,0 % – 1,9 % = –0,9 %. Wenn, wovon auszugehen ist, es bis 2020 zu einem weiteren Nettozustrom von Flüchtlingen kommt, würde der negative Effekt auf das Pro-Kopf-BIP noch größer werden.

109 *Geis* (2018, 14, 19).

110 *Brücker et al.* (2018a; 2018b), *Bundesagentur für Arbeit* (2018a). Zu den acht Herkunftsländern vgl. Anmerkung 100.

111 Der Anteil der ausschließlich geringfügig Beschäftigten blieb mit ca. 20 % gleich.

112 *Bundesagentur für Arbeit* (2018b, 9).

113 *Bundesagentur für Arbeit* (2018c, 41–43).

114 *Brücker et al.* (2019, 9).

115 Unter der funktionalen Einkommensverteilung versteht man die Verteilung des Volkseinkommens auf die Produktionsfaktoren Arbeit, Boden und Kapital.

116 Einige Ausnahmen vom Mindestlohn, die auch auf Flüchtlinge angewendet werden können, gibt es: Beispielsweise unterliegen Berufsorientierungspraktika von bis zu drei Monaten Dauer oder Beschäftigungen im Rahmen einer »Einstiegsqualifizierung« nicht dem Mindestlohn. Inwieweit diese Regelungen auch missbräuchlich in Anspruch genommen werden können, sei dahingestellt.

117 Da in diesem Bereich Schwarzarbeit eher die Regel als die Ausnahme ist, spielt der Mindestlohn hier keine Rolle und ist Lohnflexibilität nach unten immer gegeben.

118 Steigende Beiträge zur Sozialversicherung könnten durch eine Erhöhung der staatlichen Zuschüsse an dieselbe vermieden werden. Über die Verteilungswirkungen dieser Maßnahme lassen sich jedoch a priori keine Aussagen treffen, da diese wesentlich von der Art der Finanzierung abhängen.

119 *Kröning* (2017; 2018), *Vitzthum* (2016).

120 Sozialwohnungen sind Wohnungen, die mit öffentlichen Mitteln gefördert werden oder – seltener – im öffentlichen Eigentum stehen und einer Mietpreis- und Belegungsbindung unterliegen.

121 *Hahn* (2018).

122 *Fabricius* (2018).

123 *Fuchs et al.* (2017; 2019, 50–61).

124 *Manthei und Raffelhüschen* (2018).

125 Für Deutschland konnte dieser Effekt in einem Experiment bei gut ausgebildeten Versuchspersonen nachgewiesen werden, die – aufgrund ihrer überdurchschnittlich hohen Einkommen – tendenziell zu denjenigen gehören, die die Umverteilung durch ihre Abgaben finanzieren müssen (*Runst* 2018).

126 *Hentze* (2017a).

Kap. 6: Unangenehme Wahrheiten und andere Tabus

127 *Bok* (2017).

128 *Zeit online* (2018b).

129 *Zeit online* (2018a)

130 *Bundesverwaltungsgericht* (2011).

131 Die Bezeichnung »Scheingefecht« soll nicht bedeuten, dass es den Kontrahenten nicht ernst gewesen wäre mit ihren jeweiligen Positionen, sondern damit soll zum Ausdruck gebracht werden, dass es sich bei einer Obergrenze, die nicht durch andere Maßnahmen ergänzt wird, um eine Scheinlösung handeln würde.

132 *Bundesregierung* (2018a, 103).

133 *Powell* (2004).

134 *Debus* (2017).

135 *Debus* (2017, 94).

136 *Debus* (2017, 97).

137 Auch diese dritte Erklärung lässt sich mit der Annahme der Nutzenmaximierung in Einklang bringen, wenngleich der Begriff des Nutzens hier sehr weit gefasst werden muss und nicht mit dem reinen Eigeninteresse gleichgesetzt werden kann.

138 *Weber* (1992, 237–238). Die Unterscheidung zwischen Gesinnungs- und Verantwortungsethik entspricht (mehr oder weniger) der in der Philosophie gebräuchlicheren zwischen deontologischer und konsequenzialistischer Ethik.

139 Ökonomen sind Verantwortungsethiker par excellence. Das Paradebeispiel hierfür ist *Adam Smith* (1776, Bd. II, 35): Wettbewerb und Marktwirtschaft sind aufgrund ihrer guten Ergebnisse von Vorteil für die Allgemeinheit, obwohl (und ungeachtet dessen, dass) die einzelnen Wirtschaftssubjekte nur selbstsüchtig ihre eigenen Interessen verfolgen.

140 *Zeit online* (2018b).

Kap. 7: Wie muss eine rationale Migrationspolitik aussehen?

141 Dieses Kapitel basiert auf den in *Söllner* (2018b) entwickelten Ideen.

142 DIE LINKE (2011, 52; 2017, 65).

143 Das Zahlenbeispiel ist stark übertrieben; es dient lediglich zur Illustration der möglichen Effekte. In der Realität werden diese bei weitem kein solches Ausmaß annehmen.

144 Die angenommenen längerfristigen Wachstumseffekte werden sich nur einstellen, wenn investiert wird und die Arbeitsplätze der Einwanderer mit dem entsprechenden Kapital ausgestattet werden. In diesem Fall wird es zu keiner (oder allenfalls zu einer sehr kurzfristigen) Veränderung der funktionalen Einkommensverteilung zugunsten des Kapitals kommen. Zur Erinnerung: Die funktionale Einkommensverteilung betrifft die Verteilung des Volkseinkommens auf die Produktionsfaktoren Arbeit, Boden und Kapital.

145 In der Ökonomie gibt es in aller Regel einen Konflikt zwischen Verteilungs- und Wachstumsziel. Hier scheint einer der seltenen Fälle von Zielharmonie vorzuliegen!

146 Vgl. z. B. *Hainmueller et al.* (2014, 205).

147 *Borjas* (1994, 1711; meine Übersetzung, F. S.).

148 *Fuchs et al.* (2019, 70–71).

149 Im Übrigen, und das scheint mir bei der zitierten Studie vernachlässigt worden zu sein, müssen die Entwicklung des Erwerbspersonenpotentials und die der Kapitalausstattung im Zusammenhang gesehen werden: Gerade durch einen drohenden Arbeitskräftemangel können technologischer Fortschritt und produktivitätserhöhende Investitionen induziert werden.

150 *Fuchs et al.* (2019, 70–73).

151 Auf die anderen Gründe, die für diese Beschränkung sprechen, wird weiter unten eingegangen.

152 Zur Zahl der jährlich maximal aufzunehmenden Flüchtlinge gehören selbstverständlich auch etwaige »Familiennachzügler«.

153 Beispielsweise könnte man, statt von einem »Flüchtlingsbudget« auszugehen und auf dieser Grundlage die Zahl der maximal aufzunehmenden Flüchtlinge zu bestimmen, auch mit der Festlegung der Obergrenze beginnen und hiervon das Budget ableiten.

154 Im Übrigen wird in Deutschland gegen den Grundsatz der Gleichmäßigkeit der Besteuerung schon jetzt massiv verstoßen, vor allem indem Kapitaleinkünfte im Rahmen der Abgeltungssteuer deutlich niedriger als andere Einkünfte besteuert werden – und zwar nicht nur zeitweise, sondern auf Dauer. Dies wird mit der hohen Mobilität von Kapital begründet: Zu hohe Steuersätze könnten zu Kapitalflucht führen, was bei weniger mobilen Produktionsfaktoren (also Arbeit oder Boden) nicht zu befürchten sei. Genau dieselbe Begründung könnte auch für den von uns vorgeschlagenen zeitweisen »Einkommensteuerrabatt« herangezogen werden: Schließlich sind (potentielle) Einwanderer ja *per definitionem* mobil und ihre Mobilität, d. h. ihre Bereitschaft, bei einer Veränderung der Lebensbedingungen zum Schlechteren wieder wegzuziehen, dürfte erst nach einer gewissen Dauer der Ansässigkeit abnehmen.

155 Es dürfte sich von selbst verstehen, dass das Ausmaß des Erfolgs beim ersten Schritt darüber entscheidet, was beim zweiten Schritt »herauskommen« kann. Mit anderen Worten: Man kann nur unter denen eine Auswahl treffen, die sich auch für eine Einwanderung interessieren; und wenn dies nur wenige Hochqualifizierte tun, dann kann es eben nur wenige Einwanderer geben. Keinesfalls dürfen Kompromisse hinsichtlich der Qualifikation gemacht werden: Ein Einwanderer ist für die Volkswirtschaft des Ziellandes nur von Vorteil, wenn er gut qualifiziert ist.

156 *König et al.* (2018)

157 Zu Visaauktionen vgl. z. B. *Ochel* (2001) oder *Zavodny* (2015); zu Visaverkäufen vgl. z. B. *Becker* (2011) und *Osterloh und Frey* (2018).

158 Letzteres würde nur dann gelten, wenn bei der Auktion alle erfolgreichen Bieter den gleichen Preis zahlen würden, nämlich den dem niedrigsten erfolgreichen Gebot entsprechenden Preis.

159 Einige Länder, wie z. B. Malta oder Zypern, offerieren die Einbürgerung gegen eine Investition im betreffenden Land von einer Million Euro aufwärts. Allein aufgrund der sehr geringen Anzahl von Einbürgerungen, um die es hier geht, handelt es sich nicht um eine systematische Einwanderungspolitik. Über die Beweggründe, die in diesen Fällen eine Rolle spielen mögen, soll hier nicht spekuliert werden.

160 Ökonomen verweisen hier gern auf die Möglichkeit des kreditfinanzierten Visumerwerbs. Ob der hierzu notwendige Grad an Kreditmarkteffizienz in der Realität vorliegt, darf aber bezweifelt werden.

161 *Koopmans* (2017).

162 Wenn man von Integration im Zusammenhang mit Assimilation und Multikulturalismus spricht, darf man sich nur auf die ökonomische Integration, d. h. im Wesentlichen auf den Erfolg am Arbeitsmarkt beziehen, *nicht* auf die soziokulturelle Integration. Denn letztere entspricht ja der Assimilation und ist deshalb unvereinbar mit Multikulturalismus. Daraus folgt wiederum, dass eine umfassende Integration, also eine sowohl ökonomische als auch soziokulturelle Integration in die Gesellschaft des Ziellandes, Assimilation sowohl voraussetzt als auch mit sich bringt. Mehr noch: Es sieht so aus, als ob ökonomische Integration ohne soziokulturelle Integration gar nicht oder doch nur sehr schwer möglich ist.

163 Dieses Problem besteht natürlich dann nicht, wenn man keine Obergrenze für die Flüchtlingsaufnahme festlegt. Aber in diesem Fall ist eine effektive Flüchtlingspolitik ohnehin so gut wie ausgeschlossen – ganz zu schweigen von einer ökonomisch rationalen.

164 Vgl. z. B. *Söllner* (2017).

165 Falls man nicht von einem festen »Flüchtlingsbudget«, sondern einer Flüchtlingsobergrenze ausgeht, dann führt die Senkung der Sozialleistungen zu einer Kostenersparnis für das Zielland.

166 Bislang ist dies in Deutschland bzw. in Europa nicht der Fall. Es ist nicht erkennbar, warum dies so sein muss. Anderen liberalen und demokratischen Staaten gelingt schließlich auch die Rückführung ausreisepflichtiger Ausländer im großen Umfang. Beispielsweise übertrafen die Rückführungszahlen der USA, sogar während der Obama-Administration, die europäischen Zahlen bei weitem: Zwischen 2008 und 2016 wurden von der Einwanderungs- und Zollbehörde der USA jedes Jahr mehr als 340 000 illegal sich im Land aufhaltende Ausländer »entfernt« (*Immigration and Customs Enforcement* 2017).

Kap. 8: Lehren für die deutsche Politik

167 Alle Paragraphen beziehen sich auf das Aufenthaltsgesetz.

168 Es gibt eine »Positivliste Zuwanderung in Ausbildungsberufe« der *Bundesagentur für Arbeit* (2018d).

169 Zum Zeitpunkt der Erteilung der Aufenthaltserlaubnis muss kein Arbeitsplatz vorhanden sein; der Lebensunterhalt muss lediglich »überwiegend durch Erwerbstätigkeit« gesichert sein *oder* wahrscheinlich in Zukunft gesichert werden (§ 25b). Bei Jugendlichen gibt es naheliegenderweise überhaupt keine Anforderungen an die Erwerbstätigkeit (§ 25a).

170 Das Aufenthaltsgesetz spricht allgemein von »geduldeten Ausländern«. Hierbei handelt es sich aber bis auf ganz wenige Sonderfälle um Flüchtlinge. Deshalb beziehen wir uns nur auf »geduldete Flüchtlinge«.

171 Auch hier gilt, dass das Aufenthaltsgesetz allgemein von »Ausländern« spricht, es sich dabei aber in den allermeisten Fällen um (ausreisepflichtige) Flüchtlinge handelt. Deshalb beziehen wir uns auch nur auf diese.

172 Die folgenden Zahlen stammen aus *Bundesamt für Migration und Flüchtlinge* (2018b); nicht berücksichtigt sind diejenigen nicht geduldeten Flüchtlinge, die wegen des Beginns einer Berufsausbildung eine Duldung erhalten (§ 60 a III AufenthaltG) und diejenigen geduldeten Flüchtlinge, die eine Aufenthaltserlaubnis aufgrund »guter Integration« erhalten (§§ 25a, 25b); in den zitierten Zahlen enthalten sind dagegen die geduldeten qualifizierten Flüchtlinge, denen eine Aufenthaltserlaubnis gemäß § 18a erteilt wird.

173 Von diesen 65 755 Aufenthaltstiteln entfielen 13 684 auf die Blaue Karte EU und 52 071 auf andere Aufenthaltserlaubnisse.

174 *Bundesregierung* (2018b; 2018c).

175 Alle Paragraphen beziehen sich auf das Aufenthaltsgesetz in seiner voraussichtlich neuen Fassung.

176 *Bundesregierung* (2018b, 1).

177 *Bundesregierung* (2018b, 1).

178 Zum Begriff der Diskriminierung – und zum Missbrauch desselben – werde ich mich weiter unten noch etwas ausführlicher äußern.

179 *European Court of Human Rights* (2014).

180 Ganz abgesehen davon ist dieses Vorgehen nicht dazu geeignet, das Vertrauen der Bürger in den Rechtsstaat zu stärken.

181 Wie und in welchem Umfang in der Praxis von dieser Möglichkeit Gebrauch – oder aus politischen Gründen nicht Gebrauch – gemacht wird, ist eine ganz andere Frage.

182 Im Übrigen ist es natürlich keinem Rechtsanwalt verwehrt, Flüchtlinge vor Gericht *pro bono* zu vertreten.

183 Sowohl von der bisherigen Praxis, wonach Asylverfahren auch ohne das Vorliegen gültiger Dokumente durchgeführt werden können, als auch von der aktuell bestehenden Möglichkeit, eine Duldung aufgrund des Fehlens von Reisedokumenten zu erhalten, geht ein großer Anreiz für Flüchtlinge aus, ihre Dokumente zu »verlieren«.

184 Vgl. z. B. *Epping* (2017, Kap. 16).

185 Für Dänemark gelten zwar die Asylrichtlinien des Gemeinsamen Europäischen Asylsystems aufgrund einer Ausnahmeregelung nicht; aber das Land ist als Signatarstaat dennoch an die beiden Konventionen gebunden.

186 Da bis 1994 nicht zwischen Erst- und Folgeanträgen differenziert wurde, beziehe ich mich hier auf die Gesamtzahl der Asylanträge.

187 Als Nichtjurist ist es kaum nachvollziehbar, wie man von einer Ausweisung (gleichgültig, ob kollektiv oder individuell) sprechen kann, wenn Flüchtlinge zurückgebracht werden, die *nicht* das Hoheitsgebiet des betreffenden Vertragsstaates erreicht haben.

188 Während völkerrechtliche Verträge der Mitwirkung des Gesetzgebers in Form eines Bundesgesetzes (»Zustimmungsgesetz«) bedürfen (Artikel 59 II Grundgesetz), ist deren Kündigung allein in das Ermessen der Regierung gestellt.

Kap. 9: Der Nationalstaat – ein Auslaufmodell?

189 Lesern, die sich mit diesen alternativen Sichtweisen etwas ausführlicher beschäftigen wollen, sei die Ausgabe der Zeitschrift *Analyse und Kritik* zum Thema Einwanderung (Jahrgang 40, Heft 3, 2018) und der Sammelband *Ethik der Migration* (herausgegeben von Frank Dietrich, 2. Auflage, 2018, Berlin: Suhrkamp) empfohlen.

190 Neben der national- und der globalökonomischen Sichtweise könnte man sich auch vorstellen, die Wohlfahrt der Europäischen Union oder der Industrieländer oder irgendeiner anderen Ländergruppe als Zielgröße heranzuziehen. Auf diese Fälle wollen wir aber nicht näher eingehen.

191 Kompromisse kann es hier nicht geben: Wer sich auf den globalökonomischen Standpunkt stellt, *muss* völlige Migrationsfreiheit fordern – und nicht lediglich eine großzügigere oder weniger restriktive Migrationspolitik. Von diesem Standpunkt aus könnte man allenfalls über das Tempo der Umsetzung der Migrationsfreiheit diskutieren, nicht über das Ziel an sich. Genauso sind aus globalökonomischer Sicht Zölle und andere Handelshemmnisse grundsätzlich abzulehnen und vollständig abzuschaffen – und nicht etwa nur zu reduzieren.

192 Den globalökonomischen Standpunkt in Fragen der Migrationspolitik nehmen z. B. *Brücker* (2018), *Clemens* (2011) oder *Singer* (2018) ein.

193 *Singer* (2018, 69).

194 *Steiner* (2018, 54 – 55).

195 *Abizadeh* (2018).

196 *Carens* (2018).

197 *Carens* (2018, 170).

198 Das letztgenannte Argument ist zumindest teilweise konsequenzialistisch und überschneidet sich mit dem globalökonomischen.

199 *Carens* (2018, 171).

200 *Miller* (2018, 79).

201 Vgl. z. B. *Walzer* (2018) oder *Wellman* (2018).

202 *Walzer* (2006, 106).

203 *Walzer* (2018, 41).

204 *Walzer* (2018, 39 – 40).

205 *Wellman* (2018, 138 – 140).

206 *Miller* (2018, 90 – 92); *Walzer* (2018, 45 – 47).

207 Der globalökonomische Standpunkt würde in jedem Fall, d. h. unabhängig vom Ausmaß des Altruismus in den Zielländern, globale Freizügigkeit implizieren, der nationalökonomische Standpunkt nur, falls die Bevölkerung der Zielländer extrem altruistisch wäre. *Politisch durchsetzbar* wäre der globalökonomische Standpunkt aber nur bei einem sehr hohen Grad an Altruismus. Und unter dieser Voraussetzung würden national- und globalökonomische Sichtweise zum selben Ergebnis, also globaler Freizügigkeit, führen (siehe auch Kapitel 7).

208 Ich würde sogar noch weitergehen und behaupten, dass Rechte und Pflichten – unabhängig von der Frage der politischen Durchsetzbarkeit – auch rein theoretisch bzw. moralphilosophisch letztendlich durch die mit ihnen verbundenen Konsequenzen gerechtfertigt werden müssen. Auf dieses Problem können wir aber hier nicht näher eingehen.

209 Man könnte an dieser Stelle auch auf die Einschränkung des grundgesetzlichen Rechts auf Asyl verweisen, die 1993 vor allem deswegen durchgeführt wurde, weil sich die Konsequenzen des alten, uneingeschränkten Asylrechts als nicht mehr länger tragbar erwiesen haben (siehe Kapitel 4).

210 Zu dem Prozess der Globalisierung, seinen Ursprüngen, seiner historischen Bedeutung und seinen Konsequenzen vgl. z.B. die ausgezeichnete Darstellung von *Held et al.* (1999).

LITERATURVERZEICHNIS

Abizadeh, A. 2018. Demokratietheoretische Argumente
    gegen die staatliche Grenzhoheit. In *Ethik der Migration,*
    Hrsg. F. Dietrich, 98–120. 2. Aufl. Berlin: Suhrkamp.
Alesina, A. und E. La Ferrara. 2005. Ethnic Diversity and
    Economic Performance. *Journal of Economic Literature* 43:
    762–800.
Alesina, A. et al. 2001. *Why Doesn't the US Have a European-Style
    Welfare State?* Harvard Institute of Economic Research Dis-
    cussion Paper 1933. Cambridge.
Alesina, A. et al. 2019. *Immigration and Preferences for Redis-
    tribution in Europe.* IZA Discussion Paper 12130. Bonn.
Augustin, B. 2018. *Die Kosten der Integration.* Deutschlandfunk
    online. 31. Oktober. https://www.deutschlandfunk.de/
    fluechtlingspolitik-die-kosten-der-integration.724.
    de.html?dram:article_id=432001.
Bahnsen, L. C. et al. 2016. *Ehrbarer Staat? Die Generationen-
    bilanz – Zur fiskalischen Dividende der Zuwanderung.*
    Argumente zu Marktwirtschaft und Politik 135. Berlin.
Bartling, H. und F. Luzius. 2014. *Grundzüge der Volkswirtschafts-
    lehre.* 17. Aufl. München: Vahlen.
Becker, G. S. 2011. *The Challenge of Immigration – a Radical
    Solution.* London: Institute of Economic Affairs.

© Springer Fachmedien Wiesbaden GmbH, ein Teil von Springer Nature 2019
F. Söllner, *System statt Chaos*, https://doi.org/10.1007/978-3-658-25378-3

Bok, W. 2017. *Die Flüchtlingskosten sind ein deutsches Tabuthema.* Neue Züricher Zeitung online. 15. September. https://www.nzz.ch/meinung/kommentare/ die-fluechtlingskosten-sind-ein-deutsches-tabuthema- ld.1316333.

Borjas, G. J. 1994. The Economics of Immigration. *Journal of Economic Literature* 32: 1667–1717.

Borjas, G. J. 1995. The Economic Benefits of Immigration. *Journal of Economic Perspectives* 9: 3–22.

Borjas, G. J. 2014. *Immigration Economics.* Cambridge: Cambridge University Press.

Borjas, G. J. 2015. Immigration and Globalization: A Review Essay. *Journal of Economic Literature* 53: 961–974.

Borjas, G. J. 2017. The Wage Impact of the Marielitos: A Reappraisal. *Industrial and Labor Relations Review* 70: 245–257.

Borjas, G. J. und J. Monras. 2016. *The Labor Market Consequences of Refugee Supply Shocks.* NBER Working Paper 22656. Cambridge.

Borjas, G. J. et al. 1997. How Much Do Immigration and Trade Affect Labor Market Outcomes? *Brookings Papers on Economic Activity,* Nr. 1: 1–90.

Brandt, U. S. und G. T. Svendsen. 2019. How Robust Is the Welfare State When Facing Open Borders? An Evolutionary Game-Theoretic Model. *Public Choice* 178: 179–195.

Brücker, H. 2018. A Utilitarian Approach for the Governance of Humanitarian Migration. *Analyse und Kritik* 40: 293–320.

Brücker, H. et al. 2016. *Flucht, Ankunft in Deutschland und erste Schritte der Integration.* IAB-Kurzbericht 24/2016. Nürnberg.

Brücker, H. et al. 2018a. *Zuwanderungsmonitor – November 2018.* Institut für Arbeitsmarkt- und Berufsforschung: Nürnberg.

Brücker, H. et al. 2018b. *Zuwanderungsmonitor – Dezember 2018.* Institut für Arbeitsmarkt- und Berufsforschung: Nürnberg.

Brücker, H. et al. 2019. *Geflüchtete machen Fortschritte bei Sprache und Beschäftigung.* IAB-Kurzbericht 3/2019. Nürnberg.

Bundesagentur für Arbeit. 2018a. *Auswirkungen der Migration auf den deutschen Arbeitsmarkt.* Nürnberg.

Bundesagentur für Arbeit. 2018b. *Fluchtmigration.* Nürnberg.

Bundesagentur für Arbeit. 2018c. *Integrationsprozesse bei Flüchtlingen – eine Kohortenuntersuchung.* Nürnberg.

Bundesagentur für Arbeit. 2018d. *Positivliste Zuwanderung in Ausbildungsberufe.* Nürnberg.

Bundesamt für Migration und Flüchtlinge. 2018a. *Das Bundesamt in Zahlen 2017.* Nürnberg.

Bundesamt für Migration und Flüchtlinge. 2018b. *Wanderungsmonitoring: Bildungs- und Erwerbsmigration nach Deutschland – Bericht für das erste Halbjahr 2018.* Nürnberg.

Bundesamt für Migration und Flüchtlinge. 2019a. *Aktuelle Zahlen zu Asyl – Ausgabe: Dezember 2018.* Nürnberg.

Bundesamt für Migration und Flüchtlinge. 2019b. *Das Bundesamt in Zahlen 2018 – Asyl.* Nürnberg.

Bundesrat. 2018. *Finanzplan des Bundes 2018–2022.* Drucksache 331/18. Berlin.

Bundesregierung. 2018a. *Ein neuer Aufbruch für Europa – Eine neue Dynamik für Deutschland – Ein neuer Zusammenhalt für unser Land.* https://www.bundesregierung.de/resource/blob/975226/847984/5b8bc23590d4cb2892b31c987ad672b7/2018-03-14-koalitionsvertrag-data.pdf?download=1.

Bundesregierung. 2018b. *Gesetzentwurf der Bundesregierung – Entwurf eines Fachkräfteeinwanderungsgesetzes.* https://www.bmi.bund.de/SharedDocs/gesetzgebungsverfahren/DE/Downloads/kabinettsfassung/fachraefteeinwanderungsgesetz-kabinettsfassung.pdf?__blob=publicationFile&v=7.

Bundesregierung. 2018c. *Gesetzentwurf der Bundesregierung – Gesetz über Duldung bei Ausbildung und Beschäftigung.* https://www.bmi.bund.de/SharedDocs/gesetzgebungsverfahren/DE/Downloads/kabinettsfassung/duldungsgesetz-kabinettsfassung.pdf?__blob=publicationFile&v=4.

Bundesverfassungsgericht. 2012. *Urteil des Ersten Senats vom 18. Juli 2012.* http://www.bverfg.de/e/ls20120718_1bvl00 1010.html.

Bundesverwaltungsgericht. 2011. *Urteil vom 7.7.2011 – BVerwG 10C27.10.* https://www.bverwg.de/070711U10C27.10.0.

Carens, J. H. 2018. Ein Plädoyer für offene Grenzen. In *Ethik der Migration*, Hrsg. F. Dietrich, 166–211. 2. Aufl. Berlin: Suhrkamp.

Clemens, M. A. 2011. Economics and Emigration: Trillion-Dollar Bills on the Sidewalk? *Journal of Economic Perspectives* 25: 83–106.

Collier, P. 2013. *Exodus – How Migration Is Changing Our World.* Oxford: Oxford University Press.

Debus, M. 2017. Die Thematisierung der Flüchtlingskrise im Vorfeld der Landtagswahlen 2016: Mangelnde Responsivität als eine Ursache für den Erfolg der AfD? In *Regieren in der Einwanderungsgesellschaft*, Hrsg. C. Bieber et al., 91–98. Wiesbaden: Springer VS.

Deutscher Bundestag. 2018a. *Abschiebungen und Ausreisen im Jahr 2017.* Drucksache 19/800. Berlin.

Deutscher Bundestag. 2018b. *Familiennachzug bei subsidiär Schutzberechtigten, Flüchtlingen und Asylberechtigten.* Drucksache 19/2060. Berlin.

Deutscher Bundestag. 2018c. *Zahlen in der Bundesrepublik Deutschland lebender Flüchtlinge zum Stand 31. Dezember 2017.* Drucksache 19/633. Berlin.

Deutscher Bundestag. 2019a. *Abschiebungen und Ausreisen im Jahr 2018.* Drucksache 19/8021. Berlin.

Deutscher Bundestag. 2019b. *Nachfrage zu den Zahlen zum Familiennachzug.* Drucksache 19/9418. Berlin.

Deutscher Bundestag. 2019c. *Zahlen in der Bundesrepublik Deutschland lebender Flüchtlinge zum Stand 31. Dezember 2018.* Drucksache 19/8258. Berlin.

DIE LINKE. 2011. *Programm der Partei DIE LINKE.* Berlin.

DIE LINKE. 2017. *Langfassung des Wahlprogramms zur Bundestagswahl 2017.* Berlin.

Edo, A. et al. 2018. *The Effects of Immigration in Developed Countries: Insights from Recent Economic Research.* EconPol Policy Report 5. München.

Epping, V. 2017. *Grundrechte.* 7. Aufl. Heidelberg: Springer.

European Court of Human Rights. 2012. *Case of Hirsi Jamaa and Others v. Italy – Judgment – 23 February 2012.* https://hudoc.echr.coe.int/eng#{"itemid":["001-109231"]}.

European Court of Human Rights. 2014. *Case of Tarakhel v. Switzerland – Judgment – 4 November 2014.* https://hudoc.echr.coe.int/eng#{"itemid":["002-10343"]}.

Fabricius, M. 2018. *Die Flüchtlingskrise hat alles verändert.* Welt online. 14. Januar. https://www.welt.de/finanzen/immobilien/article172460804/Wohnungsmarkt-Die-Fluechtlingskrise-hat-alles-veraendert.html.

Felbermayr, G. et al. 2015. Migration, International Trade, and Capital Formation: Cause or Effect? In *Handbook of the Economics of International Migration,* Hrsg. B. Chiswick und P. Miller, Bd. 1B, 913–1025. Amsterdam: North-Holland.

Fisman, R. und E. Miguel. 2007. Corruption, Norms, and Legal Enforcement: Evidence from Diplomatic Parking Tickets. *Journal of Political Economy* 115: 1020–1048.

Focus online. 2005. *Weitere Zuwanderung unterbinden.* 11. Juni. https://www.focus.de/politik/deutschland/helmut-schmidt-ii_aid_95473.html.

Fuchs, J. et al. 2017. *Arbeitskräfteangebot sinkt auch bei hoher Zuwanderung.* IAB-Kurzbericht 6/2017. Nürnberg.

Fuchs, J. et al. 2019. *Zuwanderung und Digitalisierung.* Gütersloh: Bertelsmann-Stiftung.

Furtado, D. 2016. Fertility Responses of High-Skilled Native Women to Immigrant Inflows. *Demography* 53: 27–53.

Geis, W. 2018. *Trotz geringer Zuzugszahlen noch immer eine Herausforderung.* IW-Report 18/2018. Köln.

Hahn, S. 2018. *Flüchtlinge drängen auf den Wohnungsmarkt.* Stuttgarter Nachrichten online. 22. Januar. https://www.stuttgarter-nachrichten.de/inhalt.wohnungsnot-in-stuttgart-fluechtlinge-draengen-auf-wohnungsmarkt.e256ab5c-7f46-49fe-a11d-a197338bf564.html.

Hainmueller, J. und M. J. Hiscox. 2007. Educated Preferences: Explaining Attitudes Toward Immigration in Europe. *International Organization* 61: 399–442.

Hainmueller, J. et al. 2014. Do Concerns About Labor Market Competition Shape Attitudes Toward Immigration? New Evidence. *Journal of International Economics* 97: 193–207.

Hansen, O.-P. M. und S. Legge. 2016. *Drawbridges Down: Altruism and Immigration Preferences.* CESifo Working Paper 6204. München.

Hatton, T. J. 2014. The Economics of International Migration: A Short History of the Debate. *Labour Economics* 30: 43–50.

Held, D. 1999. *Global Transformations – Politics, Economics and Culture.* Stanford: Stanford University Press.

Hentze, T. 2017a. *Fördern – oder es kann teuer werden.* Institut der deutschen Wirtschaft online. 20. Dezember. https://www.iwkoeln.de/presse/in-den-medien/beitrag/tobias-hentze-foerdern-oder-es-kann-teuer-werden.html.

Hentze, T. 2017b. *Hohe Kosten für Flüchtlinge – Integration schafft Wachstum.* Institut der deutschen Wirtschaft: Köln.

Immigration and Customs Enforcement. 2017. *FY 2016 ICE Immigration Removals.* https://www.ice.gov/removal-statistics/2016.

International Organization for Migration. 2017. *World Migration Report 2018.* Genf.

Klingst, M. 2016. *Schicksalstage.* Zeit online. 27. März. https://www.zeit.de/2016/14/asylrecht-euhropa-anwendung-tuerkei-abkommen-fluechtlinge/komplettansicht?print.

König, L. S. et al. 2018. Punktesysteme zur qualifizierten Zuwanderung im internationalen Vergleich. *ifo Schnelldienst* 71 (22): 36–41.

Konar, Ö. et al. 2017. Zuwanderung und Integration. *Aus Politik und Zeitgeschichte*, Nr. 27–29: 13–20.

Koopmans, R. 2017. *Assimilation oder Multikulturalismus? – Bedingungen gelungener Integration.* Berlin: LIT.

Kröning, A. 2017. *Lehrer verzweifeln an Flüchtlings-Willkommens-klassen.* Welt online. 19. Juli. https://www.welt.de/politik/deutschland/article166523803/Lehrer-verzweifeln-an-Fluechtlings-Willkommensklassen.html.

Kröning, A. 2018. *Für viele Flüchtlinge wird die Schule zur Sack-gasse.* Welt online. 1. März. https://www.welt.de/politik/deutschland/article173995846/Integration-in-Gefahr-Fuer-viele-Fluechtlinge-wird-die-Schule-zur-Sackgasse.html.

Manthei, G. und B. Raffelhüschen. 2018. Migration and Long-Term Fiscal Sustainability in Welfare Europe: A Case Study. *Finanzarchiv* 74: 446–461.

Mayda, A. M. 2006. Who Is Against Immigration? A Cross-Country Investigation of Individual Attitudes Towards Immigrants. *Review of Economics and Statistics* 88: 510–530.

Miller, D. 2018. Immigration und territoriale Rechte. In *Ethik der Migration,* Hrsg. F. Dietrich, 77–97. 2. Aufl. Berlin: Suhrkamp.

Mueller, D. C. 2009. *Reason, Religion, and Democracy.* Cambridge: Cambridge University Press.

Neske, M. 2017. *Sozialstruktur, Qualifikationsniveau und Berufs-tätigkeit.* BAMF-Kurzanalyse 2/2017. Nürnberg.

Ochel, W. 2001. Selektive Einwanderungspolitik: Punkte-system versus Auktionsmodell. *ifo Schnelldienst* 54 (8): 32–38.

Organisation for Economic Co-operation and Development. 2018. *International Migration Outlook 2018.* Paris.

Osterloh, M. und B. S. Frey. 2018. Cooperatives Instead of Migration Partnerships. *Analyse & Kritik* 40: 1–32.

Ottaviano, G. I. P. und G. Peri. 2006. The Economic Value of Cultural Diversity: Evidence from US Cities. *Journal of Economic Geography* 6: 9–44.

Powell, G. B. 2004. The Chain of Responsiveness. *Journal of Democracy* 15 (4): 91–105.

Putnam, R. D. 2007. E Pluribus Unum: Diversity and Community in the Twenty-First Century. *Scandinavian Political Studies* 30: 137–174.

Reese, B. und M. Vogt. 2015. *Aktueller Begriff – Kategorien des asylrechtlichen Schutzes in Deutschland.* Ausarbeitung 30/15 der Wissenschaftlichen Dienste des Deutschen Bundestages. Berlin.

Rich, A.-K. 2016. *Sozialstruktur, Qualifikationsniveau und Berufstätigkeit.* BAMF-Kurzanalyse 3/2016. Nürnberg.

Robbins, L. 1932. *An Essay on the Nature and Significance of Economic Science.* London: Macmillan.

Runst, P. 2018. Does Immigration Affect Demand for Redistribution? – An Experimental Design. *German Economic Review* 19: 383–400.

Schmidt, H.-J. 2018. *Sozialstruktur, Schulbesuch und Berufstätigkeit im Herkunftsland.* BAMF-Kurzanalyse 3/2018. Nürnberg.

Seibt, P. 2018. *Wie eine Interviewerin Befragungen von Flüchtlingen fälschte.* Spiegel online. 4. Februar. http://www.spiegel.de/politik/deutschland/fluechtlinge-wie-eine-interviewerin-befragungen-faelschte-a-1191086.html.

Singer, P. 2018. Die drinnen und die draußen. In *Ethik der Migration,* Hrsg. F. Dietrich, 60–76. 2. Aufl. Berlin: Suhrkamp.

Smith, A. 1776. *An Inquiry into the Nature and Causes of the Wealth of Nations.* Bd. I i II. London: Strahan & Cadell.

Söllner, F. 1999. A Note on the Political Economy of Immigration. *Public Choice* 100: 245–251.

Söllner, F. 2017. Das Heimatlandprinzip als Instrument der Zuwanderungssteuerung. *Wirtschaftswissenschaftliches Studium* 46 (11): 27–33.

Söllner, F. 2018a. Das Dilemma der Integration – die Flüchtlingskrise und ihre Verteilungswirkungen. *List Forum* 43: 461–481.

Söllner, F. 2018b. Towards a Rational Migration Policy. *Analyse und Kritik* 40: 267–291.

Spiegel online. 2016. *Was Andreas Scheuer tatsächlich gesagt hat.* 20. September. http://www.spiegel.de/politik/deutschland/ andreas-scheuer-csu-generalsekretaer-unrichtig-zitiert-a-1113129.html.

Statistisches Bundesamt. 2019. *Schutzsuchende nach Schutzstatus von 2007 bis 2017.* https://www.destatis.de/DE/Themen/ Gesellschaft-Umwelt/Bevoelkerung/Migration-Integration/Tabellen/schutzsuchende-zeitreihe-schutzstatus.html.

Steiner, H. 2018. Libertarismus und transnationale Migration. In *Ethik der Migration,* Hrsg. F. Dietrich, 48–59. 2. Aufl. Berlin: Suhrkamp.

Straubhaar, T. 1992. Internationale Faktorwanderungen. *Wirtschaftswissenschaftliches Studium* 21: 563–570.

United Nations. 2017. *Population Facts 2017/5.* New York.

Vitzthum, T. 2016. *Lernschwache Schüler leiden unter der Flücht-lingskrise.* Welt online. 26. Januar. https://www.welt.de/ politik/deutschland/article151482690/Lernschwache-Schueler-leiden-unter-Fluechtlingskrise.html.

Walzer, M. 2006. *Sphären der Gerechtigkeit.* 2. Aufl. Frankfurt: Campus.

Walzer, M. 2018. Mitgliedschaft und Zugehörigkeit. In *Ethik der Migration,* Hrsg. F. Dietrich, 29–47. 2. Aufl. Berlin: Suhrkamp.

Weber, M. 1992 [1919]. *Wissenschaft als Beruf – Politik als Beruf.* Hrsg. W. J. Mommsen und W. Schluchter. Tübingen: J. C. B. Mohr.

Wellman, C. H. 2018. Immigration und Assoziationsfreiheit. In *Ethik der Migration,* Hrsg. F. Dietrich, 121–147. 2. Aufl. Berlin: Suhrkamp.

Worbs, S. und E. Bund. 2016. *Qualifikationsstruktur, Arbeits-marktbeteiligung und Zukunftsorientierungen.* BAMF-Kurzana-lyse 1/2016. Nürnberg.

World Bank. 2018. *Data Bank – World Development Indicators.* https://databank.worldbank.org/data/source/ world-development-indicators.

World Economic Forum. 2013. *The Business Case for Migration.* Genf.

Zavodny, M. 2015. *Should Countries Auction Immigrant Visas?* Bonn: IZA World of Labor.

Zeit online. 2018a. *Ich stelle das Grundrecht auf Asyl nicht in Frage.* 22. November. https://www.zeit.de/politik/deutschland/2018-11/friedrich-merz-grundrecht-asyl-cdu-vorsitz-migration.

Zeit online. 2018b. *Wagenknecht kritisiert linke Doppelmoral.* 6. Juni. https://www.zeit.de/politik/deutschland/2018-06/fluechtlingspolitik-sahra-wagenknecht-linke-sammelbewegung-kritik-willkommenskultur.

Ihr Bonus als Käufer dieses Buches

Als Käufer dieses Buches können Sie kostenlos das eBook zum Buch nutzen.
Sie können es dauerhaft in Ihrem persönlichen, digitalen Bücherregal
auf **springer.com** speichern oder auf Ihren PC/Tablet/eReader downloaden.

Gehen Sie bitte wie folgt vor:

1. Gehen Sie zu **springer.com/shop** und suchen Sie das vorliegende Buch
   (am schnellsten über die Eingabe der eISBN).
2. Legen Sie es in den Warenkorb und klicken Sie dann auf:
   zum Einkaufswagen / zur Kasse.
3. Geben Sie den untenstehenden Coupon ein. In der Bestellübersicht wird
   damit das eBook mit 0 Euro ausgewiesen, ist also kostenlos für Sie.
4. Gehen Sie weiter **zur Kasse** und schließen Sie den Vorgang ab.
5. Sie können das eBook nun downloaden und auf einem Gerät Ihrer Wahl lesen.
   Das eBook bleibt dauerhaft in Ihrem digitalen Bücherregal gespeichert.

EBOOK INSIDE

eISBN
Ihr persönlicher Coupon

Sollte der Coupon fehlen oder nicht funktionieren, senden Sie uns bitte
eine E-Mail mit dem Betreff: **eBook inside** an **customerservice@springer.com**.

978-3-658-25378-3
kKqssCa4qdDe2ec

Printed by Printforce, the Netherlands